大师思想集萃

亚里士多德说
美德与善

ARISTOTLE
亚里士多德

卢俊豪◎编译

華中科技大學出版社
http://www.hustp.com
中国·武汉

图书在版编目(CIP)数据

亚里士多德说美德与善 / 卢俊豪编译. —武汉：华中科技大学出版社，2021.11

（大师思想集萃. 第三辑）

ISBN 978-7-5680-7593-0

Ⅰ. ①亚… Ⅱ. ①卢… Ⅲ. ①亚里士多德（Aristotle 前384–前322）—哲学思想 Ⅳ. ①B502.233

中国版本图书馆CIP数据核字（2021）第205276号

亚里士多德说美德与善

Yalishiduode Shuo Meide yu Shan

卢俊豪 编译

策划编辑：闫丽娜

责任编辑：康 艳

封面设计：金 刚

责任校对：阮 敏

责任监印：朱 玢

出版发行：华中科技大学出版社（中国 · 武汉） 电话：（027）81321913

武汉市东湖新技术开发区华工科技园 邮编：430223

印 刷：湖北新华印务有限公司

开 本：880mm × 1230mm 1/32

印 张：10

字 数：221千字

版 次：2021年11月第1版第1次印刷

定 价：36.00元

本书若有印装质量问题，请向出版社营销中心调换

全国免费服务热线：400-6679-118 竭诚为您服务

版权所有 侵权必究

出版者的话

“大师思想集萃”系列丛书已收入阿德勒、洛克、康德、弗洛伊德、罗素、尼采、荣格、培根、叔本华、马斯洛等思想大师的智慧结晶，力图向读者展示大师们的思想精华，引领读者深刻理解人的本质、感悟人生真谛、关注现实生活、丰富自己的人生。

本丛书已出版的主题作品，主要涉及思想大师们对人的本质和人生的深入思考和论述的内容，分为十卷，其中包括：

《阿德勒说自我超越》　《洛克说自由与人权》
《康德说道德与人性》　《弗洛伊德说梦境与意识》
《罗素说理想与历程》　《尼采说天才与灵魂》
《荣格说潜意识与生存》　《培根说百味人生》
《叔本华说欲望与幸福》　《马斯洛说完美人格》

“大师思想集萃”第一辑出版后，获得了读者的广泛认可与好评。为了适应读者的阅读要求，我们即将推出新的主题作品，主要涉及思想大师们对人的存在、人的情感、人与社会的关系等内容，分为十卷，其中包括：

《弗洛姆说爱与自由》　《黑格尔说否定与自由》
《波普尔说真理与谬误》　《福柯说权力与话语》
《海德格尔说存在与思》　《卢梭说平等与民权》
《萨特说人的自由》　《维特根斯坦说逻辑与语言》
《鲍姆嘉通说美学》　《休谟说情感与认知》

继第一、二辑作品出版后，我们进一步挖掘，将陆续推出新的主题作品，其中包括：

《亚里士多德说美德与善》《笛卡儿说理性与心灵》
《克尔凯郭尔说生存与超越》
……

我们在编译的过程中，本着深入浅出、风格恬淡、常识与经典兼顾、推理与想象并用的原则，在保留大师经典思想原貌的基础上，依照从理论到实践的总体逻辑关系，对各大师的思想体系进行了梳理，并添加了部分标题。

我们建议读者阅读时，不必对各位大师的理论观点句句视为经典，甚至全盘吸收，可以明辨各位大师思想中的唯物与唯心、形而上学与辩证法的差别。我们乐意看到读者对此丛书进行批判性阅读，比较性借鉴，深思后践行。

本丛书编辑及出版事宜由本社“大师思想集萃”编辑组负责。出版此套丛书并不意味着本社完全赞同这些大师的所有思想和理论的立场、观点和方法。本社各位编辑同仁在编辑出版过程中付出了很多努力，希望本丛书的出版能得到广大读者的赞赏。

感谢广大读者的惠购、赏读！

“大师思想集萃”编辑组

2021年7月

前言

亚里士多德生于公元前384年，他作为柏拉图的学生、亚历山大的老师，在世之时就已经享负盛名，创立“逍遥学派”，留下经典论著。不论是在其在世的时代还是在其后世的各个时代，亚里士多德的哲学学说都备受瞩目，乃至有不少哲学家都认为，整个西方哲学史实际上都是亚里士多德哲学的注脚。因为在哲学尤其是伦理学中最为重要而深刻的问题，在古希腊时期，亚里士多德的相关论述便已面世，而亚里士多德更是第一位以“伦理学”之名系统讨论道德问题的哲学家。可惜目前留存的亚里士多德之原著文本，多是当时他作为老师给学生讲授的课程讲义和自己进行学术研究的笔记，其生前公开发表、出版的著作现已全部轶失。因而现有的亚氏文本有一股浓厚的学院味，难免有一些晦涩难懂之处，但其思想的光辉并不会因此而被湮没，从字里行间我们仍能感受到“哲学家”的意气与格局。

古希腊哲学最大的特点便是所有学说的根基、奠基都在于存在论。所谓“存在论”，即关于存在的追问，追问事物的本质，追问世界的本原，并且试图以一种符合逻辑的方式论证、呈现，这是亚里士多德为我们留下的重要思想线索。许多西方学者认为，古代中国并没有哲学，或者没有西方意义上的哲学，实际上是指古代中国没有西方意义上的存在论思维。在强调人情世故、经世致用的中国传统思想背景之下，领略一番古希腊哲学家们对存在的追问和思考，必定会为我们的思维带来一种挑战和刺激，也能让我们在根源处思考现代生活样式与思维模式的逻辑特点和存在意义。如果说整个古希腊哲学都是在努力把“存在”还原为匿名的、中性的存在，那亚里士多德的哲学在这份努力之中则显得更贴近中国人的口味，因为他强调实践，重视道德，以美德和善作为毕生的追求。

本书所编译的，正是亚里士多德关于善和美德的论说。在进入亚里士多德的哲学世界之前，我们首先应该深入了解和比较亚里士多德与其先师柏拉图进行哲学探究的思想背景。21世纪的青年人，或许更了解柏拉图式的恋爱——只存在于精神层面而杜绝肉体接触和物质引诱的恋爱，强调爱情在情欲的对立面，但对柏拉图本人的思想似乎不甚了解。柏拉图是亚里士多德的老师，苏格拉底的学生，他们三人并称为“希腊三贤”，他们的思想奠定了整个西方文化的基础；稍有哲学基础的朋友或许能回忆出柏拉图的名字和他的“理念论”说法，但对其徒儿亚里士多德是如何超越或者背叛柏拉图思想的，却未必能解释得清楚。要想真正进入古希腊哲人的世界，认清和了解柏拉图与亚里士多德的分歧与争议是绝对绕不开的一道关卡，他们恰好代表着两种不同的指向——理念世界和自然世界。

在柏拉图看来，我们所生活的世界就如同一个洞穴，洞穴中的人们只能看到有限的幻影，而真正的真理、知识是在洞穴之外的理念，万事万物的一般形式——理念才是最为真实的知识，且一开始就存在于我们的脑海中，只是当我们看到具体的事物时，这些知识才被“回忆”起来。因此，具体的事物都是不真实且可变幻的幻象，只有理念才是终极的永恒的真。尝试在洞穴之外一探究竟的哲学家，回到洞穴之中却很难被理解和相信，所以他们要学习如何和洞穴中的人共同生活。

亚里士多德在《形而上学》第二卷中明确说道："把哲学称为求真的学问，也是正确的，因为理论哲学的目标是真理，实践哲学的目标是行为。"他认为哲学不是为了区分理论和实践——没有洞穴之外和洞穴之内的说法，他坚持认为哲学就只有一个，就是求真，但是求真的目标有两个，一是理论哲学对知识性的把握；二是实践哲学对行为的把握。每个事物都有不同的实体和性质，每种存在其自身都是从潜能进而得到实现的过程，亚里士多德的伦理学与道德哲学就是在这样的认识基础上展开论述的。

亚里士多德说："尽管实践哲学也要探究事物的性质如何，但它考察的不是永恒和自在的，而是相对和时间性的对象。"所谓相对和时间性的对象，指的就是我们鲜活的实践场域和生活面貌，是看得见、摸得着的周遭，是生活中的人、事、物，而不是仅在理念世界的抽象和缥缈，这也是亚里士多德本人对善与美德之观点的重要倾向。

编译者

Contents
目录

第四讲　美德伦理的核心

第五讲　行动与责任

第六讲　具体的美德

第七讲　公正与友爱

第一讲
第一推动者与灵魂

一、第一推动者

二、灵魂及其官能

三、灵魂与美德

围绕“第一推动者”与“灵魂”两个重要的概念，亚里士多德建立了一套关于“善”观念的概念体系。要理解古希腊哲学，尤其是亚里士多德的哲学，一定不能忽略其背后的哲学背景，尤其是存在论背景，以及亚里士多德所在时代的“科学”语境——前现代的科学观，这种科学观与建立在实验方法和现代物理学基础之上的现代科学观有很大的差别，即使两者也有不少相似之处。其差别在于古希腊对于存在、宇宙、世界的观念和看法与现代人有着不同的前提和界限，其相似之处则在于它们都推崇逻辑演绎，力求通过逻辑推理和论证对一些观点加以阐释和证明，对另一些观点进行证伪和否定。

亚里士多德对“第一推动者”的阐释，就是所谓“形而上学”，即探讨“形而上的”、超越的、绝对之物的学说。我们能够快速适应亚里士多德本人及其所在时代的大众关于世界本原的观点，亦是理解亚里士多德伦理学思想的重要前提，因为遵循着寻找“第一推动者”的思想路径与逻辑，亚里士多德用同样的论证模式和思路寻找“最高善”或“至善”，并由此奠定了其伦理学浓烈的“目的论”意涵。

在了解了亚里士多德关于宇宙、世界的观点之后，想要返回到关于人自身的研究，必须先进入亚里士多德关于人类灵魂的思考当中。这是最为基础的关于人自身的理论，是关于人的感觉、信念、判断等内在心理机制的理论。在亚里士多德看来，灵魂有三种官能：理性、感觉、生长。与此三种官能对应的是灵魂的三种形式：理性灵魂、感觉（动物）灵魂、生长（植物）灵魂，此三种形式有功能的区别，但没有广延上的，即空间上的区别，它们并不是灵魂的三个部分，而是同一个灵魂从高到低的三种形式。理性高于感觉，感觉高于生长，并且高级的灵魂形式会包含低级的灵魂形式，比如理性活动时，需要感觉灵魂提供质；感觉作用时，需要肉体、身体提供感官。植物的灵魂只有生长官能，动物的灵魂既有生长官能又有感觉官能，只有人的灵魂能具备生长、感觉、理性三种官能。在亚里士多德的《灵魂论》中，第三卷常被认为是最为重要的一卷，在这一卷中集中讨论了如感觉能力、想象能力、理性能力等灵魂中与行动息息相关的能力，并且通过缜密的论证构建了亚里士多德的灵魂观中对运动、行动的驱动机制问题的回答。此外，在这卷中亚里士多德也指出了许多总体性、概括性的关于灵魂的重要观点和论证。“灵魂”一词在希腊语中与生命同义，有无灵魂的区别即是有机物与无机物、有生命之物与无生命之物的区别；亚里士多德的灵魂三分学说，是其目的论伦理学的重要心理基础与人学预设。正是由于其对灵魂构造的论证和断言，亚里士多德才能构建出一套以追求完善和美德的“好生活”之伦理学。

一、第一推动者

作为“第一动因”的不运动实体

由于实体有三种，其中有两种是自然的，分别是第一实体和第二实体。第一实体是指客观存在可感觉的个别事物，第二实体则是指第一实体的属或种。这两种便是自然的实体，这种实体的观点与柏拉图把“理念”作为实体的观点完全不同。还有第三种实体，即不运动的运动者。所谓“运动”，不仅仅是位置上、时间上的运动，更是一种品质、状态的变化。对于最后的一种实体，我们必须说明宇宙间应该存在着某种永恒的、自身不运动的实体。因为实体是各类存在事物中最先存在的事物，如果实体全都是可消灭的，则一切事物都是可消灭的。但是，运动没办法被视作是可被产生的，或是可消灭的，因为运动是永远存在的，同样时间也一样，既不能被产生也不能被消灭。运动及时间都是永恒存在的，如果没有时间存在，就不会有先与后。运动与时间的意义一样，都是连续的，因为时间或者是运动，或者是运动的属性。除了空间运动以外并无延续不息的运动，空间运动中只有圆周运动是延续不息的。

但是，如果存在某种事物，能使其他事物移动或者对其他事物产生作用，实际上并没有实施其所能，那就必定不会出现任何运动或变化。这只是未用的潜能，大可以不实现这种潜能。如果是这样，即便我们设想存在永恒的实体，正如那些信奉“形式”的人一样，若不让这些永恒的实体具有导致运动、变化的原理，则还是无益的。而且，这也是不够的，即便在“形式”以外再建立另一实体也是不够的——因为如果这不发生作用的话，世上就不会有运动或变化。再者，如果其本质是潜能，即便已经起了作用，也仍是不够的；潜能不一定会永远成为现实的存在，世上仍不能有永恒运动。所以这必须有这样一个原理，说明这类事物的本质就是实体，并且，这一实体必定是没有质料的，这一实体既包括作为“第一推动者”的“不变的推动者”，也包括宇宙天体运动的推动者。如果世上有任何永恒的事物，这些永恒的事物就该是这样——没有质料，那么，它们必须是现实的而不是潜在的。实体是先天的，这与自希萧特以来神话上以“混沌”为宇宙原始之思想不同。以“混沌”为原始即以潜能为先天，若先天的是混沌，那么产生于先天的后天也必定是混沌，那么这就不符合宇宙的实际秩序，所以潜能不可能是“第一推动者”。

可是这里有一个难题，既然认为：每一个实际上起作用的事物都是具有潜能的，但并非每一个具有潜能的事物都是实际上起作用的，那么就应该把潜能当作在先的；但如果是这样的话，那就没有事物是实际存在的，因为一切能存在的事物都可以是具有潜能存在但事实上并未存在的。

可是我们如果追随那些认为世界是从“暗夜”中创造出

来的神学家们，或追随那些主张“一切万物都曾混合在一起”的自然哲学家们，这将引向同样不可能的结论。如果没有现实的实际存在作为先在的原因，宇宙怎么能运动和生成呢？木头肯定无法自己运动，必须靠木工的技艺使之运动变化。土地与精血也都无法自己运动变化，一定是种子使得土地发生运动变化，精子使得精血运动变化，而后才会有植物与动物。

这就是为什么有些人，如留基伯与柏拉图，他们假定有永恒现实的理由。他们说宇宙永远都在运动，但是这运动从何而来，这运动又是什么，以及宇宙间或是这个方式或是那个方式的种种运动，其背后的原因又何在，他们都没告诉我们。

一切事物都不是胡乱地运动变化的，而是必定存在某些致使这些运动变化的事物存在。实际说来，事物的运动变化，要么是出于其自然本性，要么是出于被其他力量或心灵或事物所推动。哪一类运动才是首要的？对于这个问题有很大的争议。柏拉图又一次无法解释。那被他认为是运动的源泉之物，也就是不需要靠其他事物推动而能自己运动的事物究竟是什么？在柏拉图看来，灵魂并非是先在的，并且是与宇宙同时产生的。我们曾指明，设想潜能先于实现，这在某一意义上是对的，而在另一意义上则是不对的。实现为“在先”的道理，阿那克萨戈拉已经论证过，因为他的“理性”就是现实的；恩培多克勒也在他的“爱与斗”理论中验证过；留基伯等人认为宇宙间永恒地存在着“延续不息的运动”，也大概是这个意思。

所以“混沌”或“暗夜”并不是持续存在于无穷的时间当中，只因受到变化循环的支配或遵从着其他规律。某些持续存在的事物已经永远存在，因为实现应是先于潜能的。于是，如果有永恒的循环，必定有某些事物，比如星辰，永远以同样的方式运动变化着；如果生成和毁灭是存在的，这又必须另有事物，比如太阳，永远以不同方式的运动变化着。于是这些运动变化的来源必须是由其自身或由另一些事物——因此，这些最后必定会推究到最为本原的原因——所推动的。现在这必须归到作为最为本原的原因的“第一动因”了。若不承认这第一动因，就得继续寻找获得运动变化的事物的第二或第三动因，所以还应该称这最为本原的事物为“第一动因”。这就是永恒的运动变化的原因，也是运动实际上表明的特征，所以又何必另外寻找其他的原因呢？

永恒的神性

要么，这就是关于该问题的可能解释；要么，这不是真的，世界是由“暗夜”与“一切混合事物”演化出来的，即是由“非存在”中产生而发展的。如果承认上述的解释，这些疑难就算是解决了，也就是说，自身不变动的“第一动因”便能够清楚解释宇宙是从何而来的。于是，这里就得有某些永远被推动的事物并且这些事物处在永恒的运动变化中，其运动的方式是圆周运动。这不仅在理论上如此，事实上也是如此。

在月球之下、地球之上的事物周而复始地运动，但并非永恒，而在月球与其他恒星之外的一层宇宙，则是推动各个星球运动的原因，那就是第一层宇宙。所以第一层宇宙必须是永恒的，也必须有致使运转的事物。既然动与被动之事物为居间者，这就必须有某些致动而不被动的永恒事物，这永恒事物的本质亦说现实存在的，而不可能是作为潜能而存在。所谓居间者，就是居于一个运动和另一个运动中间的事物，比如A推动B，B推动C，B就是A、C的居间者。所有被推动的事物实际上都是居间者，是第一推动者与逻辑上而非时间上的下一个被推动者之间的居间者。欲望的对象与理性的对象也以这样的方式运动着，它们致使对象运动变化而其自身则不运动变化。

欲望与理性的原初对象是相同的。欲望的对象是表面的善，理性的对象是真正的善。但理性观点是欲望起点，而非欲望是理性观点的起点。理性是被理性的对象推动，而只有存在本身才能是理性认知的对象；在这存在的系列中，实体居于首位，在实体中则单纯而现实的存在者居于首位。单一与单纯有所不同："一" 是计量，而"单纯"之意指明事物具有某些可称为单纯的本性。但美与一切因其自身之故而可欲的事物都属于理性认知的对象；在这一系列实体中，最为本原的事物往往是最好的，或是可以比拟于最好的。

一个终极的原因，也就是极因，可能存在于不运动变化的实体之中，这可以通过对其意义的区分而加以说明。因为终极的原因，一方面某个行动的完成是为了它的善，另一方面某些存在物之存在的目的在于它。而对于后一种意义，其适用于不运动变化的实体，而前一种意义则对不运动变化的实体不适用，因为不运动变化的实体，本身并没有运动变化，因此不存在某种被完成的运动。

终极的原因作为一个被爱的对象，自身产生运动变化，而其他一切事物运动则因推动而运动。这样，如果一个事物是被推动的，那么它可以进入到另一个与当下不同的其他状态。因此，如果它的现实存在是空间运动的原初形式，那么它作为运动变化的主体，可以进入或处于其他的状态——即便不是在实体方面的变化，至少也是位置方面的变化。但是，我们已经明确知道存在着某种存在、某种事物，其自身是不运动变化的，能导致其他存在、其他事物的运动变化。这种不运动变化的事物只要是现实存在着的，它就绝不会进入或处于与其当下状态不同的其他状态。因为在空间中的运动是运动变化的首要种类，而圆周运动则是空间运动中的首要种类；而且这是自身不运动变化的推动者所引致的首要种类的运动。在这里，第一推动者是必然存在的，由于其存在是必然的，那么其存在的形式就是善的，并且在这个意义上，它就是一种第一原则。必然的存在具有所有以下的含义：必然存在的事物是强制的，因为它与自然的冲动相反；没有这种必然存在的事物，善是不可能的；并且必然存在的事物不能是其他状态的、别样的，而只能在这唯一的方式中存在。

所以，宇宙与自然世界都依靠这样的原则，它是我们所能享有的最好的一种生命，但我们只能在短时间内、短暂地享有它，因为它永远都处于这种状态，我们则不能“永远都处于这种状态”。然而，它的现实存在也就是愉悦。因此，觉醒、感知、思考是最愉悦的，希望和记忆也由于这些而是最愉悦的。思考活动在其自身中便处理了其自身中最好的部分，所以最完善意义上的思考便是关于最完善意义上最好的事物。思想思考着其自身，因为它分享了思想之对象的本质，即思想由于理解和思考其对象而自身就成为思想的对象，所以思想与思想的对象是一样的。那能够接受思想的，也就是本质的对象，也就是思想自身。但是只有当它具有其对象时，它才是起作用的。因此，具有而非接受才是思想似乎包含的神圣的因素，而沉思的活动则是最愉悦的和最好的。如果神永远处于善的状态，我们只是有时候处于这种状态，那就不得不让我们感到惊奇。神所处的状态越是善的，就越是令人惊奇的。神事实上在一个更加善的状态之中，生命也是属于神的，思想的现实存在便是生命，那么神就是那种现实存在，并且神祇依赖于其自身的现实存在就是最好的、最善的、永恒的生命。因此，我们的神是一个活生生的永恒存在，并且是最好的、最善的。生命和延续的时间和永恒都属于神，因为这就是神。

那些人，比如毕达哥拉斯学派和斯彪西波，认为最美的和最善的并不是在开端总被呈现，因为植物和动物的开端都只是起因，而最美的和最善的存在是在这些事物的结果之中。这种观点是错误的。因为种子来自于其他在先的和完善的个体，而第一个事物不是种子，而是完善的存在物。例如，必须说在精子之前先有一个成熟的人，不是人由精子产生出来，而是精子由另一个人产生出来。

从上面所说这些看来，这是清楚了——在感觉到的事物以外，存在着一个永恒的、不运动变化的、独立的实体。这实体没有任何量度，没有部分且不可区分。因为它能通过无限的实践而产生运动变化，没有任何有限的事物具有无限的能力；而每一量度或者是有限的或者是无限的，这一实体具有无限的能力，因而就不能是有限量度的；但无限量度的事物没法实际存在，因此这一实体也不会是无限量度的。其他一切运动变化都后于空间变化，这又显示了，这一实体必定不是被动的，同时它是不可改变的。

二、灵魂及其官能

五种感觉

视觉、听觉、嗅觉、味觉、触觉——人类除了这五种感觉之外，便没有其他感觉。事实上，我们对一切事物具有感知，而这种感知是触觉带给我们的。因为所有的可触摸之物其自身的性质，都是通过我们的触觉而被我们感知到的，如果我们丧失了某种感觉，也就意味着我们必然丧失了某种感官。所有通过直接接触而感觉到的事物都可通过触觉被感知，这种感知是我们实际上拥有的感觉；通过媒介而非通过直接接触被感知的所有事物，都是通过简单的事物元素被感知的，比如空气、水。

现在，事实就是这样的，如果超过一个种类的对象是通过一种媒介而被感知时，那么与此媒介相应感官的拥有者就能感知到这些对象。例如，如果这种感官由空气构成，而空气不仅是声音的媒介，而且是颜色的媒介。

但是，如果同一种类的对象具有多种媒介，例如颜色既可通过水也可通过空气作为其媒介，因为这两者都是透明的，那么只要拥有两者中的其中一个，就能够感知到通过这两种媒介所传递的事物。

感觉器官只是由两种简单的东西构成，也就是水和空气，因为眼睛的瞳孔由水构成，听觉器官由空气构成，而嗅觉器官由这两种东西之一或这两种东西构成。而火要么不是任何感知的媒介，要么是所有感知的媒介——因为没有热就不可能有感觉。土也一样，要么不是感觉感知的媒介，要么是以某种特别的方式与触觉相关。剩下的是，除了水与空气之外没什么其他事物构成感官；实际上有些动物也是由这两者构成感官的。因而，那些完善的、成熟的、无残缺的动物都具有所有这些感觉。我们发现，即使是鼹鼠，在其皮毛之下也有眼睛。如果这个世界上除了属于水火土气四种事物元素之外的属性之外，不存在第五种元素，也不存在任何属性，那么我们所列出的感觉类型也就完备无遗了。

进而言之，不可能存在某种特殊感官能感知到共同可感之物。所谓共同可感之物，也就是能够引起我们多种感官对其有所感觉的事物，对于这些能引起多种感觉的共同可感之物，并没有某种特殊的感觉感官是特定指向它的。我们只是通过这种或那种单一的感觉来偶然地感知到这些事物，例如对运动、静止、形状、广延、数量和统一体这些对象的感知。我们都是通过运动来感知这些事物，例如我们通过运动感知广延以及形状，因为形状是广延的一种。静止之物是通过运动的缺乏而被感知的；数量既是通过否定连续性，也是通过特殊的事物而被感知的；每一种感觉都感知一类事物。所以，对于任何共同可感之物，例如运动，都不可能存在一种特殊的感觉。如果存在特殊感觉的话，那么这种感觉就像通过视觉来感知甜一样。我们之所以能做到这点，是因为我们恰巧能对这两种性质的每一种都拥有一种感觉，当它们在一个对象上一起发生时我们就感知到它们；否则，我们对它们的感知就是碰巧发生的。例如，当我们感知克利翁的儿子时，我们并不是把他感知为克利翁的儿子，而是把他感知为白色的，而这个白色之物恰好是克利翁的儿子。不过我们确实具有一种共同的感觉能力，它使我们直接地感知共同可感之物。

综上所述，并不存在某种特殊的感觉，除非如同上述的那样，我们能够看到克利翁的儿子。一种感觉感知到其他感觉种类的特殊对象只是出于偶然，这不是通过每种感觉自身就能做到的，而是不同种类的感觉形成了一个联合体；当它们针对同一个对象同时发生时，就会出现这种情况，就如胆汁的苦味与黄色相关联那样。陈述两者同一的并非某一种感觉，因而感觉可能会受到欺骗。例如，如果一种事物是黄的，那么就以为它是苦的。我们还可以追问：为何我们所具有的是多种感觉而非一种感觉？这或许是让那些共同可感之物——例如运动、大小、数目——更好地被我们所注意到。如果我们只有视觉，那么就只能注意到颜色而不能注意到对象的其他方面；于是广延就会无分别地被融入到颜色中，而对象在其他方面也难以被区分。事实上，共同的可感之物存在于多种感觉之中，这就表明了每种感觉对象都是不同的。

关于“共同感官”

我们可以感觉到我们在看或在听，那么这种感觉到在看的，要么通过看自身，要么通过其他感觉。如果是前者，那同一种感觉，也就是视觉，必定既能感知到看，也能感知到看的对象，比如色彩。这样，对于我们可以感觉到我们在看的，要么两种感觉感知相同对象，要么同一种感觉必定觉察它自身。再者，如果觉察到看的感觉不同于看，那么，要么陷入一种无穷的后退，要么在某个地方假定存在一种能够觉察它自身的感觉。既然如此，我们应认为起初的感觉就具有这种能察觉其自身的特性。

这就出现了一个困难：如果以视觉感知就是看，而所看到的事物是色彩或有色之物，那么当我们看“正在看”的事物时，这个“正在看”的事物原本就有颜色。显然，“以视觉感知”就具有不止一种含义，因为即使当我们“没在看”的时候，通过视觉我们也能够区分黑暗和光明，虽然这与区分不同颜色的方式有别。此外，“正在看”的事物在某种意义上是有颜色的，因为每种感官都能够离开其质料而接受可感对象。同样，由于这个原因，当可感之物消失后，其感觉与影像仍继续在感官中留存。

可感对象的实现活动与相应的感觉的实现活动是同一种活动，不过它们仍可以区分开来。现实存在的声音与现实进行的听的活动也是如此：一个可以听的人，可能并没有“在听”，一个可以发出声响的事物，也可能常常不发声。当能听的事物现实地在听的时候，能发声的事物现实地在发声的时候，现实的听与现实的发声就同时发生了，我们分别称它们为“听”和“发声”。

如果运动发生在被作用之物中——无论是主动的还是被动的，那么现实存在的声音和听都必然地存在于具有“听”这种潜能的事物中。因为运动或活动的实现，就是发生在被作用之物中的，所以引起运动的事物并不必然被运动。能响之物的实现活动就是发出声响，而能听之物的实现活动就是听，“发声”与“听”都各自具有两种意义。同样的情况也适用于其他感觉及感觉的对象。由于主动的和被动的运动都依存于承受作用之物中，而不是依存于产生作用之物中，那么可感之物的实现活动与感觉主体的实现活动都依存于感觉的主体中。因为可感之物的实现活动是产生感觉的，感觉主体的实现活动是承受感觉的，两者都依存于后者，即承受作用的感觉主体中，而不是依存于产生作用的可感之物中。

不过在一些情形下，两者具有不同的名称——比如发声与听觉，而在有些情形下则是无名称的。比如视觉的实现活动称为看，而色彩的实现活动则无名[①]；味觉的实现活动称为品尝，而香味的实现活动则无名[②]。由于可感之物与感觉潜能的实现活动是同一的，即便两者的存在状态不一样，两者也会同时出现或消失。这也适用于闻与味的关系以及其他感觉类型，不过这并不适用于这些感觉潜能。

早期的自然哲学家，比如提出“原子论”的德谟克利特，他们在这里就犯了错误，认为离开视觉就不会有黑白，离开味觉就不会有味道。他们的说法在某种意义上是对的，而在其他某种意义上又是错的。因为“感觉”与“可感对象”这些词具有多重意义，它们既可以指潜能也可以指实现活动，如果指后

① 这是受限于亚里士多德当时的科学知识，按照亚里士多德的理论，结合当下关于颜色产生的过程实际上是光反射的过程的说法，我们可以把色彩的实现活动称作“光的反射”。

② 与色彩的实现活动一样，香味的实现活动在当下科学知识的语境下，也许可被称为“分子的运动”。

者，那么上述说法就是对的；如果指前者，那么上述说法就是错的。这些早期的自然哲学家完全忽略了这种不同陈述的分歧。

如果和谐是声音的一个种类，而声音与听在一种意义上又是同一的，同时和谐是一种比例，那么听在某种意义上必定也是一种比例。和谐也就是指按照合适的比例，或者是指人的言语优雅，或者是指声音好听。这也是为何高音过高与低音过低都会破坏听觉。同样，过明或过暗会破坏视觉，过甜或过苦的味道会破坏味觉。这表明感觉是某种比例。因此，当把单纯的酸、甜以及咸以一定比例混合的时候，这样的可感之物是令人惬意的。因为只有在那种情况下，它们才是惬意的。但一般而言，一种混合构成的会比单纯的高音或低音更为和谐；对于触觉而言也是一样，触摸可冷可热之物会更惬意些。感觉就是比例，过度就会令人不快或成为破坏性的感觉。

那么，每一种感觉都指向特定的某些可感对象，感官可以找到它的对象，并且区分它的对象，例如视觉区分白黑，味觉区分甜苦。虽然我们能区分白色与甜味，而且每一种其他感知的对象都与其他的感知对象相联系，但是我们究竟是依靠什么才知道它们之间有所区别呢？事实上，这必定是通过感觉来区别，因为感觉自身也是可感的对象。因此，很显然，肉体不会是终极的感官。如果肉体是终极感官的话，那么对进行区分的能力而言，对对象的直接接触就是必不可少的了。

事实上，两种各自独立的感觉不可能区分出白与甜是两种不同的事物，所区分的质料或性质必须依靠于某个同一的感官，这个感官就是共同感官，它实际上是与五种感觉的外感官相区别而又相统一的。作为共同器官不是某个特定的器官，而是以非特定的形式活动着的。因此，共同感官可以说是对于感觉的感觉或知觉感觉，它是在各种不同的感觉之间区别或比较的。

如果我对一个对象感觉到的是一种事物或性质，而你对另一个对象感觉到的是另一种事物或性质，那么显然不需要加以区分也知道，这两者是截然不同的。因为“白”和“甜”是需要加以区分的，所以必定是基于共同感官才会对不同的性质进行区分。当我们说区分差别时是基于某种共同感官而言的，当我们说思想和感知时也是一样，都以某个共同感官为前提。因而，这是十分明显的，不可能通过两种分离的事物来辨别两种分离的性质。进一步而言，也不可能在分离的时间点做出这种区分。正如我们说“好”与“坏”是不同的，当我们说一个事物A和另一个事物B是不同的时候，也是在说另一个事物B与这个事物A不同，这里的“当……时候”并不是偶然的，例如当我现在说这里存在着一个差异，与我现在说这里现在存在着一个差异，前者是任意的，后者包含“现在”就不是任意的。

区分的能力必定是基于一个不可分离的同一的对象以及不可分离的同一的时间点。但是作为不可分离的并且存在于不可分离的时间中的同一的对象，不可能同时被两种相反的运动而被运动。例如，某个事物是甜的，它就会以某种方式来影响感觉或思想，而某个事物是苦的，它就会以苦的方式来影响感觉或思想。

我们是否可以进一步认为，同一对象在数目上也是不可分离的，但是在实质上则是被分开的存在呢？有这样的一种方式，在这种方式中，正是被分开的主体感觉着那些被分开的对象，比如昨天的我和今天的我，实际上是可以区分的，即使在数目上只有一个我。再比如一个事物在加入调料前是没有味道的，它可以变成甜的，也可以变成苦的，实际上是可以区分的。即使在数目上这个事物仍然是不可分割的一个事物，但是还有另一种方式，在这种方式中，同一事物是作为不可被分开的事物而存在的。这是因为，实质上这一事物作为存在是可以分开的，但在空间上和数目上，它是不能分开的。

还是说这也是不可能的呢？因为，即使同一个事物，对于某些不可分离的事物而言，在潜能上可能成为两种相反者，比如甜的和苦的，实际上，它的存在并不能是这样的，而是在实现活动中才是能被分开的，因此某个事物不能同时是白色的又是黑色的，同一个事物不能同时受两种相反的形式的影响，感觉和思想也是这样的事物。

事实上，就像我们称之为“点”的事物，它既是不可分的又是可分的，就好像它既是“一”又是“二”。因此，当它作为某些不可分的事物时，它被辨别为同一事物并且是瞬间的，而当它作为可分的事物时，它在同一时间里被认为是两个方向的同一符号“点”。在某种意义上说，它是凭借着分离的能力来区分两个分离的对象，以它作为同一事物来说，它是凭借着同一的能力并在同时被辨别的。

关于这个本原，即我们所说的动物凭借着它而具有感觉的本原，我们就讨论到这里。

关于“想象”

人们通常通过两种特征来说明灵魂的性质：一种是位置上的运动；另一种是思考推理、判断与感知。思考推理被认为与某种感知相似，在这些情况下，灵魂都会区分及认知出当前存在的是什么。先贤确实已经断言理解与感觉同一。例如恩培多克勒说：“随着经验的增长，智慧所呈现的事物越多，人们的智慧也会提升。”在另一处，他又说：“人们的理解能力会随着岁月的更新而产生不同的思想。”荷马也有类似的话：“这就是理性”。他们都认为，思考推理，像感知一样，属于身体的机能，并且感知和理解都是认为同种类的事物之间是类似的，正如我们开始讨论这个主题时所看到的。可是，当他们在做出这些议论时，他们也应同时指出关于“谬误”的问题。因为谬误与动物更为密切，而灵魂也在更多时候处于谬误的状态。由此我们必须认识到，也正如人们所说的那样，要么世界上所有的现象都是真的、正确的，要么谬误是由不同类别的感知得来的，因为谬误是与“不同”相联系的。不过对于相反者而言，谬误似乎也和正确的、真的知识是同一的。这也就是说，思考、推理和感知一样，有类比的原则，比如摸到了A是冷的，B摸起来的感觉和触摸A的感觉一样，那么B也是冷的。在了解了这种类比原则的同时，也要注意会出现谬误，因为在思考、推理中，我们有可能会遇到谬误的情况，所以除了类比原则之外，还存在其他的情况。对于一些已经接受了谬误或出现了谬误而不自知的人来说，谬误就和真理是一样的，因为他们错把谬误当作真理。

理解活动显然是与感觉活动不同的。所有动物都有感觉，而其中只有一小部分有思想，且能进行理解活动；而且，推理活动和感觉活动也不同。推理所涉及的是“正确”与“不正确”，“正确”相应于正确的理解、科学的知识以及真的信念，而“不正确”则是这些的反面。对相应事物的感知、感觉通常都是真的，这是所有动物的特征。理解活动则可能出现谬误，理解活动也不属于那些没有理性的动物。想象不同于感觉，也和推理、理解等思维活动不同，想象通常需要感觉，没有感觉，想象就不可能发生。但判断又需要想象，没有想象，判断也不可能存在。显然，想象与作为判断的思维活动属于不同种类。当我们在做筹划活动时，想象是在我们的意愿以及能力范围内的，因为我们可能唤起一种幻相，正如运用想象能够帮助回忆那样。但是，形成意见或信念却不是在我们的能力范围之内，我们不可以随心所欲地形成信念，因为信念必定是真的，或假的。也就是说，想象和信念两者是不同的，想象可以出于我们的主观，是无关乎对错的，但是信念是关乎对错的，并非纯粹出于我们的主观。另外，当我们形成有关某物是可怕或恐怖事物的信念时，我们会马上受到影响，当我们形成有关勇敢之物的信念时也是一样；而在想象中，我们就像旁观者在图画中观看可怕之物与令人激动之物一样不会受影响。最后，判断也有不同形式：知识、意见、推理以及它们的反面。至于它们之间的区别，我会在其他地方再讨论。

思考活动不同于感知活动，它包含着一部分想象和一部分判断，因此，我们必须先区分出想象活动的范围，再讨论判断、想象活动。如果想象活动在排除这个词的任何隐喻的意义上是指在我们心中呈现某种影像、幻象的过程，那么它就是心灵的一种能力或一种状态，我们凭借着它进行判断，想象活动可能是真的、正确的，可能是假的、错误的。这些能力或状态是感觉、信念、知识以及推理。

首先，想象不是感觉。感觉或者是潜能或者是实现活动，也就是说，或者是“视觉”这种能力或者是“看”这个活动，可想象即使没有这一切也能发生，比如在睡梦中所梦见的事物那样。其次，感觉总是出现，但想象并非如此。如果现实中的想象与现实中的感觉是相同的，那么所有动物都应当具有想象活动，但现实中的情况并不是这样，例如这对于蚂蚁、蜜蜂及蠕虫就不成立，它们不具有想象活动。再者，感觉通常都是真的，而不少想象都是假的。当在现实中我们确切地感觉到某物时，我们就不能说“我想象这是一个人”，而只有当感觉不是很清楚时才会这样。如前所述，即使闭上眼睛我们也能够想象，但想象并不属于那些总是真的事物，比如知识和理解，因为想象可能会假的。

接下来就只剩下考察想象是否是信念了，信念可能是真的，也可能是假的。但是，信念总包含着相信，因为一个人不可能对他不相信的事物持有信念，动物不可能会有信念，但是多数动物有想象。另外，每种信念都蕴含着相信，相信又蕴含着被说服，说服又蕴含着理性，虽然一些动物有想象，但是它们没有理性。

显然，想象不是被感觉伴随的信念，也不是通过感觉获得的信念，更不是感觉与信念的混合；这都基于以上的理由，同时也是因为，如果感觉有对象的话，那么信念除了是感觉的对象外便什么都不是了。我的意思是说，想象是白的感觉与白的信念的混合，而非白的感觉与“善”的信念混合，因此想象就是非偶然性地与一个直接的感觉相对应而形成的信念。然而，我们真实相信的某种事物却可能看起来是假的，例如太阳看来只有一步之宽，但我们真实相信它比我们所居住的地球还大。由此可见，当事实未曾改变，而且观察者所拥有的真的信念既没有忘记也没有不被相信时，那个信念就自身否决了自身；如果他仍然持有那种信念，那这种信念非真即假。但是，一个真信念，只有当事实在不知不觉中发生了改变，才会变为假的。想象不是这些事物中的某一种，也不是由它们所构成的。

但是，当一个事物运动时，另一个相关的事物也会被它推动，而想象似乎是某种运动，它离开感觉就是不可能发生的，它发生于感觉者，而且与可感之物相关联；由于运动被作为实现活动的感觉所发生，而这种运动必定与感觉类似，那么当离开感觉或当我们不感觉时，这种运动就不能存在。出于这种运动，运动的拥有者可以在多个方面作用和承受作用；而这种运动有可能为真，也有可能为假。这个结论是从以下原因中得出的。其一，对特定感觉对象的感知是真实的，或只允许轻微的谬误。其二，偶然出现的感觉，在这些感觉中就可能产生错误，因为当我们感觉白色的时候，是不会出错的，只有在感知这个事物还是那个事物是白的时候才会出错。其三，是对共同属性的感觉，它们伴随着特殊的可感物所归属的性质，也就是运动与广延，这里是最容易发生错误的。但是，因感觉活动引发的运动不同于这三种感知形式中任何一种现实的感觉。无论感觉什么时候出现，第一种都是真实的；而其他两种无论出现还是不出现，都可能是虚假的，特别是当感觉对象处在远距离时。那么，如果想象所包含的事物正是我们所讲过的，它就必定是被感觉的实现活动产生的运动。

由于视觉是一种基本的、首要的感觉，想象这个词是从光这个词演变而来的①，离开光便无法看。又因为想象存在于我们身上，并与感觉类似，动物在多数情况下都是按照想象而行动，其中有些不具有理性，比如野兽；有些动物则由于理性有时会被情感、疾病或睡眠蒙蔽，比如人有时就会这样。

对于什么是想象以及它出现的原因，我们就说到这里。

灵魂中的理性部分

关于灵魂用来认识与理解的那一部分，不论它是在界定上与其他部分是分离的存在，还是在空间、广延上也是分离的存在，去考察这部分所具有的不同特征以及推理是如何发生的，这都是有必要的。

可以确定的是，如果推理如同感觉，那么它必定是一个过程，在这一过程中，要么承受理性之对象的作用，要么承受其他一些类似事物的作用。因此，它必定是非感受性的，并且是能够接受对象之形式的；它必定与它的对象潜在地同一，但不是和对象的实质存在同一。如同感知官能与可感之物的关系一样，理性与思想对象也处于这样的关系中。

因此，由于一切事物都可能是思想的对象，它必定是不可混杂的。正如阿那克萨戈拉所说的，只有这样，思想才能掌

① 这里指希腊语中的词汇，phantasia（想象）和phaog（光）。

控我们的行动，从而认识这个世界。因为混杂了任何与其本性相异之物都会对它成为一种障碍，所以除了是某种能力之外，理性自身并无其他本性。灵魂中被称为理性的部分，也就是灵魂中赖以思考与判断的部分，只有当其推理时才具有现实的存在。正因为如此，理性不能被合理地认为与身体相混合；否则，它就会具有某种质性，比如冷或热；或是会如同感觉能力那样具有感官。那么，把灵魂称为“形式的居所”是个好的想法，虽然这个称呼只适用于理性灵魂，但这里的“形式”也只是潜在的而非现实的。

如果我们考察一下感官与感觉，就会很显然地发现，在承受刺激的程度方面，感觉能力与理性能力是不同的。在强烈的感官刺激之后，感觉能力会变得完全不能感知，例如在受到高声刺激后我们即刻很难再听得到声音，而被强光与强味刺激后，我们随即很难再看得到事物或闻得到气味。可是当理性地思考强烈的思维对象之后，不仅丝毫不会减弱其自身思考细微事物的能力，反倒会增强这种能力。因为感觉能力是依赖于肉身躯体的，而理性能力却是与躯体分离的。一旦理性完成了对其对象的诸多思考后，就像有学问的人所做的那样，当他能实施其理性功能时，这就会发生。在某种意义上，理性仍然是潜能，但这时的潜在与学习和思考之前的潜在已完全不同，这样，理性就能够思维它自身。

我们能够区分广延与作为广延的存在、水与作为水的存在等等，虽然不是对所有事物都可以如此区分，因为在某些情况下，它们就是同一的。肉体与作为肉体的存在既能够通过不同的能力判别，也能够通过相同能力的不同状态判别，因为肉体必然包含着质料，这就像凹塌的鼻子，它是存在于特殊质料中的特殊形式。那么，我们正是通过感觉能力判别冷与热，也即表明各种元素以某种比率构成肉体；判别作为肉体的存在，要么是通过某种与感觉能力完全分离的事物，要么是与它相关的事物，就像一条曲线被拉直后还是同一条线那样。

再者，在抽象对象的情形中，“直”就像“凹塌的鼻子”一样。因为它们都是和某种质料相联系，如果我们可以区分“直”与“直的事物”，那么构成它们所是的就是不同的事物，让我们称此为双重性。我们或是以一种不同的能力，或是以同一种能力的不同状态来进行判别。总之，由于对象能够与其质料分离而被认识，那么理性能力也是这样，是能够分离的。一种抽象的概念，以及作为展现出抽象概念的具体存在物，比如“水”与“作为水的存在物”两者之间我们是能加以区分的，前者是作为存在于事物中的本质，即形式；后者是具体的事物，即质料。所以，理性能力和作为理性能力的存在物也是可以用同样的方式加以区分和理解的。

有人可能会提出这样的困难，如果理性是单纯的而不承受作用的，并且与任何其他事物都没有任何相似的地方，就如阿那克萨戈拉所说的那样，如果推理活动需要在某程度上被影响才能进行，那么它是如何进行推理活动的呢？因为当两种事物具有某种共同点时，才能够一个成为作用者，一个成为承受作用者。另一个问题是，理性是不是自身思维的对象呢？因为如果理性出于其自身就是可认识的，而且可认识之物在种类上是同一的，那么，理性要么从属于其他事物，要么包含着某些共同元素，这就使它像其他事物那样成为思维对象。当我们说理性与思想对象潜在地同一，也就意味着只有理性活动时才同一，否则它一无所是；这就可以解释上面所说的“由于具有某种共同的事物而承受作用”。理性所思之物正如尚未被写在白板上的字，在未写之前一无所是；这正是理性的情形。

理性自身是可认识的，正如其他思维对象是可认识的一样。因为在不包含质料的对象的这种情形中，思考主体与被思考的对象是同一的；因为思辨知识与这种知识的对象也是同一的。在那些包含质料的情形中，每种思维对象都只是潜在地出现。当质料对象不具有理性时，理性仍可被认识。只有当理性能离开质料时，理性才与它们潜在地同一。

理性的两个方面

正如在整个自然整体中一样，在全部事物中，我们发现包含两种因素：由于其质料的方面，万物在暗中生成；由于其形式的方面，万物被创造和显现。形式之于质料的关系就像技艺之于材料，同样的区分也必定存在于灵魂之中。

一方面，如我们上面所讲的，理性是潜在地成为所有的事物；另一方面，理性能造成所有的事物。前者即被动理性，后者即主动理性。被动理性是一种潜能，因为所有事物的形式都能进入理性之内而被理性理解，但被动理性不能“产生”形式，只是作为一种纯粹的潜能而存在，而主动理性即是这种潜能的实现活动，理性作为一种推理、理解、思考的能力，能够光照和实现素有潜能地存在于事物中的可被理解的形式。因此，后者就像光，在某种意义上，光把潜在的颜色变为现实的颜色。

一方面，理性在这个意义上是可分离的、不被动的和非混杂的，因为就其本性而言，理性是一种活动，通常来说主动优于被动，成因优于质料。在主动和被动之间，主动理性是理性的本原，因为它是思想的原因、形式。主动理性在理论分析的意义上是“可分离的、不承受作用的和纯净的”，它的实现活动，也就是它所获得的思想，便是“可分离的、不被动的和非混杂的”。另一方面，理性并非身体的形式或质料，而是灵魂的形式，思想的成因，所以理性灵魂的活动独立于肉体躯体，在这一层面上理性活动自身也是“可分离的、不被动的和非混杂的”。

现实的科学知识与它的对象是同一的。在个别事物、殊相方面，潜在知识在时间上优先于现实知识；而在事物的总体、共相方面，则不存在这种时间上的优先性。理性不会一时能够活动一时不能活动。分离之后，理性就仅仅是它自身所是的那个样子，它自身就是不朽的、永恒的，在这种意义上理性就不承受作用，我们也不再能记忆，因为理性在被动意义上是不变化的；离开理性，就不会有任何思维活动。

知识的对象

现实的知识与它的对象是同一的。在个别事物中，潜在的知识在时间上具有优先性，而在总体上，知识在时间上并不具有优先性，因为所有生成的事物都来自现实的存在。这就是说，一些潜在的知识，对于一些现实的认知者所具有的现实存在的知识而言，其在时间上是先于后者的。一个认知者在真正获得知识前是已经具备了认识知识的能力的，这是对个别事物的知识而言的。但是对于所有知识而言，总体上并不具有时间上的优先性，就如同之前所说的，潜在的能力是来自于已经完善的存在的，任何可能变成现实的事物，包括知识，都是来自那些已经存在的现实事物，所以知识并非先于存在而存在的。

显然，感觉对象是感觉能力从潜能变为现实的存在。因为感觉能力既不承受作用，也不会发生变化，所以，感觉一定是一种不同的运动，而运动是一种未完成的现实存在；绝对的现实即已经完成的现实存在，是与运动不同的，在其绝对意义上属于不同的种类，即它是完满的。

因此，感觉就像单纯的判断或理性活动，类似于能够对其对象进行肯定或者否定，感觉能够进行判断，给行动提供一些理由。当对象是令人快乐或痛苦的，灵魂就会追求或回避这个对象，并也对该对象做出肯定或否定。感到快乐或痛苦就是根据感觉媒介而行动，这种媒介朝向诸如此类的“善”或“恶”的事物。这就是现实当中的“回避”或“欲望”的真正意味。不论是从彼此关系来看，还是从感觉能力来看，欲望或回避的能力并没什么不同，虽然它们实际的本质是不同的。

想象与感觉的类比

由于理性灵魂中的想象，能够替代直接感知，想象出来的画面仿佛感觉中的感觉对象。当想象肯定对象、认为对象是善时，或否定对象、认为对象是恶时，灵魂就会追求或回避这些对象。这就是为何灵魂离开想象的画面便永不会有思想活动。这个过程就像空气以一种方式作用于眼睛，而眼睛又作用于其他事物一样。最后承受作用的是单一体，是单一的媒介，虽然它有多个方面。

对于灵魂自身用哪个部分来从一个又甜又热的对象上辨别“甜”和“热”，前面已经说过了，现在还得再说明一下。它是我们上述所讲意义上的统一体，即作为一种联结。它所联结的两种能力，从种类与数量上看各是一，这两种能力的联结就像它们感知对象的联结。这与我们问灵魂如何区别不同种类的事物，或是如何区别像黑与白这种同种类但彼此相反的事物没什么关系。假设A（白色）与B（黑色）之比，等于C与D之比，那就会得出C比A等于D比B，如果C和D属于一个主词，则A和B也具有同样的关系，A和B是同一的，虽然它们的存在具有不同方式。C和D也是如此。如果我们把A当作甜，将B当作白，也可进行同样的说明。

理性能力以想象画面的方式来认识理性的对象——形式，正如在感觉中追求或回避什么事物是通过感觉能力做出的一样，感觉消退之后就留存在想象中，正是它发动了追求与回避。例如一个人感觉到一缕烟，他便会意识到那是烽火；随后他一感到烟在移动，便知道敌人来了。而有时通过灵魂中的想象与理性，就像灵魂正在“看”一样，它们就立足于现在对未来进行部署、考虑。当它做出一个判断的时候，它就同时会去追求或回避，就像在感觉的情形中判断令人快乐或痛苦之物那样。一般在实践行动中都是这样。

不涉及实践行动的领域，也就是真与假的领域，它与善和恶的领域是同一个领域。它们的差别只在于，真假涉及普遍的方面、普遍的知识，而善恶涉及特殊的方面、道德的知识。

当理性认识抽象对象时，就像一个人认识“凹塌的鼻子”

那样，对于“凹塌的鼻子”而言，我们不能离开躯体去认识它；可对于“鼻孔”而言，在现实中能够离开躯体去认识它。因此，当理性认识数学对象时，是可以作为分离之物来认识的，虽然这些对象实际上是不可分离的。

总之，当理性在现实中认识对象时，则与它的对象是同一的。至于理性这种自身非分离之物是否可能是思维分离之物，我们后面还必须加以考虑。

关于灵魂的总结

现在让我们总结一下对灵魂的考察，并重申灵魂在某种意义上就是一切。因为存在着的事物要么是可感觉的，要么是可认识的，而知识在某种意义上就是可认识之物，感觉在某种意义上就是可感觉之物。我们必须探讨这里提的“某种意义”，到底是在何种意义上说的。

知识和感觉的区分与其各自的对象相对应，潜在的知识与感觉相应于潜在之物，现实的知识与感觉相应于现实之物。灵魂中的认识能力与感觉能力潜在地相应于这些对象，即可认识之物与可感觉之物。这些能力必定是这样的，要么与这些对象自身是同一的，要么与这些对象的形式是同一的。事实上，它们与对象自身肯定是不可能同一的，因为石头不可能存在于灵魂中，只有石头的形式才能存在于灵魂中。

因而，灵魂就类似于手，手是使用工具的工具，思想是各类形式的形式，感觉就是各种可感之物的形式。

显然，没有任何事物能够脱离可感觉的广延而分离地独立存在。那么，理性的对象应该存在于可感觉之物的形式当中，这些理性的对象既包括所谓的抽象对象，也包括可感觉之物的全部状态与属性。所以，离开感觉人们既不可能学习，也不可能理解任何事物，甚至当人们在进行沉思活动的时候，也必须借助想象。因为想象除了不包含质料外，其余都与感觉的对象类似。

不过，想象并不等同于肯定、否定，因为真理和谬误产生于理性对象的联结。那么最简单的理性对象与想象的画面又有什么不同呢？其实，不论是这些最简单的思想还是其他思想，它们都不是想象的画面，但它们的发生都不能离开想象。

运动的原因

关于动物的灵魂的特征，可以从两种能力来考察：负责思想与感觉功能的判断能力，以及引起位置运动的能力。我们对感觉与理性已做了充分的考察，下面让我们来看在灵魂中引起运动的事物是什么。它是灵魂在广延或界定上分离的单独部分，还是作为整体的灵魂？如果是某个部分，那么它是不同于通常所述的和我们已经考察过的诸如感觉、理性、想象等等的那些部分呢，还是其中之一？这里马上就会出现一个难题：我们是在什么意义上谈论灵魂的那些部分，灵魂又应被区分为多少部分呢？因为，在某种意义上灵魂似乎是有无限部分的，而不只是某些人所区分的那些部分，比如理性的、情感的与欲望的，也不止其他一些人所区分的理性的与非理性的。当我们考虑到这些人进行划分时所凭借的特性，我们会发现一些其他部分，与我们刚讲过的那些部分有很大的差异，例如生长部分，它既属于植物也属于动物，而感觉部分既不能轻易地划归于理性部分也不能划归为非理性部分；同样对于想象部分而言，它看起来在自身本质上似乎和所有别的部分都有区别，但是，如果我们假定灵魂各部分是分离的话，那么“想象”这一部分就很难与其他任何部分等同起来还是区分开来。此外，还有欲望部分，不论就其定义而言，还是就其潜能而言，它似乎都与其他的部分有所区别。对欲望部分进行切分显然是荒谬的，因为在理性部分会发现有欲望，在非理性部分也会有欲望与情感；如果我们把灵魂分成三部分的话，欲望在每部分都会出现。

回到我们现在讨论的问题，引起动物作位置运动的是什么？

在所有生物中出现的生成与营养能力看来负责所有生物都具有的生灭运动，这种运动属于所有生物。后面我们还得考察呼与吸、睡与醒，因为这些当中也会出现不少令人困惑的难点。现在我们必须要考察的是位置运动，来看一下在动物中到底是什么引发了位置运动。

这显然不是生长能力所引发的。因为这种运动通常是为了一个目的，并且和想象或欲望伴随在一起；如果不是受追求或回避某物的力量所迫，动物就不会移动。此外，如果位置运动是生长能力所发动的，那么植物也能实现运动，也具备实现这种运动所必需的器官。同时，这也不是感觉能力所发动的。因为许多动物具有感觉，但是它们却是静止的，并且一生都没运动过。

如果自然绝不会徒生无用之物，也绝不遗漏必要之物，除非在残缺与发育未完善的情形中。我们所考虑的是发育完善的与无残缺的动物，因为这种动物能够繁衍其物种，并经历生命的兴盛与衰败。如果它们能实现运动，它们就应当具备实现运动所必需的器官。

另外，也不能把算计的官能或所谓的“思想”看作这种运动的原因。因为作为沉思的理性从不思考可实践之物，它从不告诉我们追求什么、回避什么，而我们所考察的运动通常是对某个对象的追求或回避。即便当理性在沉思这种对象时，它也不会直接引发追求或回避。例如，理性经常沉思令人恐惧或令人愉快之物，与此同时它却不会激发恐惧的情感，被推动的部位是心脏。而且，当有时理性命令并促迫我们追求或回避某物时，运动也不会产生；而对于不能自制者而言，欲望却能引发运动。正如我们经常看到的，具备医疗知识的人并不总是进行治疗，这表明还需要一些其他因素才能按照知识产生行动，仅仅是知识本身不足以成为运动的原因。最后，欲望也不能完全负责运动，虽然自制者也有欲望，可他们仍能够听从理性而拒斥顺从欲望。

这似乎和我们的常识相悖，也十分容易造成误解。对于理性而言，它作为一种潜能，我们可以通过理性认知到某些事情，但是不一定要付诸实践，不实践并不影响我们的理性认知，这是一种知、行二分的观点。对于沉思者而言，沉思活动自身并不一定要考察即将被完成、被实践的事物，同时沉思也不一定要指向“追求”“回避”这类运动。但这种观点并不等同于认为只有情感才能驱动运动，理性只能作为实现运动的工具，它是情感的奴隶，这是需要注意区分的。虽然位置的运动无法由理性引起，这也只是说明并不是每一个理性运作都足以激起运动，另外的一些运动或者理性中的某些部分，是能够说明理性并非那样无用或无能，只是仅仅依靠知识或理性还不足以提供行动的成因，但是行动的驱动方面并非与理性毫无关系。

欲望、理性与想象

显然，这里有两个能引起运动的驱动者——欲望与理性。我们可以把“想象”看作一种理性的过程。因为不少人会跟随与科学知识相对的想象，而在所有人类之外的动物那里，既不存在理性也不存在算计，它们只有想象。在灵魂中能够引起主体运动的事物，不是生长能力，不是感觉能力，也不是理性能力，更不是欲望能力。因为所谓的主体运动是指“人类”的“有意图”的“行动”，而不只是一般的广延上的、躯体性的移动。那么理性与欲望，这两者就都能够激发运动。这里进行算计的理性蕴含着一个目的，因此这种理性是实践理性。在所追求的目的方面，实践理性不同于思辨理性。两者的区别在于，思辨理性只是在“灵魂”自身之中，为了探求真理，而不一定与物质世界发生关联；实践理性则是以躯体之外的世界与事物为目标而导致的行动，比如食物会激起欲望、进而触发实践理性，导致行动。总而言之，思辨理性指向真理，思辨理性指向实践。每种欲望都会指向一个目的，而作为欲望对象的事物正是实践理性的触发点，实践理性的终点就是实践的开端。由于实践理性所指向的目的是完成某件事，并且其自身是作为算计如何完成这一目的而存在的，因此，在这方面实践理性与欲望以及某类想象一样，都能够激发行动。

欲望与实践理性，这两者似乎更有理由被认为是运动的源泉。如果说理性能够激发运动，那么只能这样说：欲望的对象能够激发运动，实践理性也能激发运动，而实践理性的开端就是欲望的对象。因此，当想象产生运动时，它也一定离不开欲望。当欲望有其对象时，人能够通过实践理性指向欲望的对象进而产生行动，而在缺乏实践理性的动物那里，它们灵魂中的想象会以一种与人类灵魂中的实践理性类似的方式回应欲望对象，从而导致行动。不管是实践理性发动行动，还是想象发动行动，两种行动发动的方式都离不开欲望。因此，欲望是运动的首要激发者，产生运动的就只有一种能力，即欲望。如果运动有两个产生者——理性与欲望，那么它们就应当出于某一共同的特点而产生运动。可实际上，如果没有产生任何欲望，理性绝不能产生运动。因为意愿也是欲望的一种方式。运动是由算计产生的，也就是由意愿产生的，欲望却能够产生与算计相反的运动，因为偏好也是一种欲望。实际上，偏好有可能与理性的算计相反，比如我明知吃油腻的食物会影响健康，为了更好地生活，实践理性告诉我不能吃太多油腻的食物，自制力差的人就可能因为偏好带来的欲望太大，而忽略了通过实践理性实现更好生活的欲望，这就是偏好的欲望带来和理性的算计相反的例子。

理性通常是正确的，欲望与想象，既可能是正确的也可能是错误的。因此，欲望的对象总是产生运动，但欲望的对象既可能是真正的好，也可能是表面上显示出来的好——不是真正的那么好。能够产生运动的欲望对象，其必定是在这种意义上是好的，即这种好或善是能通过实践而被实现的，并且只有那些能够具有其他情况的事物才是能够被实现的事物。

显然正是我们所描述的灵魂的这种能力——欲望，能产生运动。如果按照能力的特点对灵魂的部分进行划分，就会发现许多部分：营养的、感觉的、理性的、考虑的以及欲望的。它们相互之间的差别比欲望与情感之差别还要多。各种欲望之间可能会彼此冲突，当这种冲突发生在理性与欲望相互对立时，这种对立只产生于具有时间观念的存在者之中，因为理性指引我们为了将来的考虑而回避某种行为，而欲望却只顾眼前；由于欲望不会看将来，它就会把转瞬即逝的快乐看作是绝对的快乐与绝对的善。所以，虽然产生运动的事物在种类上是一，即作为欲望能力的欲望，或最终是欲望的对象，它虽然不运动，却通过被思想或被想象而引发运动，产生运动的事物在数量上却是多。

运动包含三个方面的因素：一是产生运动者；二是产生运动所凭借的工具；三是被运动者。产生运动者有两类，一类是自身不动者，另一类是既自身运动又被运动者。产生运动而自身不动者是需要通过实践而被实现的善，既自身运动又被运动者就是欲望。从被运动来说，欲望使得被运动者运动；而从主动来说，在现实欲望意义上的欲望就是某种运动。欲望产生运动所凭借的工具属于躯体的范围，要进入身体与灵魂之共同功能的范围来考察它。现在可以简单概述的是，运动的工具可以在开端和终结的同一的地方发现，就仿佛凸凹的接合处一样；凸面和凹面依次是运动的结尾和开端；后者静止而前者运动。它们在定义上是截然不同的，但在空间上不能相互分离。因为一切事物都是由推和拉而被运动的，所以，就像车轮一样，必定存在着一个静止的点，运动就是从这一点开始的。也就是说，一个意向性行动中的起点实际上和终点是一样的，对于某个特定的行动，行动的目标或目的首先驱动了欲望能力，同时也作为这个行动最终完成的终点。总之，正如上面谈到的，就一个动物的欲望而言，它能够自我运动；如果离开想象也就不能具有欲望；而所有想象要么是算计，要么是感觉。人与动物所共享的是感觉。

不完善动物与实践三段论推理

我们现在还必须考察，那些不完善发展的动物的情况。所谓“不完善发展的动物”，并不是指残废的、变异的动物，而是指那些不具有像人那样完全的感觉官能的动物，也就是其感觉能力并不是完善发展的。并不是所有的动物都有全部的感觉，但是能称之为动物的生物至少会有触觉。前面的章节提到过，有一些动物是无法运动的，但在亚里士多德看来，大部分动物，包括那些只有触觉的动物，都是可以运动的。

这些不完善发展的动物，没有感觉，只有触觉。那么它们是由什么产生运动的呢？它们是否也拥有想象和偏好呢？显然它们是有痛苦感和快乐感的。如果它们真有苦与乐，那么就一定是有所偏好的。但是，它们又是如何具有想象的呢？还是说，正如它们的运动是不确定的，它们的想象和偏好也是不确定的？

正如我们讲过的，关于感觉的想象在所有动物中都存在，但慎思性的想象只存在于能理性算计的动物之中。因为关于一个人到底应做这个还是应做那个，这已经属于理性推理的工作。只有当理性能力发挥作用时，有理性者才能在不同的选项中根据各自的情形做出评价和预判，而做出评价和预判需要对各种情形想象出画面，这种想象就是慎思性的想象。也就是说，当要追求更好之物并且在多个想象画面中挑选出一个时，理性算计的发生是必要的。

这就是为何想象不包含信念的原因，因为信念不包含基于推理之外的想象，欲望并不具备慎思的官能。没有理性能力的动物能够拥有欲望，但是没法拥有慎思性的想象；只有拥有理性能力的动物，比如人类，才能拥有这种慎思性的想象。所以单单只有欲望的存在物，无法对不同的选项及其相应的情形做出比较，缺乏慎思和慎思性的想象。有时一种欲望战胜另一种欲望并产生运动；有时又是另一种欲望战胜这种欲望并产生运动，就像一个球推动另一个球一样，在不能自制者那里，总是存在着一种欲望战胜另一种欲望。最高的欲望总是自然而然地占据并产生运动，因此有三种运动会被产生。但是，知识的能力是不被运动的，而是保持静止的。

因为一个概念或命题是普遍的，而另一个则是特殊的。例如，前者告诉我们，某一类人应做如此这般的事，而后者说的是，这个行为做出这种事而使得我就属于这一类人。恰巧是后面的信念——而非前面的普遍的那种前提——发起了运动；或者说，两者都参与了产生运动，只不过前者处于静止，后者不是。

灵魂官能与感觉的次序

灵魂的三种形式各自有不同的官能，因而有不同的次序。感觉也一样，不同的感觉官能或感觉能力也是有高低次序的，在本章中亚里士多德阐释了为什么触觉是动物最为基础的感觉，以及为什么其他形式的感觉是叠加于触觉之上的更高级的感觉。因为触觉不需要中介，而其他感觉诸如视觉、听觉等需要中介。实际上，亚里士多德在论证灵魂官能的次序以及感觉的次序时所运用的都是一种基于观察的自然主义视角，即大自然让“存在”成其所是，必定是有理由和目的的。通过阅读我们可以发现，实际上，两种次序论证的逻辑基点和论证过程是十分相似的。

对于一切有生命的事物而言，都必然具有生长灵魂，这样的事物从生到死都拥有灵魂，因为已经出生的事物必然要生长，经历由兴盛到衰败，没有营养这些就不可能发生。生长能力必然存在于所有有生灭的事物之中，但并不一定所有生物都有感觉；躯体单纯的生物就不可能具有触觉，那些离开了质料就无法接受其形式的事物也没有触觉。但在动物中没有什么是没有触觉的。

动物一定都具有感觉，如果自然不做徒劳的工作的话，一切自然事物都是导向某一目的的，或者被认为是和这样的目的同时发生的。任何能够做位置运动的躯体，如果没有感觉就会腐朽，而且无法抵达其所指向的作为大自然造物的目的。如果没有感觉且不能运动，那它又怎样摄取营养呢？不动的生物是从诞生它们的地方摄食。如果某种躯体并不是静止的，而是由生殖而来的，对其而言，如果没有感觉就没有灵魂，也不可能具备进行任何区分的理性能力；即使它不是由生殖而来的也不可能。那它为什么应当具有感觉呢？是否是因为无论是对于灵魂的善来说，还是对肉体的善来说，这都事关它能成为更好的存在？但是事实上，无论是哪一方都不是真实的。如果没有感觉，灵魂就无法更好地思维，肉体就无法更好地存在。所以，如果离开了感觉，没有任何自身不静止的躯体会拥有灵魂。

进一步而言，如果它确实拥有感觉，那么其躯体就必然是这样的：或者是单纯的，或者是复合的。但是它不可能是单纯的；否则它就会没有触觉，但对其而言它必须拥有触觉。从下面的内容中我们能更加清楚。

动物是拥有灵魂的肉体，一切躯体都是有形而可触碰的，“可触碰的”意味着可以通过触觉来感知，这就得出：如果某一动物是活的，那么其躯体就必定具有触觉能力。所有其他感觉，如嗅觉、视觉以及听觉，都是通过一些别的事物来感觉的；如果一个动物没有感觉，当它去触摸时，它就不能避开或抓到别的事物。如果是这样，这种动物就不可能存活下来。味觉类似于某种触觉，其原因也就在此，因为味觉与食物相关，食物是一种可触摸的物体。声音、颜色以及气味就与营养无关，也不可能导致生长和衰老。所以味觉一定是某种触觉，因为它是对那种可触摸的有营养的事物的感觉。

这些感觉对于动物来说都是必需的，并且，一个动物没有触觉显然就不可能生存，而其他的感觉不过是为了生存得好而已，也正因为这样，这些感觉并不是属于每一种动物，而只是属于某一些动物。例如，对于能向前运动的动物而言，这些触觉以外的各类感觉就是必需的，因为如果它要生存下去，它就不仅需要在直接接触时能感觉，而且要在隔着一段距离时也能有感觉。由于需要隔着一段距离也能感觉，所以视觉、听觉这些感觉对这种能向前运动的动物来说就是必要的。如果它们是通过某一媒介来感知，这就是可能的，因为媒介受到感觉对象的作用和推动，动物又受到媒介的作用和推动。就像这种情况：产生位置运动的事物引起某一点发生变化，刺激其他的事物运动，又引起别的事物因刺激而产生运动，于是运动就通过中介而产生了；第一推动者不需要被推动便可推动他物，最后的动者则是唯一被推动而不能推动他物的事物，但中介既能推动又能被推动，而且存在着多个中介，相对于变化来说也是这样，除非主体产生了变化，变化的承受者又没有产生任何位移。例如，如果有人将某物放到蜡液中，某物便会运动直到某物完全浸入蜡液中；将某物放在石头上，石头便一动不动，这便没有作任何距离的运动；将某物放在水中，某物便能作远距离的运动；把某物放在空气中，只要空气保持着连接一体的状态，空气就会被运动，且在最大范围内作用和被作用。

同样出于这个理由，相对于光的反射来说，与其认为视觉是出自眼睛的视线并被反射回来而形成的，不如认为只要空气保持为一体，它就会受到形状和颜色的影响，进而影响了眼睛，这种解释更有道理。在一个光滑的平面上，空气是一个统一体，因此它能再次使得视觉运动，就像刻印在蜡上的印记一样，会和原物体印刻那一面保持一致。

复合性与好的生活

动物的躯体显然不是单一的，我指的是，不是由诸如火或气等单一元素构成的。如上所述，拥有灵魂的物体都具有触觉能力，离开了触觉就不可能具有其他感觉。除了土以外，其他各种元素都能够构成感觉器官，但是它们全都是要依赖别的事物才能有所感觉，即通过中介而产生感觉，触觉来自于在与对象的直接“接触”，触觉的名称就是由于这个原因而得来的。其他感觉器官也是通过接触来感知的，但是要凭借别的事物；只有触觉显得是凭借着它自身的。所以这些元素中没有哪一种能够单独构成动物的躯体。

同样，也不能单凭土这一元素就能构成动物的躯体。因为触觉是一种介于所有可触摸性质之间的中介，它的感觉器官不仅能接受土元素的所有不同性质，而且也能接受热、冷及所有其他可触摸的性质。这就是为何不能用骨骼、头发以及类似的部分来感知的原因，因为它们都是由土元素所构成的。

植物也是因为这个原因而没有感觉能力，它们就是由土元素构成的；没有触觉就不可能有其他感觉，触觉器官既不可能是由土元素构成的，也不可能由其他单一元素构成。

很显然，一个动物只要丧失了触觉这种感觉，其必定会死亡。因为对于一个动物而言，触觉是唯一不可或缺的感觉，并且对于一个不是动物的生物而言，其绝不会具有触觉这一感觉。正是由于这个原因，其他感觉和触觉之间有所差异，如颜色、声音和气味等其他触觉以外的感觉，在过度时只会对感觉器官带来破坏，并不会毁灭动物的生命。偶尔也有例外，例如当高亢的声音实际是随同撞击而发生时，或者当视觉对象或嗅觉对象致使某些其他事物可以因接触而导致生命毁灭的运动时。但是，那些可触摸的性质，如热、冷、硬，一旦过度了就会使动物死亡。因为一切感觉对象过度了都会毁坏感觉器官，可触摸的性质的过度也会毁坏触觉器官，而这项触觉器官正是生命的标志，如同之前说的那样，失去触觉，动物就无法生存。所以，可触摸性质的过度不仅会破坏感觉器官，而且能毁灭动物的生命，因为触觉是每一动物所唯一不可或缺的感觉。

如上所述，有些动物拥有其他感觉，它们的目的并不是仅仅为了存在，而是为了生存得更好。例如，动物的视觉是为了观看，因为它生活在空气或水中，或者在一般意义上的透明状态里；因为存在着甜与苦，所以存在着味觉，以便它能感觉食物的这些性质，并且产生欲望和运动；它拥有听觉是为了听到对它所发出的有意义的声音，它拥有咽喉是为了能对其他动物发生有意义的声音。

三、灵魂与美德

关于“美德”

幸福是一种灵魂体现完善美德的活动，我们必须考察美德，或许如此才会更好地沉思幸福。真正的政治家——诸如克里特和斯巴达此类的立法者——都要特别地考察“善”，因为他们想把城邦公民变善，并且使得公民遵守礼法。如果这种考察属于政治学的，那么这显然就与我们最初的设定是相吻合的。

但是，我们所必须要考察的，很显然是“人的美德”，因为我们所寻求的一方面是人的善，另一方面也是人的幸福。所谓“人的美德”，是灵魂意义上的，而不是身体意义上的，而且所谓“幸福”，是灵魂某种实践活动的样式。如果是这样的话，政治家就需要了解灵魂，就像打算治疗眼睛的人需要了解整个身体一样。由于政治学比医学更好且更值得崇敬，所以对政治家而言，了解灵魂这项基础性工作显得更重要。医生总是在努力了解身体，而政治家应当努力了解灵魂。不过他们了解灵魂的目的，是为了能满足他们所追求的目标：太精确的研究对他们而言就太麻烦且没有必要了。

不过在一般人的眼里，对于灵魂的了解已经是十分普遍的了，例如灵魂有一部分是不具有理性的，另外还有一部分是具有理性的，我们也可以继续沿用这种方式了解。至于这两个部分是像身体那样，或者是像其他可以划分的事物的部分那样，是可被分离的，还是只是在言语上可被分离而实质上是不可分的，就好比一条曲线的凹和凸那样不可分离，这对我们目前要探讨的问题而言并不重要。

在不具有理性的部分当中，又有一个子部分是被所有生物普遍享有的，这一部分是植物性的灵魂，也就是造成营养和生长的那个部分。我们必须假定灵魂的这种能力存在于所有能够具有营养并从胚胎成长为发育充分的生命当中，这比假定一些生命中存在另外一种不同的能力更合理些。这种能力是所有生物所共有，而不为人所独有的。因为这个部分及其能力在睡眠中最为活跃，而好人与坏人的区别，也是在睡眠的时候显得最少。所以，人们说，在生命的一半时间里，幸福者与不幸者是没什么区别的。这是很自然的，因为人在睡眠中，灵魂可辨别善与恶的那个部分并不会有所活动，在睡眠中这个部分只有极少程度的活动，这使得好人的梦不同于常人的梦。对于这一部分我们就先谈到这里，因为它不算是属于人的美德。

在灵魂中还有另一种不具有理性的部分，不过它却以一种方式分有理性。在自制者和不自制者那里，我们所称赞的都是其灵魂中理性的或含有理性的部分，因为这促使他们正确且趋向最好的事物；不过他们之中也存在着一种与理性并列的部分，它们反抗并抵制着理性。这就恰如麻痹的肢体，当我们想要它向右时，它偏偏转向相反的一边，灵魂的情形也是如此；不能自制者的冲动总是使他转向相反的方向。不过只是在身体中我们能看得到它相反的转向，而在灵魂中则看不到。不过，我们无须质疑地认为，灵魂中有某种事物与理性并列，它抵抗着理性。正如我们说过的，甚至这个部分也分享着理性。无论如何，在自制者那里，它听从理性；在节制者与勇敢者那里，它会更好地遵从理性，因为他们在所有作为上都是与理性完全相符的。

不具有理性的部分也有两个方面。灵魂中植物性的部分根本无法分有理性，而欲望与一般的欲望部分则在某种意义上分有理性，也就是说，在既可以听到理性的呼唤又可以遵从理性指导的意义上，也就是在像听从父亲或朋友劝告的意义上，而非在像数学自身拥有理性的意义上。不具有理性的部分，在某种意义上被理性所劝导，也体现在提出建议以及进行指责与规劝的过程中。如果非要说这个部分也具有理性的话，那么“具有理性”便同样有双重意义：一种是在严格意义上自身便拥有理性，另一种就像孩子听从其父亲那样听从理性。

美德的区分也同上述划分相应。我们把一些美德称为理智上的，把另一些美德称为伦理上的；智慧、理解与实践智慧属于理智上的美德，而慷慨与节制属伦理上的优秀美德。当谈到某人的伦理品质时我们不说他是智慧的或有理解力的，而是说他温和或节制。不过一个智慧的人也因其品质而受称赞，我们把那些值得称赞的品质都称为“美德”。

第二讲 目的与善

一、伦理学研究的主题

二、善与功能论证

三、幸福生活

亚里士多德的伦理学是一种“目的论”的伦理学，这在当前伦理学的学科视域内是与“义务论”的伦理学相抗衡的一类伦理学理论。因此，理解亚里士多德语境中“目的”的内涵，是理解亚里士多德所论述的善和美德的关键所在。和柏拉图一样，亚里士多德把美德视作一种复杂的技艺，杂糅了理性的、情感的和社会性的种种要素，但是对于美德与善的关系，亚里士多德却给出了和柏拉图截然不同的看法。他反对柏拉图所说的“善”的观念，认为柏拉图错把“善”看作一种单一的、抽象的事物，错把“善”看成是所有好的东西的一般化与抽象化的理念，在亚里士多德看来，“善”在不同的情况下也是不同的，是实践性的具体化的，绝非仅仅是单一的抽象。

一、伦理学研究的主题

作为“目的”的“善”

每种技艺与研究，同样地，每种实践与选择，看来都是以某种善为目的，所以有人这样说，一切事情都是以“善”为目的。不过在目的之中也有所区分：有时活动自身是目的，有时活动之后的成果是目的；当目的是活动之后的成果时，成果自然比活动更有价值。

由于有各种各样的实践、技艺和科学，它们的目的也同样是各种各样的。医术的目的是健康，造船术的目的是船舶，战争术的目的是胜利，理财术的目的是钱财。而有些技艺可以同属于一种能力，例如制作马勒的技艺和其他驯马的技艺都属于驯马术，驯马术和所有与战争相关的技艺又同属于战争术，同样的，其他一些技艺又属于另一些技艺。在所有这些情形中，主导技艺的目的比其中从属技艺的目的更有价值，因为后者是因前者之故才被追求的。不过在上面提到的几种技艺中，活动的目的究竟是活动本身还是活动之后的成果，这并不成问题。

在我们的实践目的中有某种目的是因其自身之故而被追求

的，对其他事物的追求都基于这个目的，并且，我们并不是选择任何事物都仅仅是为了其他事物——因为这显然会导致无穷后退，以至于所有目的最终是空洞的——那么显然就存在着那种善，即“最高善”。那么，关于这种善的知识岂不对我们的生活产生重大的作用？它岂不是就像射手有一个标靶一样，更能帮助我们命中目标？如果真是这样，我们就应当尽量把握这个“最高善”到底是什么，至少是粗略地把握，以及哪一种技艺与之对应。

这种指向“最高善”的学科便是最具权威和最具主导性的技艺，这显然就是政治学。正是它规定了在城邦中应当有哪些学科，以及城邦中的哪些人应当学习哪些知识，学到何种程度。我们也看到，那些最受尊敬的技艺，如战争术、家政术和修辞术，都从属于政治学。既然政治学使其他科学为己所用，规定着人们该做什么和不该做什么的法规，那么它的目的就包含着其他学科的目的。这种目的也必定是属于人的善。尽管这种善之于个人和城邦是同一种事物，可是“获得与保持城邦的善”却似乎是更有价值的。为一个人获得这种善固然是值得高兴的，可为一个城邦获得这种善，则更高贵、更神圣。既然我们的研究在某种意义上是政治学研究，那么这些也就是我们所要研究的。

科学与精确的研究

如果我们对政治学的研究达到了它的题材所能容有的那种精确程度，那么也就足够了。不要追求所有论证都同样精确，就像不能追求所有技艺的制品都同样精确一样。政治学考察的是高贵和公正的行为，这些行为又包含着许多差异和不确定性，所以它们被认为是出于法规而不是出于自然。而且，善的东西也会表现出不确定性：它会伤及一些人，例如，有些人会由于其富有而败坏，有些人会因其勇敢而死伤。

因此，如果从“不精确的前提”出发，处理相关主题，我们就只能得到一种大概的、粗略的真：从一种大概的、粗略的前提出发，也只能得出一种大概的、粗略的结论。确实，在每个要点上我们都应当坚持这种方式。一个有教养的人，只会在每种事物中寻求那种题材的本性所能达到的精确性。如果要求一个训练有素的数学家，要给出像修辞学家给出的那样华丽修辞的说服，这就如同要求训练有素的修辞学家，要给出像数学家给出的那样严格的论证，两者都是不合情理的。一个人可以对他所知晓的事物给出很好的断定，在这些事物上他是一个好的判断者。所以，对于某个题材判断得好的是在这个题材上受过专门教育的人，在事物全体上判断得好的人是受过全面教育的人。年轻人不适合学政治学，因为他们对生活实践缺少经验，而政治学恰恰就要求有丰富的实践经验。

此外，年轻人容易受感情的影响，他们学习政治学既不得要领，又无所收获，因为学习政治学的目的不是知识而是实践。一个人无论是在年纪上年轻，还是在道德上稚嫩，都不适合学政治学：并且关键的问题不在于缺少岁月的历练，而是在于他们的生活与追求都容易被感情影响。他们就像不能自制者那样，因而知识对于他们来说一点用处都没有。但是对于那些欲望和行为都符合理性的人而言，知道这些知识将会十分有用。

二、善与功能论证

关于“幸福”的定义

现在让我们再接着前面的话头来谈，既然所有的知识与选择都是以某种“善”作为它们的目的，那么就让我们来看看政治学的目的是什么，以及所有实践之善中的“最高善”又是什么。就其名称而言，大多数人看法都是一致的，无论是老百姓，还是那些优秀的贤者，都会说这“最高善”就是“幸福”，并且也会把“成为幸福的”看作“生活得好”与“做得好”。可对于“幸福是什么”，人们就会有争议，普通人与有智慧的人给出的答案也会有很大不同。普通人会把幸福看作是某种显而易见的事物，如快乐、财富或荣誉，只不过张三说的是其中的这个，李四说的是其中的那个。即便是同一个人，在不同情况下也会给出不同的答案：在生病时会说“健康是福”；在穷困潦倒时会说“有钱是福”；而在意识到自己无知时，又对那些高谈阔论者无比崇拜。有些人已经说过，在这些具体的好事物之外，还存在另一种善，即善自身，它是使所有好事物之所以好的原因。对所有这些意见逐一进行考察是没必要的，我们只考察那些最为流行的、多少有些道理的意见，也就足够了。

我们也不要忘了，从始点出发的论证，以及走向始点的论证，两者之间存在着区别。这是柏拉图提出的。他继而追问道：正确的论证方法是从始点出发，还是走向它？就像在赛跑时，一个人可以从裁判员那一端跑向另一端，也可以从另一端跑向裁判员那一端。毫无疑问，我们应当从已知的事物出发。但所谓“已知”又有两种意义：一种是对我们自身而言是已知的，另一种是就事物其自身而言是已知的。或许我们应当从对我们而言是已知的事物出发。所以，想要完备地学习高贵之物与公正之物，从而学习一般而言的政治学的人，必须要养成良好道德习性。因为，“事实如此”就是一个始点，如果这个始点已足够显然，那就不需要另外再问“为什么？”一个具有良好道德的人已经具有或者十分容易就能把握这个始点。对于那些不具有这种始点的人，还是听一听赫西阿德的诗句吧！

最优秀的人是那些能够自己了解一切事物的人，
能够听善言之人劝说的人，也是优秀的，
但是，那些自己有无法理解的事情也不听从别人的人，
要记住，这是最无用之人！

三类生活

让我们再从前面跑了题的地方接着谈。从人们所过的生活来看，他们是把快乐等同于“善”或“幸福”的，这也并非毫

无道理。人们都喜欢过享乐生活。其实，主要的生活有三类：一类是刚提到最为流行的享乐生活；第二类是关于公民大会的政治生活；第三类则是沉思生活。

一般人都选择享乐生活，这种人显然是奴性的，因为他们宁愿选择动物式的生活。不过他们这样也并非毫无道理，因为许多上流社会的人也有亚述王——萨尔达·那巴鲁斯那样的品位。

那些有教养的实行者则选择把荣誉视为幸福，因为荣誉可以说是政治生活的目的。不过荣誉相比于我们所追求的“善”来说还是太过肤浅了，因为荣誉显然取决于授予者而不取决于接受者；我们直观的感受是，善是属于一个人自己并且不会被轻易夺走的东西。此外，人们追求荣誉看来是为了确证他们自己的某些优点，最起码他们是追求从有智慧的人那里、从认识他们的人那里寻求荣誉，而且是出于他们的美德而获得荣誉。这也就表明，在乐于实践者那里，美德是比荣誉更好的“善”。

而且有人还认为，比起荣誉，沉思生活即美德更符合政治生活的目的。可即便是美德这个目的，其自身也不够完善。因为一个具有美德的人也会有睡着的时候，或是一个人也可能拥有美德但一辈子都不去践行它；而且，有美德的人也可能经历最多坎坷甚至遭受最大的不幸，使得大家都认为这样一个有美德的人的生活并非幸福的生活，除非要坚持一种悖论。关于这个主题我们就谈到这里。

赚钱的生活是一种受约束的生活。财富显然不是我们在寻求的善，因为财富只是为了获得他物的一种有效的手段。所以人们会认为前面提到的事物——快乐、荣誉和美德，是比钱财更重要的目的，因为它们至少是因其自身之故而被我们所追求的。不过看来它们也不是生活最终的目的，而且也有人提出不少反对它们的论证。所以，我们可以先把它们放在一边以后再谈。

关于“普遍的善”

但是，或许我们最好还是先考察一下“普遍的善”，看看这种概念所遇到的困难，虽然这种研究会令我们为难，因为这会涉及柏拉图他们所提出的理论。不过我们最好还是研究普遍的善。的确，为了坚持真理而牺牲个人的所爱也在所不惜，这确实是我们，尤其是作为爱智慧的我们的义务。虽然真理和友爱都是我们所追求的，但作为爱智慧的人，我们还是会优先选择真理。

首先，提出这样一种观点的人，对于他们已经确立了的“先”“后”顺序的事物，从来不会提出有关事物种类的形式，所以他们不构建一个涵盖所有数目的形式。但是他们既在实体范畴上说一个事物是善的，也在性质和关系范畴上说一个事物是善的；绝对或实体在本性上先于关系，因为关系是实体的派生物或偶然的，所以不可能有一个共同的“形式”凌驾于所有具体的善。

再者，就像“是” 一样，“善”有很多种意义，有些事物可以在实体范畴上被称为“善”，如神与理性；有些可以在性质上被称为“善”，如优秀或美德；有些可以在数量上被“善”，如适度；有些可以在关系上被称为“善”，如有用；有些可以在时间上被称为“善”，如好时机；有些可以在地点上被称为“善”，如好地方；等等。所以“善”显然不能是普遍性的与单一的，否则，它就不能用来描述所有范畴，只能描述某一种范畴。

第三，如果归属于同一个形式的事物必定属于同一种科学的对象，那么就应当存在一种科学处理所有善的事物。可事实上，甚至对属于同一范畴的善都有多种学科在研究。例如对“好时机”而言，在战争上由战术学来研究，在疾病上由医学来研究；对于“适度”而言，在食物上由营养学来研究，在锻炼上由体育学来研究。

此外，或许有人还会问，如果同一个关于“人”的定义，既适用于“人自身”又适用于“具体的某一个人”这两种表述，那么“某事物其自身”这种表述是否真的有其意义呢？因为就“人自身”或“具体的某一个人”而言，“人”的定义是没有丝毫差别的。如果真的这样，“善自身”与“具体的某一种善”之间也不会有任何差别。“善自身”也并不因其是永恒的而变得更善些，因为持续长时间的白并不比持续一天的白更白些。

看来毕达哥拉斯学派对善的看法更有道理，他们把数目“一”归在善的事物当中，斯彪西波似乎也是在追随他们。不过这个问题我们还是留待其他地方再谈吧。

针对我们所说的，或许会出现一种反驳，认为这种形式的“善”的学说并非关乎所有种类的善。那些因其自身之故而被我们追求与喜爱的“善”属于一类，那些以各种方式产生或保持这种善的，或是阻止其反面的，则是因这些善而善的另一类事物，后一类善是以一种不同的意义而言的。显然，善的事物必定有两种意义：一类是因自身而善的，另一类则是因前一类善而善的。那就让我们把因自身之故而善的事物与因它物而善的事物区分开，看看前一类善是否由于符合一种单一的“形式”而被称为“善”。可是，哪类善会被称为因自身之故而善呢？难道不是那些即使不附带其他好处也会被追求的事物吗？例如智慧、视力、某些快乐以及荣誉。尽管我们也因他物而追求这些事物，它们仍会被看成是因自身而善的。或者，除了形式的善之外，便没有别的事物是因自身而善吗？如果真是这样，这个“形式的善”要么是空的；要么“善”的形式也同样适用于前面说过的那些因自身而善的事物——智慧、视力、某些快乐以及荣誉等等，就像“白”的“形式”同样适用于“白雪”与“白漆”那样。事实上，荣誉、理智与快乐作为善的事物而言，是异质而多样的。因此，善并不是符合单一“形式”的共同之物。

可是，在什么意义上异质的事物都被称为“善”的呢？它们看来不像是那些碰巧具有了同一个名称的事物。一些事物被称为“善”的可能是由于它们是由同一个“善”衍生而来，也可能是由于它们共同构成一个“善”；还是说，它们可能是通过类比而成为“善”的，就像视力是身体的善，故而理性就是灵魂的善那样，其他情形也类似。不过我们现在最好还是不处理这个问题，对此的详尽研究恰好属于哲学的另一个分支，对于“形式”的研究亦然。即使有某种普遍性的“善”能够分离于具体的事物而独立存在，它也不是可实践的或可被人获得的；可现在我们所寻求的是可实践、可获得的善。不过有人可能会认为，关于“形式的善”的知识，将有助于我们去获得那些可实践、可获得的善，因为，有了这样一种形式的善，我们就会更清楚哪些事物是善的。如果清楚了哪些事物是善的，就更容易获得它们。这个看法听上去是有几分道理，但不合乎科学的实际。因为，尽管所有科学都在追求某种善，且尽力弥补自身不足，但它们并不会去在乎这种有关“形式的善”的知识。如果这种“形式的善”的知识真有如此重要的帮助，所有的匠师就不会不知道它，也不会不去追求它。很难看出，“形式的善”的知识能给一个织匠、一个木匠的手艺提供什么帮助，或是对“形式的善”进行沉思如何能使一个人成为更好的医生或将军。事实上，一个医生并不研究抽象的健康；他研究的是人的健康，更确切地说是具体某个人的健康，因为他不得不医治的是每个具体的个体。

功能论证

如果存在着不止一个目的，我们选择其中一些目的——例如钱财、长笛以及其他一切工具——是为了另一些目的，那么并非所有目的都是完善的；而“最高善”显然是某种完善的事物。如果只有一种完善的事物，那么这就是我们所寻求的，如果有多种，那么最完善的就是我们所寻求的。谈及完善的程度，是指一个事物作为目的自身而被选取，这比一个事物作为达到他物的手段而被选取更为完善，一个从不作为他物的手段被选取的事物比一个既作为目的自身又作为他物手段被选取的事物更为完善，所以，我们把那些只因其自身被选取而从不因他物被选取的事物称为最完善的。幸福在这个意义上看来比其他事物更属于决然完善。我们通常只因其自身之故而从不因他物选取幸福；对于荣誉、快乐、理性以及诸种美德而言，我们确实是出于其自身之故而选取它们，因为即使没有额外的好处产生，我们也会选取它们；不过我们也是为了幸福之故而选取它们，相信它们会是获得幸福的途径。然而，没人反过来为了上述这些内容或其他任何事物选取幸福。

从自足的方面考察也会得出同样的结论，因为完善的善也应该是自足的。我们所说的自足不是指一个人只有他自己就够了，并且孤独终了，而是指他有父母、儿女、妻子，以及更大范围的朋友和同邦人，因为人在本性上是政治性的。但是这里又必须有一个界限，因为如果一个人把范围扩展到列祖列宗和子孙后代，以及朋友的朋友等等，那就没完没了了。我们所说的自足是指某物自身便是值得我们选取的，并且其自身并不缺乏任何东西，我们认为幸福就是这样的事物。不仅如此，我们还认为幸福是所有“善”之中最值得选取的，并且不能与其他各种如财富、快乐、荣誉等等的“善”并列。因为，如果它是与多种“善”并列的其中一种“善”，那么显然，再增添一点点善，它就会变得更值得选取；添加的善会使原有的善增加，数量上更多的善是更值得选取的。所以，幸福是完善的和自足的，它是我们所有实践的目的。

不过说幸福是“最高善”或许老生常谈，我们还需要更进一步讲清楚幸福到底是什么。如果我们先确定人的功能，这一点就更容易被给出。正如对于一个吹笛手、一个木匠或任何一类工匠，对任何具有功能或实践的事物而言，它们的“善”都被认为寓于那种功能中，那么如果人具备一种功能，也会被认为人的善寓于人的功能中。难道木匠、鞋匠具有特定的功能或实践而人却没有吗？难道人天生就缺乏功能吗？或者说正如眼、手、脚，总之身体的每一部分显然都具备一种功能一样，难道不能说人在这些功能之外还具有一种特定的功能吗？那这种功能究竟是什么呢？简单的生命活动看来也被植物所分享，我们所寻求的是专门针对“人”的特殊的功能。因此，我们必须排除营养与生长的生命活动，接下来是感觉的生命活动，但这也被马、牛及所有动物分享。剩下的就是具有理性的实践生命活动，其中一部分可以听从理性，另一部分拥有理性并进行思维。实践的生命活动又有两种意义，但我们这里所说的必定是实践意义上的生命活动，因为这才是这个词的核心意义。如果人的功能是灵魂体现理性或不能没有理性的实践活动，当我们说某一的功能与一个好的某一的功能是同类的——例如一个竖琴手与一个好竖琴手，并且在所有情况下，美德方面的优异都是附加在功能上的——例如竖琴手的功能是弹竖琴，好竖琴手则是琴弹得好；且事实真是这样，并且人的功能是特定的生命活动，这种特定的生命活动是灵魂依照理性所进行的实践活动，又好人的功能在于更好地进行这些活动；同时当一种活动按照其核心的美德完成就是完成得好的话，从这些前提可以得出，人的好就是其灵魂符合美德的实践活动。如果人的美德有多种，那么这就是符合其中最完善的美德。不过必须加上“在一生中”，因为一只燕子或一个好天气成就不了春天。相似地，一天或短暂的时间并不能成就一个人的幸福。

我们只是以这种方式对善进行一个大概、粗略的说明。因为一种好的方式，是先勾画一张粗略的草图，然后再添加细节。如果这张草图是够好的话，似乎每个人都能在这张草图上添加些东西并且整体地完善些细节，时间在这里便是一个好的发现者或参与者，技艺的进步就是在时间的过程中实现的，因为任何人都能够在草图的轮廓中填补空缺的细节。

同时，我们也必须切记前面所说过的：我们不能在所有事物中都寻求精确性，而只应寻求与所研究题材相应的精确性。木匠与几何学家都研究直角，但是方式不同：木匠只要那个直角适合他的工作就可以了；而几何学家则寻求直角的本质和特性，因为他是在沉思真理。我们在其他题材上也应当这样做，这样才不会使得错误的方法耽误了我们重要的工作，不会使得重要的东西被忽略而仅仅关注了些次要的东西。同时，我们也不需要在所有问题上都要求同样的始点。有时始点就是十分明显的"事实"，事实就是最初的东西，就是一个始点。有时不同的始点是通过不同的方式获得的，有些通过归纳获得，有些通过感觉，还有些是通过习性，或是通过其他途径获得的。对于每个始点，我们必须以符合它们本质的方式去探寻，并且必须对它们进行清楚的界定。因为它们对于后续的研究至关重要：始点是研究的大半，所研究的不少问题只是基于始点便已清楚了。

进一步辩护"功能论证"

我们必须考察这个始点，不仅要从基于论证的前提与基础考察，而且还要基于与此相关的普遍看法来考察。因为，如果一个前提是真实的，所有既定事实就都与它相吻合；如果一个前提是虚假的，所有事实都会与之冲突。

由此而来，"善"就被分为三类：一是外部的善；二是身体的善；三是灵魂的善。其中灵魂的善是最恰当意义上的、最真实的善。

外部的善	身体的善	灵魂的善
财富	健康	节制
出身高贵	强壮	勇敢
友爱	健美	公正
运气	敏锐	实践智慧

首先，我们所说的灵魂中的善也就是灵魂中符合美德的活动与实践。至少按照早先哲学家们所认可的看法而言，我们的界定是很合理的。

其次，我们把某种活动与实践认为是目的也是正确的。因为只有这样，目的才属于那些灵魂相关的“善”之中，而不是属于外部的“善”。

最后，那种“幸福的人既生活得好也实践得好”的看法也符合我们的界定，因为我们说幸福正是生活得好和实践得好。此外，人们所寻求的属于幸福的各种特性都包含在我们的界定之中。有些人认为幸福是美德，另一些人认为幸福是实践智慧，还有一些人认为幸福是某种智慧，除此之外，还有一些人认为幸福是上述事物或其中的某种再加上快乐，或是必然伴随着快乐。另一些人也把外部的善，例如富有、运气加进来。这些看法中，有些是大多数人和过去的人们所持有的，有些则是少数贤者所持有的。这些看法的每一种也都不大可能全错，又或者说，它们至少在一个方面正确，甚至在大多方面都正确。

我们的界定同那些主张幸福是美德或某种美德的看法是相符的，因为符合美德的实践活动正包含着美德。但是，具有美德与符合美德地进行实践活动是两回事。我们认为美德是一种品质还是一种实践活动，这两者是很不同的。即使具有一种品质，也有可能发挥不出它的“善”，就如一个人睡着了或因其他原因行为被阻碍，他的美德便无法付诸行动。但是这些情况对于实践活动而言却不可能发生，它必定是要去实践并且还要实践得好才能被称作“合乎美德”。在奥林匹克运动会上，桂冠不是给予最漂亮、最强壮的人，而是给予那种参加竞技的人，因为获胜者是在这些人中间实践得最好的。同样，只有在生活中实践得好的人，才能获得高贵与善好之物的奖赏。

而且，这些实践者的生活本身就是快乐的，因为感受到快乐是灵魂的事情。当一个人喜爱某物时，这个事物就会给他带来快乐。例如，一匹马带给爱马者快乐，一出戏剧带给爱戏者快乐。同样，公正之物带给爱公正者快乐，并且一般而言，体现美德之物带给爱美德者快乐。不过，给多数人带来快乐的事物会相互冲突，那是因为这种事物并非在本性上令人快乐。给予爱高贵之物的人以快乐的事物，便是本性上令人快乐的事物；体现美德的实践便属于这类事物，这种实践既令爱高贵者快乐，又令自身快乐。事实上，这些爱高贵者的生活不需要另外附加快乐，这种生活自身就包含着快乐。因为，除了我们前面说过的，不以高贵的实践为快乐的人也就不是好人。因为没人会说一个不以公正地实践为乐的人是公正者、一个不以慷慨地实践为乐的人是慷慨者，其他美德亦然。果真如此的话，体现美德的实践自身便是快乐的。然而，如果这些实践也是

“善”，而且若公道的人很好地判断它们的话——就像我们所判断的那样——它们也将是最好的和最高尚的。

幸福是最善好、最高贵和最快乐的事情，它们并不像提洛岛上的铭文那样彼此分离：“公正最高贵，健康最善好，实现心之所欲最快乐！”最好的实践活动中会同时拥有这些特性，而我们断定幸福就是最好的实践活动，或是这些实践中最好的一种。

不过，正如前面说的，幸福显然也需要外部的善。因为，如果没有那些外在的条件或手段就不可能或很难做高贵的事。许多高贵的实践都需要诸如朋友、财富或政治权力这些条件。还有些因素，如良好出身、良善子女和俊美外形，缺少了它们也会减少其幸福程度。一个外形丑陋或出身卑贱，或是少儿没女孤独终生的人，我们不能说他是幸福的。一个有坏子女或坏朋友，或者虽然有好子女和好朋友却都已逝去的人，也会减少他们不少幸福。因而，正如我们说过的，幸福还需要另外加上一些外部的好事物。这就是为何有些人把幸福等同于幸运，有些人则将其等同于美德。

三、幸福生活

如何获得幸福

有这样一个问题：幸福是通过学习某种习惯还是通过某种训练获得的呢？还是因为神的恩赐或运气呢？如果确实存在着某种神赐予人的礼物，那么就有理由说幸福是神赐的，尤其就它是人所拥有的最佳之物而言。不过这个问题也许更适合由另一项研究来讨论。然而，即使幸福不是来自神赐，而是通过美德或某种学习或训练呈现，它也仍然属最为神圣之物。因为美德的报偿或结局必定是最好的，必定也是某种神圣的福祉。从这点看，幸福也是人们共同享有的。因为对于所有那些没有失去践行美德的能力的人而言，都能够通过某种学习或努力获得幸福。如果幸福通过这种方式获得比通过运气获得更好的话，那么它通过这种方式获得就是更为合理的。如果最重大、最高贵的事情居然交付给运气，那就陷入一种极端的失序状态了。

基于我们对幸福的界定也有助于我们回答这个问题。因为我们已经把幸福界定为灵魂的一种体现美德的特殊实践活动，其他的善都是获得幸福的必要条件或有效手段。这个结论与我们在一开始说过的话相符合。我们在那里说，政治学的目的是“最高善”，它致力于使公民成为好公民和进行高贵实践之人。我们不能说一头牛、一匹马或一个其他的动物是幸福的，因为它们不能参与这种高贵的灵魂实践活动。也正因如此，也不能说小孩是幸福的，因为他们过于年幼，还不能进行这类高贵的实践。当人们祝福他们时，那是希望他们将来会幸福。幸福，如前面所说过的，需要完善的美德和一生的时间。人的一生中变化多端且机缘未卜，最幸运的人都有可能晚年遭受劫难，就像史诗中普利阿摩斯的故事那样。没有人会说这种遭受劫难而未有善终的人是幸福的。

在世与否与幸福与否

这是不是说，只要一个人还活着就不能说他幸福呢？就像梭伦所说的要“盖棺定论”那样。可如果真这样的话，不就只能在一个人死后才可以说他幸福吗？这对于我们把幸福界定为某种活动的人们不就尤为荒谬吗？如果我们不是说一个死去的人才幸福，如果梭伦的话不是这个意思，而是说只有当一个人死后他才不再遭受恶与不幸，因而才能可靠地说一个人是幸福的，这同样也会引起一些争论。人们认为，某些恶与善会在人死后降临在他头上，正如它们不知不觉地落到活着的人身上一样，例如子孙与后代的荣誉与耻辱、良善与不幸。

但是这种说法也有问题。假如一个人直至晚年都得享幸福且如此离世，也可能有许多变故降临在他的后代身上：一些良善之人可能会过上体现美德的生活，另一些人则可能相反。这些后人同这位祖先的关系或远或近。如果这位死者也要随着他后代的变故而一会儿幸福、一会儿不幸，那确实会很奇怪。另外，如果说祖先完全不受他们后人的影响，甚至在很短的时间内也不受后人的影响，也很奇怪。

我们先回过来谈第一个问题，因为它或许对我们解答正在考虑的问题有所启发。如果我们必须看结局，那么只有当一个人死后才能说他幸福，而不能在他生前就这样讲；如果不能在他还幸福的时刻就真实地说出这一事实，那么这就显得十分奇怪，因为，我们竟顾虑可能的变故而不愿意说一个活着的人幸福，这是十分荒谬的。虽然一个人会遇到许多可能的好运与厄运，可我们还是相信幸福是恒久而不易改变的。因为显然，如果我们被运气所主导，我们就会经常说同一个人一会儿幸福、一会儿不幸，这就使一个幸福的人成为“一所建在沙滩上的房子”。所以，被运气所主导这种说法是错误的。尽管我们说好生活也需要附加运气，但是人生的好与坏并不依赖于运气。事实上，主导幸福的是符合美德的活动，相反的活动则造成相反的人生结果。

这里所讨论的问题也进一步确证了我们有关幸福的界定。因为没有其他人类活动比符合美德的实践活动更具持久性，它们甚至比科学更持久，在这些活动中，价值更高的活动就更加持久，因为那些最幸福的人把他们的生命最为充分、最为持续地用在这些活动上面。这大概便是这些活动不易被人遗忘的原因。所以，幸福的人具有我们所要求的稳定性，并且幸福会贯穿其一生。他总是或优先地做着或沉思着符合美德的事情；他也将最高贵地、以最适当的方式承受运气的变故，因为他是“真正的善的”，是“无可指责的”。

不过，运气的变故是多种多样且程度不同的。微小的好运或厄运显然不足以改变整个生活，重大且频繁的好运会使生活更加幸福，因为不仅其自身可以为生活锦上添花，而且一个人对待它们的方式也可以是“高贵的”和“善的”；反之，重大而频繁的厄运可能毁灭幸福，因为它们既会带来痛苦也会阻碍许多活动。不过，即便在厄运中高贵也闪烁着光辉：当一个人不是由于感觉迟钝而感觉不到痛苦，而是由于灵魂的宽宏与大度而平静地承受重大厄运时，其灵魂的高贵便是如此闪耀着光辉。如果一个人的生活如我们所说过的取决于他的活动，幸福的人就永远不会痛苦。因为，他永远不会去做令人憎恨或卑贱的事。我们认为，一个真正的好人和有智慧的人将以恰当的方式对待运气的变故，他们通常以境遇所允许的最高贵方式行动。就像一个将军以最好的方式调动他手中的军队，像一个鞋匠使用给定的皮革做出最好的鞋子，以及像其他匠师所做的那样。如若这样，幸福的人就永远不会痛苦，尽管可能他会遭遇普利阿摩斯那样的厄运，他可能无法获得幸福。幸福的人也不会是变化不定的。他既不会轻易地远离幸福，也不会因一般的厄运而不幸福，只有重大而频繁的灾祸才会使他不幸；而且他也没办法很快地从这种灾祸中恢复过来并重新变得幸福，必须经过长年累月的缓解，并且在其间取得重大的成就。

那么，我们是否可以说，一个不是在偶然的短时间内，而是在一生中都进行着体现美德的实践活动，并且充分地享有外在善的人，就是幸福的人呢？或许我们应当加上，他还要继续如此生活下去，直至恰如其分地死去吗？未来确实隐而不显，而我们又主张幸福是一个目的或完善之物。倘若如此，我们就可以在活着的人们中间，把那些享有并将继续享有我们所说的那些善的人称为最幸福的，尽管这里所说的是属于人的幸福。

后人的命运与幸福

如果说一位已故者的后人或朋友的机运对于他的幸福完全没有影响，又未免太过于不近人情，而且也与我们的常识相悖。但是，影响我们的事情是多种多样且方方面面的，其中有些影响大，有些影响小，如果对这些事情逐一辨析的话那就会变成没完没了也没有答案的讨论。所以对这些事情进行一个概括性的讨论就足够了。

既然一个人自己的厄运对他的影响也是有大有小的，朋友的厄运也是这样，而且，厄运是发生在朋友在世时还是故去后，其所产生的影响也有所不同，这种不同远大于现实中的犯罪行为与戏剧里的犯罪行为之间的区别，我们应当也把这些区别考虑在内。或许甚至还应当把对已故者的影响考虑在内，这会使已故者受益还是蒙羞。这些考虑似乎表明，即使善与恶的确影响到已故者，这种影响不论就其本身还是对于他们的作用而言都只是无关紧要的。或者即便不是无关紧要的，这种影响的程度与类型也不足以使一个不幸者变得幸福，或使一个得享福佑的人丧失幸福。已故者看来在一定程度上会受朋友的善行与恶行的影响，但是这种影响达不到使幸福者不幸或使不幸者幸福的程度。

称赞、崇敬与幸福的关系

在回答完上述问题之后，让我们来考虑幸福是我们所赞扬的东西，还是我们所崇敬的东西，显然幸福不属于作为潜能的存在。所有受赞扬之物之所以受赞扬，是因为它具有某种性质以及与其他某种事物具有某种关系，我们称赞一个公正的或勇敢的人，以及一般意义上的具有美德的人，这是鉴于他们的实践及其作用；我们称赞健壮的人、善跑者等等，是因为他们具有某种自然特质以及以某种方式与好的及重要的事物相联系。从对众神的“赞扬”中显然就可以看出这点，可是众神应当参照我们的标准看起来是荒谬的。但是，正如我们说过的，赞扬众神时所赞扬的正是他们与我们的联系。如果赞扬的本性就是这样的话，那么适用于最好的事物便不是赞扬，而是某种比赞扬更伟大、更好的东西，这是显而易见的。比如我们说到众神和那些像神一样的人时，会说他们是幸福的。同样，这也适用于“善”的事物，没人会像称赞公正那样称赞幸福，而是把后者作为更神圣和更好的东西。

看来欧多克索斯把快乐作为“最高善”的方式是有道理的。他认为：快乐尽管是一种善，却得不到赞扬，这说明快乐像神与善一样，是比那些受到赞扬的事物更好的东西，其他所有事物就是因为这些更好的东西才被赞扬的。赞扬适用于美德，因为美德的结果是人倾向于完成高贵的实践。颂词则是给予活动的，不论是身体的活动还是灵魂的活动——不过或许对这些事务擅长的正是那些学习颂词的人。不过，从我们以上所述很容易得出，幸福是被崇敬的和完善之物。从下述事实也可以看出这点，即幸福是始点，正是为了寻求幸福，我们才去做其他所有事情，我们认为始点与诸善的原因是某种值得崇敬的与神圣的事物。

第三讲 美德与完善

一、关于两种美德

二、何谓完善——以快乐为例

三、何谓幸福——沉思与实践

美德与完善是亚里士多德伦理学思想的核心，但他对美德的观点并不同于现代人日常话语中的“美德”。因为在古希腊的词汇中，美德不一定就是我们所说的道德上的好品质、道德美德，因此理解亚里士多德的美德概念，必须要结合完善的概念，能够使人趋于完善的品性就是美德。亚里士多德认为美德有两种，并且对这两种美德的特点他都有十分独到而深刻的见解，而这种见解离不开亚里士多德对“理性”的考察，正是这一考察奠定了美德伦理学作为一种重要道德哲学理论的基础。为了说明什么是完善，亚里士多德以快乐为例，通过说明什么是真正的快乐，能够帮助我们理解什么才是亚里士多德所强调的“真正的完善”。最为完善的生活，在亚里士多德看来便是幸福的生活，但他所定义的“幸福”不同于依靠快乐、财富、荣誉的幸福，因为最高级别的幸福必须回到人的功能去追问，只有沉思的生活才是真正最为幸福的生活。

一、关于两种美德

美德有两种：理智美德与伦理美德。理智美德主要通过教导而发生、发展，所以需要经验与时间；伦理美德则是通过习惯养成的，因而它的名称“伦理”也是由“习惯”[①]这个词演化得来的。由此可见，伦理美德并非天生而得来的，因为自然天生的东西不可以被习惯改变。例如，石头的本性是向下落，即使把它向上抛上万次，它也不可能通过习惯的养成而变成向上升；同样，也不可能通过习惯的养成使得火向下落。一切出于本性而以某种方式运动的事物都无法通过习惯的养成而以另一种方式运动。所以，我们身上出现的美德既不是自然天生的，也不是违背自然本性的。

伦理美德的获得

首先，自然使得我们天生便具有获得美德的能力，而正是通过习惯使这种能力更加完善。

① 在希腊语里，“伦理”一词是从习惯一词演变而来的，并且在希腊语中，伦理是指与道德相关的事情，并没有伦理、道德之分。所以，伦理美德也就是我们一般中文中所说的道德上的美德。

其次，我们自然天生的所有能力都是以潜能的形式而存在，这些潜能随后才在活动中得到实现。我们的“感觉”就是这么一回事，我们并不是通过反复地看、反复地听才获得这些视觉和听觉的；相反，我们是在运用视觉、听觉之前就已经拥有它们了，而非通过运用才拥有。可美德不一样，我们是先运用它们而后才获得它们的，这就同技艺一样。对于我们必须要通过学习才会做的事情，我们是通过实践来学到的，比如人们通过造房子而成为建筑师，通过弹竖琴而成为竖琴师；同样，我们通过做公正的事而成为公正的人，通过节制地做事而成为节制的人，通过做勇敢的事而成为勇敢的人。这一点也被城邦所发生的事证实。立法者通过塑造公民的习惯而使他们变好，这是所有立法者心中的目标。如果一个立法者做不到这点，那么他就实现不了他的目标；好政体与坏政体的区别也就在于这点。

再次，产生美德的原因和手段同样能毁坏美德，这也和各种技艺的情形一样。好琴师与坏琴师都出于操琴，建筑师以及其他匠师的情形也是如此，好建筑师与坏建筑师正是好或坏的建造活动的结果。如果不是这样，就不需要有人教授这些技艺了，每个人天生便是一位好的或坏的匠师了，美德的情形也是如此。正是通过与同邦人的交往，有人成为公正的人，有人成为不公正的人；正是通过在险境中的行为及其习惯，有些人成为勇者，而有些人成为懦夫。对于欲望与怒气的情况也一样。正是由于不同情境中以这样或那样的方式行动，有人成为节制而温和的人，有人成为放纵而易怒的人。

总而言之，伦理上的品质源于相应的实践活动。我们要重视实践活动，因为实践活动的差异就决定了品质的差异，所以说从小养成这种或那种习惯就并非小事；恰恰相反，这非常重要，或毋宁说，这最为重要。

研究“美德”就是研究“实践”

由于我们现在所做的研究不像其他的研究，这种研究不仅是思辨的，而且是具有一种实践的目的。因为我们的研究不仅是为了知道美德是什么，而是为了成为有美德的人，否则这种研究就一点用处也没有。所以，我们必须研究实践的性质，研究什么实践方式才是正确的，正如前面所说的，我们的实践活动决定着品质的性质。

我们的共同意见，便是实践活动要按照理性的指引。这种理性是什么，以及它同美德的关系，我们会在后面讨论。不过，对实践活动领域的理性的研究只能是粗略的，而非精准的。就像我们一开始所说的，我们只能要求与其主题所要求的方式相符的精确程度。就像健康问题一样，实践问题及“什么对我们是好的”这种问题并不包含什么一成不变的东西。而且，总体情况都是这样，对具体行为就更不可能精准了。因为对于具体行为而言并没有什么技艺与法则，只能因时因地制宜。尽管现在讨论的主题具有非精准性，我们还是要尽力而为。

让我们先来考察过度与不及都同样会损害美德。这就像体力与健康状况一样，因为我们只能用可见的事物来说明不可见的事物。锻炼得过多或过少都会损害体力，同样饮食过多或过少也会损害健康，适量的饮食才能产生、增进与保持健康。对于节制、勇敢以及其他美德也是一样。对什么事情都躲避、惧怕，不敢承受任何事情，就会成为一个懦夫；什么都不怕，什么都去冒险，就会成为一个莽汉。同样，对各种快乐都沉溺于其中，都不克制，就会成为一个放纵的人；像乡下的人那样对一切快乐都回避，就会成为一个冷漠的人。所以，勇敢与节制都是被过度与不及所损害，被适度所保存。

美德不仅产生、养成及毁坏于同样的活动，而且于同样的活动中得到充分实现。其他那些较为可见的性质也是一样，比如体力强壮来自多进食与多锻炼，强壮的人也进食多和锻炼多。美德也是如此。我们通过克制快乐而变得节制，变得节制了，就能更好地克制快乐。勇敢的情形相似，我们通过培养自己习惯于藐视并面对可怕的事物而变得勇敢，反过来，当我们变得勇敢了，就能最好地面对可怕的事物。

关于理智美德

如前所述，我们应当选择适度，避免过度与不及，适度正是由理性来确定的。我们现在就来考察理性的概念。在我们谈到过的每种美德以及其他所有品质中，具有理性的人都有某个可以瞄准的目标，因而他就可以绷紧或放松弓弦；还有一种有关适度的界定，那就是我们所说的过度与不及的中间，因为适度体现着合乎理性的标准。

这个说法虽然是正确的，但还不够清晰。诚然，在我们旨在建立起科学的各个领域，我们的努力都不应过猛或过缓，应遵循被理性确定的适度而符合理性，这并不错。不过，如果一个人只了解这点，并不比原来获得了更多知识。例如，如果他只知道“医术需要具备这些，懂医术的医师需要具备那些”等等，可他还是不知道应当对这个身体用些什么药。灵魂的品质也一样，对它我们不仅应当知道上面这些一般性的说法，而且还必须确定目标是什么，合乎理性的标准是什么。

如之前说的，灵魂有两个部分，其中一个部分拥有理性，另一个部分是无理性的。我们现在要在拥有理性的部分再作一种同样的区分。

我们认为这个拥有理性的部分又有两个小部分：一个部分沉思其始因不变的那些事物，另一个部分沉思可变的事物。因为，对于不同的事物，灵魂自然也以不同的部分来进行沉思，灵魂的各部分的不同能力与那些不同性质的事物之间也有某种相似性与亲缘性。让我们把这两个部分中的一个部分称为知识，另一个部分称为推理。知识与推理是一回事，因为我们从不考虑不变的事物。所以，推理的部分是灵魂拥有理性部分中的其中一个子部分。我们必须弄清楚这两个不同部分的最好状态是怎样的，因为其最好状态正是各部分的美德。

知识和推理这两个部分的功能都是为了获得真，所以最大限度地获得真的状态就是灵魂理性部分的美德，即理智美德。

二、何谓完善——以快乐为例

关于快乐的两种相反意见

接下来我们似乎应当谈谈快乐，它似乎与我们的本性最为相合。快乐和痛苦是我们作为人的本性，所以我们把快乐与痛苦当作教育青年人的手段，而且我们把爱那些应该爱的，恨那些应该恨的，看作养成美德的最为重要的内容。快乐与痛苦贯穿于整个生命，对于德性与幸福至关重要。因为人总是选择快乐、躲避痛苦，所以，我们不应忽略这个问题，尤其在这个问题上存在许多不同的意见。有些人认为快乐就是善，有些人则相反，认为快乐完全是坏的。其中有的人也许真的认为快乐是坏的。有的人也许认为即使快乐不是坏的，把它算作坏的，也有利于我们的生活。因为许多人都片面地追求快乐，成为快乐的奴隶，所以应当矫正，以期达到适度。但是这种看法是不对的。在感情与实践事务方面，理性不像活动那样可靠。只要理性与感觉的事物相冲突，它就会遭到嘲笑，其真实的事物也被弃之一旁。如果一个人谴责快乐而又被发现有时追求着快乐，人们就会认为这表明他把所有快乐都看作可以追求的。因为，多数人不会把事情分得很清楚。理性的真实似乎不仅对看待问题有用，而且对生活有帮助。它因与活动相符而使人信服，并且鼓励着那些已明了它的人去按照这种方式生活。这一点我们就说到这里，接下来我们来考察关于快乐的各种说法。

快乐是善

欧多克索斯认为，快乐是善，因为他看到一切生命物，无论有理性的还是无理性的，都追求快乐。

首先，他认为，在每种事物中，所被追求的事物都是善，最值得被追求的就是最大的善。既然快乐被一切生命物追求，这就表明它对于所有生命物是最高善。因为每种生命物都寻求获得某种属于它自己的善，正如它寻求自己的特殊的食物，被所有生命物所追求的事物，也就是善。但是，人们信服他的这些说法是因为他的品质出众，而不是因为这些说法本身。他以节制闻名，人们认为他这样说似乎不是因为他是个爱快乐的人，而是因为事实的确如此。

其次，欧多克索斯认为，从相反者方面来看，这一点也同样明显。痛苦自身就是所有生命物躲避的事物。所以，它的相反者也就是被所有生命物追求的事物。

再次，他还认为，最值得欲望的是那些因自身而不是因某种他物被追求的事物，快乐就被看作是这样的事物。因为，我们从来不问一个人他享受快乐是为什么，我们认为快乐自身就值得欲望。

最后，他认为，任何善的、公正的行为和节制的行为，加上快乐就更值得欲望，只有善的事物才能加到善的事物上面。

可是，最后这一说法只能说明快乐是某种善，而不能说明它比别的善更好。因为，任何一种善再加上另一种之后都比它单独时更值得欲望。柏拉图就用这个理性说明了快乐不是善。他说，与实践智慧相结合的快乐生活比单纯的快乐生活更值得欲望，如果快乐在与实践智慧结合之后更善，这就表明快乐不是善。因为没有什么事物可以加到善上面并使得它更值得欲望。所以，如果某种事物要加上某种自身即善的事物才更值得欲望，它自身就不是善，我们能够共同享有的善究竟是什么？这也正是我们所要寻求的事物。

那些反对这种意见并且认为所有生命物所追求的并不是某种善的人们，其实都言之无物。因为，我们认为如果某种事物对所有生命物都显得是一种善，它就是善的。他们对反对者的论据的反驳也同样不妥。因为痛苦是恶不等于说快乐就是一种善，因为恶也可以与另一种恶相反，并且两者都与那种既不善也不恶的适度相冲突。这个说法不真实。因为，如果快乐与痛苦两者都是恶，那它们就都是我们要躲避的；如果它们都既不善也不恶，我们就对两者都不躲避或都在同样程度上躲避。然而，我们显然把痛苦当作恶来躲避，把快乐当作善来追求。所以，它们是相反的。

快乐不是完全的恶

如果他们说快乐不是一种性质，也仍然不能说快乐不是一种善。因为，美德的实现活动也不是一种性质，幸福也同样不是。他们还认为，善是限定的，快乐则不是限定的，因为快乐可以多一点或少一点。如果他们指的是一个人所享受到的快乐，那么对公正与美德同样可以这样说。我们显然可以说对它们拥有得多一点或少一点，在行为上更合乎美德一些或不那么符合美德。例如，一个人可能更公正、更勇敢一些，在行为上可能更合乎公正或节制，或不那么符合公正或节制的美德。如果他们指的是快乐本身的性质，那么他们恐怕没有说出那个正确的根据，即有些快乐是非混杂的，有些是混杂的。而且，快乐何尝不是像健康一样既是限定的，又包含较多和较少呢？因为，健康并不包含一个共同的尺度，在同一个人身上也不存在这样的尺度，它是在一定界限内变化的，包含较多和较少。快乐也是这样。

他们还提出，善是已完成的事物，运动与生成都是未完成的，并试图证明快乐是运动与生成，但这种看法似乎不妥。

首先，快乐并不都是运动。因为运动有快慢之分，不是就自身而言的——例如天体运动过程，就是就其他事物而言的。但是快乐没有这样的性质。一个人可以很快地变得高兴，很快地变得生气，但是没有人能够像步行或生长那样很快地是快乐的，甚至相对于其他事物是快乐的。变得快乐可以或快或慢，但快乐的实现活动却不可能快，所以快乐也不可能快。

其次，快乐又怎么会是生成的过程呢？因为，随便什么事物都不是从某个偶然的事物产生的，而是从它毁灭后要成为的那种事物产生的。所以，从快乐中生成的事物，也就是痛苦所毁灭的事物。

他们的确是说，痛苦是符合本性之物的匮乏，快乐是这种匮乏的补足。但是这些匮乏与补足的经验只是肉体上的感受。如果快乐是朝向正常品质、符合本性的补足，那么感到快乐的就是得到补足的事物。但是，事情似乎并不是这样，所以快乐不是补足。但是在补足的生成中，快乐会随之产生，就像在划开皮肤时伴有痛苦一样。这种意见似乎是根据与进食有关的痛苦和快乐而提出来的。因为，我们先经过肚子饿的痛苦，才感受得到补充食物的快乐。但并不是所有的快乐都是这样。学习数学的快乐，以及那些同气味、声音、景象、记忆、期望相关的感觉的快乐就不痛苦。这些情况并不存在需要补足的匮乏，那么这些快乐是从哪里生成的呢？

如果有人总是提及那些不体面的快乐，我们可以对这些人给予回应。首先，这些不体面的快乐并不是令人愉悦的。尽管它们对品质恶的人是快乐，我们却决不能认为这就是快乐，因为它们仅仅是对那些品质恶的人而言才是快乐的。这正如我们不能因某些事物只是对病人是有利于健康的、甜的、苦的，就说它们本身是有利于健康的、甜的、苦的，或者因有些事物只是对有眼疾的人才显得是白的，就说它们本身是白的一样。

其次，我们还可以回应说，快乐本身是值得欲望的。但如果是来源于某些条件的，它们就不值得欲望。这正如财富值得欲望，但如果这要求你背叛什么，它就不值得欲望；健康值得欲望，但如果这要求你什么都得吃，它就不值得欲望。

再次，我们还可以说，快乐分不同种类，高贵的快乐和污秽的快乐是不一样的。如果一个人不做个公正的人，他就不能享受到公正的快乐，正如一个人不懂得音乐，就不能感受到音乐的快乐一样，等等。

朋友与奉承者的区别也明显说明快乐并不是善，或者说快乐和善是不同种类的事。因为，朋友在一起是为着某种善，奉承者则是为着让我们快乐。朋友受到称赞，奉承者则受到谴责，因为奉承者总是另有目的。而且，谁也不会愿意一生都处在儿童的心智阶段，即使他一直能从令自己愉悦的事物中得到最大的快乐，也没有人愿意总是以做污秽的事情来取乐，即使这没有痛苦。有许多事情，例如观看、记忆、获得知识，以及拥有美德一样，即使它们不会带来快乐，我们也会积极去做。这些活动都伴随快乐，这也没有什么不同。即使快乐不会从它们中产生，我们也仍然会选择它们。快乐并不等于善，也不是所有的快乐都值得欲望。只有一些快乐本身就是值得欲望的，从而使这些本身就值得欲望的快乐在形式上和来源上与其他快乐区别开来，关于快乐与痛苦，我们就谈到这里。

快乐的不同种类

快乐有种类上的不同。我们认为不同的事物是由不同的事物来完善的，每一种自然物品和人工制品，如动物、树木、图画、雕塑、房屋、工具。同样，在形式上不同的实现活动也由在形式上不同的事物来完善。思辨的实现活动与感觉的实现活动不同，它们之中这种形式的活动也与另一种不同。所以，使得它们完善的快乐也不同。这一点也可由每种快乐都与它所完善的实现活动相符合而得到印证。每种实现活动都因属于它的那种快乐而完善。当活动伴随着快乐时，我们就判断得更好、更清楚。例如，如果喜欢几何，我们就会把几何题做得更好，对每个题目有更深的认识。同样，爱音乐、爱建筑等不同爱好的人，也可以由于喜欢某件事而取得进步。所以，快乐可以加强实现活动。加强一种实现活动的快乐也就必定属于它，实现活动在形式上不同，属于它们的快乐也就在形式上不同。

这一点更明显地印证于以下事实：有些实现活动会被其他的快乐妨碍。例如，爱听长笛的人听到长笛的演奏就无心继续谈话，因为他们更喜欢听长笛演奏而不是谈话，所以，听长笛演奏的快乐妨碍谈话的活动。当我们同时进行两项实现活动时，情况也是这样的。因为，其中更令我们愉悦的活动会排斥另一项活动。从一项活动中得到的快乐越多，这项活动就越排斥另一项活动，甚至使后者全然停止。所以，如果我们从一项活动中得到强烈的快乐，我们一般就做不了别的事情。反之，如果做一件事情只得到一般的快乐时，我们会转向做别的事情。例如那些在剧场里吃甜食的人，演出越糟糕，就越想吃甜食。既然相适合的快乐使一项实现活动更加准确，持续的时间更长，进行得更好，其他的快乐则会妨碍它的进行，快乐就显然是彼此不同的，因而快乐会有不同的种类。与一项实现活动不同种类的快乐对一项实现活动的作用，其实就相当于属于那项活动自身的痛苦。不同种类的快乐和自身的痛苦一样都破坏实现活动。例如，如果写作与推理不令我们愉快并且伴随着痛苦，我们就不会写作和推理。所以，一项实现活动自身的快乐与痛苦对于它有相反的影响。自身的快乐和痛苦，也就是从一项实现活动本身产生的快乐和痛苦。不同类属的快乐，如刚刚说过的，就相当于自身的痛苦。因为，它们破坏实现活动，尽管不是以和自身痛苦一样的方式。

由于实现活动因好、坏而有所区别，有的是值得被选择的，有的是要避免的，有的是中性的，它们各自的快乐也是如此。每种实现活动都有自身的快乐，实现活动是好的，其快乐也是好的，实现活动是坏的，其快乐也是坏的。甚至是欲望，如果是对于高尚事物的，就值得称赞；如果是对污秽事物的，就应受谴责。快乐比欲望更属于实现活动自身，因为欲望在时间上和本性上都与实现活动相分离，快乐则与实现活动联系紧密，甚至难以区别，以至于会产生这样的疑问：快乐和实现活动是否就是一回事？我们既不能把快乐看作思辨，也不能把它看作感觉，否则就是荒唐的，但由于快乐与实现活动不能分离，有些人觉得它们就是一回事。所以，由于实现活动不同，它们的快乐也就不同。视觉在纯净性上超过触觉，听觉与嗅觉则超过味觉，它们各自的快乐之间也是这样。同样，思辨的快乐高于感觉的快乐，在思辨的快乐之间，也有一些快乐高过另外一些快乐。

每种动物都似乎有属于自己的快乐，正如它们有自己的使命。也就是说，每种动物都有相应于其实现活动的快乐。如果我们具体地来看每一种动物，这就会很清楚了，马、狗都有自己的快乐。赫拉克利特说，驴宁愿要草料而不要黄金，因为草料比黄金更让它快乐，所以不同动物有不同的快乐。反过来也可以说，同种动物有同种的快乐。不过在不同的人之间，快乐的差别也相当大。同样一些事物，可能给某些人带来快乐，给另外一些人带来痛苦；有些人觉得痛苦和可恨的某些事物，却被另一些人觉得愉悦和可爱。在甜食这件事情上也是这样，同一样食物健康的人尝着甜，发烧的人却尝着不甜。虚弱的人与强壮的人对温度的感觉也不同。同样的情况也会在其他地方出现。在所有这些情况中，似乎事物对一个好人显得是什么样，它本身也就是什么样。如果真是这样，那么美德与有美德的人

（前提是这个人确实是好人）便是万物的尺度，对于他显得是快乐的事物就是真正快乐的。但如果令他感到不愉快的事物令某些人愉悦，这并不令人奇怪，因为人在许多方面都容易堕落或扭曲。像这样的现象并不令人愉悦，而只是使堕落的、扭曲的人感到愉悦。所以，很明显那些被视为卑贱的快乐并不是快乐，除非是对那些堕落的人而言才是快乐的。

但是在那些好的快乐之中，哪一种是特别属于人的快乐呢？快乐是属于实现活动的，这是不是说不联系实现活动就显得不清楚呢？完善的人和幸福的人的实现活动——不论是一种还是多种——的快乐就是真正意义上的人的快乐。其他的快乐，也像其他实现活动一样，只在次等的或从属意义上是人的快乐。

三、何谓幸福——沉思与实践

在讨论过美德、友爱和快乐之后，接下来我们还要大致谈谈幸福，因为我们将它当作人的目的。如果我们从前面谈到的地方重新说起，我们的讨论就可以简短一些。我们说过，幸福不是一种品质。如果它是的话，像某些一生都在睡觉、过着植物般生活的人，或是那些遭遇了最大不幸的人，也可以说是幸福的了。如果我们不同意这种说法，那么，正如前面说过的，我们就把幸福看作一种活动。有些活动是因为其他目的而值得选取的，有些活动就其本身而言就是值得选取的。显然，我们应当将幸福看作本身是值得选取的活动，而不是因为其他目的。因为幸福并不缺少任何事物，它是自足的。当一种活动在它自身之外别无他求时，这种活动本身就是值得选取的。那些体现美德的实践看来就属此类，因为高贵的与公道的实践本身就是值得选取的。

幸福与消遣

然而，快乐的消遣似乎也是本身就值得选取的。它们不是因为其他目的而被选取的，当人们为此忽视自己的身体和财产时，它给人们带来的却是弊大于利。不过，大多数被视为幸福的人也喜欢在消遣中消磨时光。因此，那些精通于此的人才总能讨僭主们[①]的欢心，他们投其所好，正是僭主们需要的人。有权势的人都在消遣中度日，而这些消遣似乎就具有了幸福的品质。然而，这种人的喜好不足为凭。因为美德和理性作为公道活动的来源，并不依赖于权势。而且，这些人并没有纯净的、有教养的快乐，所以他们总是诉诸肉体上的快乐。同时，也没有理由认为，这些快乐就是值得选取的，因为小孩也将他们引以为傲的事物当作是最好的。正如小孩和成人有着不同的引以为傲的事物，对于小人和公道的人来说也是如此。正如我们常说的，令公道的人引以为傲、感到快乐的事物才是真正荣耀和快乐的。对每个人来说，适合其个人品质的活动才是最值得选取的。因此，对公道的人而言，体现美德的活动才是最值得选取的。

幸福不在于消遣。如果说我们一生的努力和辛苦的最终目的在于消遣，这显然是荒唐的。我们选择每样事物，都是为了其他目的——幸福除外，因为它正是这个目的。但为了消遣而严肃、辛苦地工作似乎是愚蠢的，而且非常幼稚。当然，正如阿那卡西斯所说：“为了严肃工作而消遣，这似乎是正确的。”消遣是为了休息，而我们需要休息是因为我们不可能不停地劳作。因此，休息不是目的。因为我们是为了活动而追求它。再者，幸福生活看来就是体现美德的生活，此种生活在于严肃的工作，而不在于消遣。我们说严肃的工作比伴随着消遣

① 古希腊独有的统治者称号，是指通过政变或其他暴力手段夺取政权的独裁者。

的娱乐要好，而且较好的能力和较好的人，其活动也更严肃、更优秀，更优秀的活动也就更卓越，更具有幸福的品质。即使是一个奴隶，在享受肉体快乐方面，丝毫不逊于最好的人；但是没有人会同意让一个奴隶分享幸福，正如没有人同意让奴隶分享一种人的生活。如前所述，幸福不在于这些消遣，而在于体现美德的活动。

幸福与沉思

如果幸福在于体现美德的活动，那么它应当是体现最好的美德，即我们最好部分的美德。这一最好的部分，不论是理性还是其他在本性上都被视作统治与命令且能思考高贵和神圣之物的事物，也不论它是否自身就神圣或是只有在我们身上才最神圣，正是这个部分恰如其分地体现美德的活动才是完满的幸福。这种活动就是我们说过的沉思。

这个结论与我们前面所说的相符，也合乎真相。因为这种活动是最好的，理性也正是我们自身最好的部分，理性的对象也正是知识的最高对象。它是持续的活动，因为我们能比其他任何活动更为持久地沉思。我们认为，幸福必然包含着快乐，体现智慧的活动正是所有体现美德的活动中最令人快乐的。无论如何，智慧似乎拥有最纯净而稳定的快乐，而且那些已经寻求到知识的人比那些正在寻求它的人具有更大的快乐。

在沉思生活中我们尤其具有自足性。我们应当承认，智慧的人、公正的人以及其他人都需要生活之必需。但在充分得到这些之后，公正的人仍然需要其他人作为其公正行为的参与者和接受者；节制的、勇敢的和其他的人也是如此。但智慧的人却能自足地沉思，且他越具有智慧，便越能自足。与他人一起沉思也许更好，但他仍然是最为自足的。沉思似乎是唯一因其自身而被选取的活动，因为它除了沉思活动之外，不产生任何事物。但在实践活动中，我们总是试图从中或多或少地谋求一些活动之外的事物。

幸福被认为是寓于闲暇中的。我们忙碌是为了闲暇，正如战争是为了和平。政治与战事中虽然也具有实践的美德，但这二者似乎都是没有闲暇的。在战争活动中确实如此，没有人为了战争而战争或挑起战争，一个嗜血成性的人才会为了战争和杀戮而使朋友变仇敌。政治生活也是没有闲暇的，它总是追求着自身之外的职权和荣誉。至少，它追求着政治家自己或同邦公民的幸福——一种不同于政治学自身的幸福，这两种追求显然是不一样的。因此，在诸美德实践中，虽然政治和战事高贵而伟大，但它们都没有闲暇，且指向其他目的，都不是因其自身而被选取的。理性活动，即沉思，在价值上却更优越，因为它没有超乎自身之外的目的，且有着自身的快乐，这种快乐又强化了这种活动。自足、闲暇、无劳累，以及其他有福的人具有的特征，都可以在这种被赐福者的沉思活动中找到。果真如此的话，那么，沉思活动就构成一个人的完满幸福。只要能实现一种完满生活，因为幸福之中不包括任何不完满的事物。

不过这是一种比人的生活更好的生活。因为它不是以人的属性过这种生活，而是以它自身内的某种神圣之物的呈现过这种生活。它身上的这种神圣之物在多大程度上优越于它的混合之物，这种沉思活动就在多大程度上优越于其他的美德活动。因此，如果理性与人相比较而言是某种神圣之物，那么，这种体现理性的生活也就是不同于人的生活的神圣生活。有些人说，人应当想人的事，死者应当想死者的事。这种说法我们不能同意，我们应当尽己所能追求不朽，并且过一种体现我们自身中最好部分的生活。这个部分尽管微小，但在能力和荣耀上却超乎其他。如果这个部分在每个人身上是主导性的和更好的，那看来它就是每个人的所是。一个人如果不去过一种属于他自己的生活而去选择其他，这就是很奇怪的。我们前面说过的话也适用于此：符合事物本性的事物对他来说也最好、最快乐；因此，如果他是人，那么体现理性的生活对他来说也就是最好、最快乐的，这种生活也就最幸福。

两类幸福

不过体现其他美德的生活是次一等的幸福，因为这种体现美德的活动是属人的。公正的、勇敢的以及其他美德活动，都是在与他人的联系中做出的，都要考虑到是否合乎契约与必须的服务以及其他实践方式。同时这也会涉及感情，以上这些方面在特性上都是属人的。事实上，有些感情正是源于肉体，伦理美德在很多方面也都与感情绑定在一起，实践智慧与伦理美德紧密相关。因为实践智慧的原则就是体现伦理美德，正确的伦理美德也正是体现实践智慧的。这些美德都关乎人的感情，属于人的混合本性，这种混合之物的美德也都是典型的属人的。正因为这种混合的美德是属人的，合乎这种美德的生活和幸福也是属人的。然而，属于理性的幸福却是分离的。关于这一点我们就此打住，因为要详尽地讨论它是个更重大的任务。

既然美德是处于选择与实践中的，那么二者究竟谁是美德的主导性力量这个问题也会引发争议。不过完善之物显然是介于这两者中的。可是，就实践而言，还是需要很多事物的，而且实践越伟大越高贵，所需的事物也就越多。但一个正在沉思的人——至少就这种活动而言——是不需要这些事物的，这些事物甚至会妨碍他的沉思。就他作为一个人来说，他在生活中与别人共处，他会选择做一些体现美德的行为，他也需要这样来过一种人的生活。

完满的幸福在于某种沉思活动也是因为我们一般都将神看作最具福佑和幸福的。然而，我们应将哪种实践归于神灵呢？公正的行为？如果神也订立契约、借债还钱，或是做诸如此类的事情，那么显然就是可笑的。勇敢的行为？他们会因为经受恐惧和危险是高贵的而去这样做吗？慷慨的行为？他们对谁慷慨？如果他们有货币等诸如此类的事物，那真是太奇怪了。他们的节制行为将是怎样的？称赞神没有破坏欲望显然多此一举。以此类推，这些行为对神而言都是琐碎且多余的。

但我们一般认为神是活着的，至少是活动着的，而不是像恩底弥翁那样整天睡觉。假如有一种存在物，活着而不具有人的实践行为，却在活动着，那么，这种活动除了是沉思还能是什么呢？神的活动也就是沉思性的。在人的活动中，与神的这种活动最为相似的也就被标示为最幸福的。另一个标志是，其他动物不能享有幸福，因为它们完全被剥夺了这种沉思活动。对神而言，其整个存在都是被赐福的；对人而言，只有在他进行与此类似的活动时才是被赐福的；但动物无一是幸福的，因为它们完全不能沉思。因此，幸福与沉思就是同一的，越可能沉思，也就越可能幸福——当然这并非从偶性而是从沉思的本性而言的。沉思自身便具有荣耀，幸福也就是某种沉思。

作为一个人，他还需要外在的财富。因为我们的本性对于沉思来说不是自足的，我们的身体也必定需要健康、营养以及其他的照料。但我们也不能因为幸福不可或缺外在善，就认为一个幸福的人需要很多或大量的外在善。因为自足和实践并不依赖于过度的事物，即使不成为海洋和大地的统治者，我们也能做高贵的事情，甚至只要具有适中的外在善就可以做出体现美德的事情。显而易见，普通人做的公道之事并不比那些有权势的人少，事实上甚至更多。外在善够用就行了，因为体现美德的生活才是幸福的。

梭伦对幸福的人有过很好的描述，他说："他们有着适中的外在善而做了最为高贵的事情，并且节制地生活。"因为拥有适中的财富而去做应做的事情是可能的。阿那克萨戈拉似乎也认为幸福的人既非富有，也非权贵。因为他说过，如果幸福的人在很多人看来是怪人，他也不会对此感到奇怪。因为多数人是依靠外在的事物来评判人，他们只能看到这些。因而，那些有智慧的人的看法和我们的结论是一致的。

尽管这些说法有道理，但实践事务还是要在行为与生活中得到判断。因为最终的决定是处在这个领域的，我们前面所说过的事物都应当在行为与生活对其的运用中来进行检验。如果与行为相符，我们就接受；如果与之相冲突，我们就只把它当成一种说法而已。

致力于沉思活动并努力使其处在最佳状态的人，最为神所喜爱。如果神对人类有所关照——如人们所认为的那样——他们可能会喜爱那些最好、最像他们的人，这就是理性活动。而且他们可能会奖赏那些最爱理性且使之荣耀的人们，因为这些人所关心的正是神所喜爱的事物，并且他们也能够正确而高贵地行动。显然，这些特征在智慧的人那里最多。因此，智慧的人最为神所喜爱，也被认为是最幸福的人。这也就说明了智慧的人比其他人都更为幸福。

政治学对获得美德与幸福的重要性

幸福、美德、友爱和快乐在前文已经得到详细讨论，但这是否意味着我们已经达到了讨论所应达到的目的？抑或如前所述，关于实践研究的目的，在于践行我们的所得所知，而不仅仅是停留在沉思和知道事物的层面上。在这个意义上，仅仅知道美德显然是不够的，因此我们必须努力获得并运用美德，或以其他途径成为好人。

如果相关言谈能使人们保持行为恰切，那么这些言谈者就理应如赛奥格尼斯所说的“获得最丰厚的报酬”。然而，事实并非如此。尽管相关言语对有教养的青年有足够的鼓舞性和影响力，并且使那些天生好品质的人真正地热爱高贵之物，但这并不足以使多数人去追求高尚、和善。

大多数人都是顺从于恐惧而非羞恶之心。人们不去做坏事不是出于耻辱，而是畏惧这种行为所带来的惩罚。他们随心所欲地生活，追求那些自认为是快乐或者能产生快乐的事物，躲避与之相反的痛苦。他们甚至不知道高尚和真正的快乐，因为他们从未经验过。

那么，何种言谈能够使这些人改变？事实上，企图用言谈改变长期习性形成的事物是行不通的，至少是困难的。不过，当我们已经具有了成为体面之人所需要的事物时，我们也为自己能具有美德而感到满足。

关于好人之“好”的成因，有些人认为是天生的，有些人认为是习惯形成的，还有人认为是教授的。显然，本性使然的事物并非人力所及，而是由神赋予那些真正的幸运者的。言谈和教授也并不是对所有人都有效，学习者必须先通过培养习惯使其灵魂具备高尚的喜爱与憎恨的能力，这就如同土地需要经过耕耘才能播种一样。对于那些随心所欲的、凭感情生活的人而言，几乎是不可能听从或领会言谈、理性的。在这种情况下，一个人如何才能被劝导改变？一般情况下，感情只会屈从于强制力而非言谈。因此，我们必须先具备一种亲近美德的品质，这样才会喜爱高贵，厌恶羞耻。

对于一个成长于不健全礼法环境的人而言，要从小就获得合于美德的培养并非易事。因为大多数人，尤其是青年人都觉得过节制的、忍耐的生活并不快乐。所以，礼法必须规定青年人的培养，一旦这种生活成为习惯就不再觉得痛苦。

但这种正确的培养和训练不能终结于青年时期，成年人仍需要这种学习以养成习惯。正因为如此，人们对法律的需要是终其一生的。多数人屈服于法律和惩罚，而不是理性和高尚的事物。

因而，有些人认为，立法者应该鞭策人们趋于美德，并规劝他们追求高尚事物，这种看法是基于那些受过良好教育、行为得当的人能积极响应这种规劝。那些不服从规劝者及那些生性顽劣者，应该予以惩罚和管束，而对于那些在美德方面无可救药者则予以驱逐。适度之人行为符合理性，因为他们生活的目标是追求高尚。但卑贱之人总是追求快乐，应当用痛苦来惩罚，就如同给牲畜加上重负。这就是所谓苦乐相伴，承受的痛苦与享受的快乐必须均衡。

如前所述，成为一个好人的条件是：不仅要从小获得培养并养成良好的习惯，并且从此践行这种生活，永不做卑贱之事，无论愿意与否。一旦人们遵循某种理性及影响他们的正确秩序，那么他们就会成为好人。

这样一来，只有君主或诸如此类身份的人具有强制力，像父亲的要求，或任何一个人的要求都不具有强制力。但是法律具有强制力，它自身就产生于某种实践智慧与理性的理性，而且，当你以法律规定来主持公道时不会有任何问题。当你以个人身份反对人们的冲动时，即便你是对的，也会招致憎恨。

斯巴达似乎是立法者关心公民的培养与实践的唯一城邦或少数城邦之一。在其他忽略这种关怀的城邦里，人们过着随心所欲的生活。在这些城邦中，就像库克罗普斯那样，每个人“给自己的孩子与妻子立法”。那么，最好的事情就是要对公众进行正确培养。如果城邦忽视了这种培养，那么个人应该努力提升自己的孩子和朋友的美德，这应该是能做到的，至少人们应该有这种打算。

通过以上讨论可知，一个懂得立法学的人对上面所说的事情能做得更好。因为公众的培养需要通过法律来完成，有好的法律才能完成好的养护工作。法律无论成文还是不成文，教育无论针对个别还是大众，都没什么区别，就像音乐、体育类的教育和其他行业的教育情形一样。正如在城邦生活中法律与习惯具有约束作用一样，在家庭中父亲的话与习惯同样具有约束力。更重要的是，家庭关系包含血缘亲情、亲缘关系，并且父亲对子女有恩惠，由此它所形成的天然约束力显然比法律更强。因为家庭成员彼此有感情，并天然服从父命。

此外，像针对性治疗优于公众治疗一样，个别教育也优于共同教育。一般而言，虽然休息与空腹都对治疗发烧有帮助，但对一个特定的病人却可能是无效的。就像一个拳击老师不可能教不同的学生同一种打法。因此，因材施教效果更好，在这种状况下人们能够更好地各取所需。

不过，一个懂得有关“好”的普遍情形或其他同类情形的人（如医生、教练或其他指导者）能够提供最好的个别照料，因为科学被认为是、也确实是关乎普遍性的。

当然，一个不懂科学的人也能把一个特定的人照顾得很好，因为他从经验中体悟到每种情况下都会发生什么事情。这正如有些人仿佛就是他自己最好的医生，尽管他对别的病人无能为力，但那些希望掌握技艺或者希望去沉思的人似乎应当提升到普遍性，并尽可能地通晓它。如前所述，科学是关乎普遍性的。

如果法律可以使人变好，有人希望通过他的照料使或多或少的人变得更好，那么他就应当努力懂得立法学。正如在医疗或其他需要照料与体现实践智慧的活动中一样，不是每个人都能把所有人或他所接触的人的品质变好，只有懂得科学的人可以做到。

接下来，我们是否应该讨论一个人通过什么途径或如何获得立法学知识？像别的从专家那里获得知识的例子一样，我们也应该从政治家们那里获得立法学知识吗？因为我们知道，立法学是政治学的一部分。

然而，政治学可能与别的科学和能力有明显区别。在别的科学和能力方面，作为传授者，如医生和画师，他们同时也是实践者。但在政治学方面，声称教授政治学的智者从来不实践它。相反，是那些政治家们在从事实践活动，但他们所依赖的并非抽象的理智，而是经验和能力。

尽管研究政治学问题比写法庭辩词和公民大会演说词更高尚，政治家们却从不这样做，他们也不让自己的儿子或某个朋友成为政治家。如果他们能这样做，那是再好不过的了。因为，除了政治能力之外，他们既没有更有价值的事物留给城邦，也没有更有意义的事物留给自己和朋友。

不过，经验对从事政治活动确实有很大意义。否则，与政治打交道的人也就不能成为政治家。因此，想通晓政治学的人还需要具备一定的经验。

相反，那些声称自己教授政治学的智者们却根本不是在教政治学，因为他们完全不知道政治学是什么以及它关乎什么。否则，他们就不会把政治学看作修辞学或比后者更低，也不会简单地认为立法就是把以往的名声好的法律汇编起来。他们觉得自己能挑选出最好的法律，就像挑选本身不需要理解，就像判断正确也不是最重要的一样。

其实，只有在某个领域有经验的人才能正确地判断该领域的作品，才能理解完成该作品所使用的手段或方法，也才能知晓如何搭配，一个没有经验的人只局限于对作品做工优劣的关注，比如一幅绘画。从这种意义来看，法律似乎可以说是政治技艺的产品。因为，单从法律自身出发不可能使一个人获得立法学知识或判断哪些法律是最好的，就像我们从未见过靠阅读手册成为医学专家的人。医生不仅要给出治疗方案，还要根据不同的体质说明不同病人的具体治疗方法及其康复情况。医生所说的事物尽管对无知的人无用，对有经验的人却是很有帮助的。

同样，如果我们有沉思的能力，能判断孰优孰劣，懂得合理搭配，那些法律汇编与制度体系对我们而言就是非常有用的。那些没有相应经验或品质的人，即使通过阅读这些汇编加深他们对这些事物的理解，他们也不能做出正确的判断，除非他们碰巧为之。

由于以前的思想家没有研究过立法学的问题，我们需要研究它，并且最好能与各种政体放在一起进行一般性的考察，从而尽可能地完成对关乎人类事物之哲学的研究。

首先，我们需要对前人在相关主题上的评说做一番回顾。然后，根据所搜集的政体体系，考察致使城邦留存和毁灭的因素及由此产生的不同类型政体，以及城邦治乱的原因。

只有在对这些问题进行研究的基础上，我们才能较好地理解何种政体是最好的，每种政体如何组织才最好，以及各种政体背后所依循的法律与习惯。

第四讲 美德伦理的核心

美德是亚里士多德伦理学思想的核心内容，判定美德的方法和标准则以适度为核心内容，但值得注意的是，亚里士多德对美德的定义和探究有其独特性和时代性，并不能简单地用我们现代语境中的道德、美德或者善来断章取义地理解亚里士多德的美德说。同时，在亚里士多德的语境中，有很多品质和状态是没有名称的，或者没有办法用现代的语言对其进行概述。后来的研究者往往根据亚里士多德对某些品质的描述用现代话语概括出那种品质的名称，例如无恐惧的过度，这种品质便是无名称的。总而言之，由于亚里士多德所处的年代与现代的差别比较大，不管是对于一些语言的表达还是对于一些事物的观念，很多时候都与今天有很大差距，读者一定要适度进行区分，比如亚里士多德所说的“慷慨”或者“大方”，都有其在亚里士多德理论中的独特含义，不能单单从字面顺从我们的语言惯性来理解亚里士多德所提出的种种概念。对于本章中的内容更是如此。在亚里士多德谈具体美德之前，他首先对于美德以及美德伦理相关的一些核心概念进行了界定和区分，探究何谓美德，何谓适度，何谓智慧，何谓实践智慧，等等。只有了解和把握了这些核心概念之后，我们才能真正理解亚里士多德关于美德伦理学的要旨，才能真正进入到亚里士多德的美德世界当中。

一、美德与适度

快乐和痛苦

我们必须把伴随着活动的快乐和痛苦作为品质的外部特征。因为，只有一个人能够节制肉体的快乐并且以这种节制肉体的快乐作为快乐时，他才是节制的。相反，如果他觉得节制肉体的快乐是痛苦的，就算行为上他做到了节制，实际上他还是不节制的、放纵的。同样，只有当一个人是快乐地，或者至少是没有痛苦地去面对可怖的事物，他才是勇敢的。相反，如果他这样做背负着痛苦，他就是怯懦的。因为，伦理上的美德与快乐和痛苦相关。

首先，快乐会让我们趋向于做卑贱的事，痛苦会让我们逃避于做高贵的事。正如柏拉图所说，重要的是从小就培养起对事物的正确好恶，对使人感到快乐的事物感到快乐，对使人感到痛苦的事物感到痛苦，这就是好的教育。其次，如果美德是与实践和情绪相关的，而每种情绪与实践又都伴随着快乐或痛苦，那么美德也因此与快乐和痛苦相关。这一点也体现在快乐和痛苦被用作惩罚的手段这个事实上。因为惩罚是一种治疗，而治疗就是要借助疾病的相反物来起作用的。最后，如前面说过的，灵魂的品质自然与那种在本性上使其变得更好或更坏的事情相关。如果我们趋向于追求或躲避不应该追求或躲避的快乐或痛苦，或者在不适当的时间，以不适当的方式，或者以其他不合理性的方式来追求或躲避它们，那么快乐和痛苦就会使人的品质变坏。也正是这个原因，有人把美德界定为某种不为快乐、痛苦所动的宁静的状态。然而这种说法过于绝对，因为他们没有加上“以正确或错误的方式”“在正确或错误的时间”等限定。所以，我们应该这样认为，美德是与快乐和痛苦相关的、进行最好实践活动的品质或状态，与此相反的品质或状态便是恶。

以下的情形可以进一步说明这一点。

第一，有三种事物为人们所选择，即高贵的东西、有利的东西与令人快乐的东西；相反，有三种事物为人们所躲避，即卑贱的东西、有害的东西与令人痛苦的东西。在所有这些事情上，做到选择应该选择的、躲避应该躲避的，那么做得正确的便是好人，而做得不正确的便是坏人。这尤其体现在快乐的方面，因为快乐既为人与动物所共有，又伴随着所有选择的对象。而高贵的和有利的东西也都是令人快乐的。第二，快乐从小就伴随着我们，所以我们很难摆脱掉快乐这种感情，它已经深深植根于我们的生活之中。第三，我们或多或少地都以快乐和痛苦作为衡量实践活动的标准。之所以我们现在的讨论必然要考察快乐与痛苦，这是因为对于行为而言，正确地还是错误地感受到快乐或痛苦是至关重要的。第四，正如赫拉克利特所说的，战胜快乐比战胜怒气更难。技艺与美德一样，都是经常面对较难的东西，面对的事情越难，其成功的效果就越好。正因如此，美德与政治学也就必然会与快乐和痛苦相关。快乐与痛苦运用得好就会令一个人成为好人，运用得不好就会令一个人成为坏人。所以，美德与快乐和痛苦相关。成就美德的活动。如果做得不好，同样也会毁坏美德，而成就美德的活动也正是美德自身的实现。

美德与行为

可能有人会这样问，所谓“行为公正必定就令人成为公正的人，行为节制必定就令人成为节制的人”，这究竟是什么意思？如果人们进行公正与节制的活动，他们就已经是公正或节制的人了。就像一个人如果按照文法说话或按照音律弹奏，他就已经是擅长文法与音律的人一样。但是，在技艺方面并非都如此。一个人恰巧也可能由于别人的指点而说出合乎文法的话语，而只有当他说话时既合乎文法，又是自己按照文法说话时，他才是一位擅长文法者。

进一步讲，技艺与美德的情形也不一样。技艺的产品，其自身就是“善”，所以当产品出现时，产品自身具有某种性质就已经是“善”了。但是，合乎美德的实践活动并不会因为其自身具有某种性质就是合乎美德的，比如公正或节制。除了其自身具有某种性质，一个人在进行这些活动时还必须处于恰当的状态。

首先，他必须具有相应知识；其次，他必须是自己选择那样做，并且是出于活动自身之故而选择的；第三，他必须是出于一种确定的、稳定的品质而选择的。对一种技艺而言，除了知识这一点外，并不需要包含另外两个条件。可就美德而言，知识则没那么要紧，其他两条却至关重要。这两个条件所述说的状态本身正是不断从事公正与节制行为的结果。所以说，虽然一些和公正或节制的人所从事的相似行为被称为公正或节制的行为，可一个人被称为公正的或节制的人却不仅仅是因为他从事了这样的行为，而是因为他“像公正的人或节制的人那样”，符合后面两个条件，从事了这些行为。

也可以说，通过做公正的行为便成为公正之人，通过从事节制的行为便成为节制之人。如果不这样，一个人就永远无望成为有美德的人。可多数人并不去实践，而是停留在空谈中，他们幻想只要通过哲学的空谈而不用实践就可以成为有美德的人。这就像专心听医生教导却不按照医嘱去做的病人一样。就像病人这样做不会使其身体变好，自称“爱哲学”而满足于空谈的那些人也不会使其灵魂变得更好。

美德是“品质”

我们接下来要讨论的是，美德到底是什么。

事物的性质状态有四种，一是品质与习性，二是能或不能的能力性质，三是感受性，四是广延与形状，而这四种之中最后一种并不适用于灵魂。所以灵魂的性质状态就只有三种，这三种便是：感性状态、能力状态与品质状态，那么美德必是其中之一。感情，我指的是欲望、愤怒、害怕、信心、嫉妒、愉悦、爱、恨、期盼、不甘、怜悯，总而言之，就是伴随着快乐与痛苦的那些状态。能力，我指的是使得我们能够获得这些感情状态时而所具有的东西，例如使我们变得愤怒或害怕，或是感受到怜悯等等所具有的东西。品质状态，我指的是使得我们与这些感情处于好的或坏的关系的事物，例如，如果我们感受到的愤怒过盛或过弱，就处于与愤怒的坏的关系之中；如果怒气适度，我们就处于与愤怒的好的关系之中。其余感情的情况也可以这样类推。

美德与恶不是感情。首先，我们并不是因我们的感情，而是因我们的美德或恶而被称为好人或坏人的。其次，我们也不是因我们的感情，而是因我们的美德或恶而被称赞或被责备。一个人并不会因他的害怕或发怒而受到称赞，他也不会仅仅因发怒而受到责备，而只有以特定方式发怒时才会受到称赞或责备，并且我们愤怒或害怕并不是出于选择，而美德则必定是出于某种选择或包含着选择的。最后，我们说一个人被感情“触动”，可是对于美德与恶，我们则不说他被“触动”，而说他以某种方式被“放置”到某种状态中。同样由于这些原因，美德与恶也不是能力。首先，我们不是仅仅由于具有这些感情的能力而被称为好人或坏人的，也不是因此而被称赞或被责备。其次，我们天生就具有能力，而我们并非天生就是好人或坏人，这一点我们前面已经谈过了。如果美德既非感情也非能力，那么它就应当是品质状态。这样我们就从种类上阐明了美德是什么，美德是一种好的品质。

美德的适用范围

但是，我们不仅要说明美德是一种品质，还要说明它是怎样的一种品质。可以这样说，每种美德都有这样两方面的特点，一方面美德使得拥有它的事或人处于一种好的状态，另一方面又使得那拥有它的事或人的活动完成得好。比如，眼睛的美德一方面使得眼睛是好的眼睛，另一方面又使得眼睛的活动——“看”——完成得好，好的眼睛就意味着看得清楚。同样，马的美德既使得一匹马成为好马，又使得它跑得快，令骑手坐得稳，并能够冲锋陷阵。如果所有事物的美德都是如此，那么人的美德就是使得一个人成为好人，并且使得他很好地完成他的实践活动和功能。关于人的功能，我们已经阐述过了，不过下面对美德之本性的研究，还会进一步说明这一点。

如果美德也像自然一样，比任何技艺都更好、更精准，那么美德就必定具有指向适度的性质。在这里，我所指的是伦理美德。

首先，伦理美德同感情与实践相关，而感情与实践中则存在着过度、不及与适度。例如，恐惧、勇敢、欲望、愤怒和怜悯，还有一般意义上的快乐与痛苦，都可能太多或太少，这两种情形都不好。而在适当的时间，适当的场合，对于适当的人，出于适当的原因，以适当的方式感受这些感情，就既是适度的又是最好的，这也正是美德的特性。同样在实践中也存在着过度、不及和适度。美德是同感情和实践相联系的，在感情和实践中过度与不及都是错误的，而适度则是成功并受称赞的。成功和受称赞都是美德的特性。所以，美德是一种适度，因为它能以中间的适度为目的。

其次，错误可以是各种各样的。正如毕达哥拉斯学派所认为的，恶是无限的，而善是有限的，正确的道路只有一条，所以失败很容易，成功非常难；偏离靶心很容易，而射中靶心很难。也正因如此，过度与不及是恶的特性，而适度是美德的特性，其原因在于：善是唯一的，恶则是多种多样的。所以美德是一种关乎选择的品质，它存在于相对我们而言的中间的适度当中，这种适度是由理性确定的。也就是说，是根据有实践智慧的人会做的事情来确定的。在过度与不及这两种“恶”之间所存在着的一种适度便是美德。在感情和实践中，在偏离正确感情与实践的过度与不及之间也存在着适度，而美德就能找到并且选择这一中间的适度。所以说，虽然就其本质而言美德是适度，可就其“善”的程度而言，它却是一个极端，是最好的“善”。

但是，并非每一种实践与感情都存在适度。因为有一些感情与实践，其名称就意味着恶，例如幸灾乐祸、无耻、嫉妒，以及在行为方面的通奸、偷窃、谋杀。被这些名称所称谓的诸如此类的事物，并非由于其过度与不及而被视为恶的，而是由于其自身便已经是恶的。所以，它们在什么情况下都不可能是正确的，它们是永远错误的。在这些事情上，正确与错误不取决于我们是否是对于适当的人，在适当的时间或以适当的方式去做的，而是只要去做了这些事就是错误的。同样，认为在不公正、怯懦与放纵等等这些行为中也存在适度、过度与不及三种程度，这同样也是荒谬的。如果这样的话，就会出现适度的过度与适度的不及，以及过度的过度和不及的不及了。但正如勇敢与节制方面不可能有过度与不及一样——因为适度在某种意义上也是一个极端——我们提到的恶行中也不可能有适度、过度与不及。一般而言，在过度与不及中既不存在适度，在适度中也不存在过度与不及。

关于具体的美德

我们不能只是谈论关于美德的一般概念，而应当把它应用到具体的情况中，应用到具体的事例上。因为在关于实践的讨论之中，尽管一般概念的适用范围较广，但那些具体的陈述则更为确定而真实，实践总是关切着那些具体的事例，我们的理论也应该与这些具体事例相吻合。

让我们从某些美德开始来一一进行讨论吧。

在恐惧与信心方面的适度是勇敢。其过度的形式，在无恐惧上的过度是无名称的——许多品质常常也没有名称——在信心上过度是鲁莽。在恐惧上过度并且在信心上又是不及的，那就是怯懦。而在快乐和痛苦方面——不是所有的，尤其不是所有的痛苦——其适度是节制，过度是放纵。我们很少见到在快乐上不及的人，所以这样的品质也无其名，不过我们可以称之为冷漠。在钱财的接受与付出方面的适度是慷慨，过度与不及是挥霍和吝啬。这两种人的过度与不及刚好相反：挥霍的人在付出上过度而在接受上不及，吝啬的人则在接受上过度而在付出上不及。目前我们只做出这一粗略而概要的说明，就解决目前的问题而言已经足够了，我们还将在后面更加仔细地考察这些品质。

另外，在钱财方面还有其他一些品质。其中那种适度的品质是大方，但是要注意，大方的人不同于慷慨的人，前者与大笔钱财的处理有关，后者只与小笔钱财的处理有关，其过度形式是粗俗或无品位，不及的形式便是小气。大方的过度与不及不同于慷慨的过度与不及，我们将在后面详细说说这种区别。

荣誉与耻辱方面的适度是自重，其过度形式是人们所说的自负或虚荣，不及的形式是自卑。正如慷慨同大方的区别，也有一种品质以这种方式同大度相联系，而只同对微小的荣誉的处理有关。因为，对微小荣誉的欲望也可以有适度、过度与不及。过度地欲望这种荣誉的人称为虚荣心太重者，在欲望这种荣誉上不及的人则被称为无上进心者，而欲望适度的人则无名称。这些品质也都没有名称，只有过度爱荣誉者的品质被称为沽名钓誉。结果，那两种极端反倒要占据适度品质的位置。我们自己有时把有适度品质的人称为爱荣誉者，有时又把他们称为不爱荣誉者；有时称赞爱荣誉的人，有时又称赞不爱荣誉的人。这是什么原因，我们下面将会讨论。不过现在，我们还是先按上面的叙述方式把其他的美德讲完。

在怒气方面，也是存在着过度、不足与适度。它们没有名称。不过，既然我们称在怒气上适度的人是温和的人，我们姑且称这种品质是温和或者好脾气。在两种极端的人之中，怒气上过度的人可以被称为脾气暴躁的人，这种品质可以称为暴躁；怒气上不及的人可以被称为麻木的人，而这种品质也可以称为麻木。

此外，还有三种品质相互间有些相似，又有所不同。它们都同社会生活中的语言与行为有关。不过，一个是关系到这种语言与行为的真实性，另外两个则关系到语言与行为的愉悦性：其中一个表现于生活消遣方面的愉悦性中，另一个则存在于生活的所有场合中。我们必须对它们加以讨论，以看得更清楚。在所有事物中，适度的品质都会受到称赞，那些极端则既不正确，又不值得称赞，而是应受谴责。大多数这类品质也是无名称的，但是我们必须像在其他那些地方一样，尽力地给出它们的名称，使我们的讨论明白易懂。

在交往的真实性方面，具有适度品质的人可以被称作真诚的人。这种适度的品质也可以称作真诚。在虚伪的品质中，夸大自己的形式可称作自夸，这种人可称作自夸的人。贬低自己的形式可称作自贬，这种人可称作自贬的人。

在娱乐的愉悦性方面，具有适度品质的人是机智的人，这种品质是机智。过度的品质是滑稽，这种人也就是滑稽的人。具有不及的品质的人是呆板的人，这种品质也就称为呆板。

在一般生活的愉悦性方面，那种让人愉悦得适度的人是友善的人，这种品质也就是友善。过度的人，如果是没有目的的，便是谄媚；如果是为得到好处，便是奉承。那种不及的、在所有这些事物上都令人不愉快的人，则是好争吵的、乖戾的人。

还有一些适度的品质是感情中的或同感情相关的品质，如羞耻。尽管羞耻不是一种美德，但一个知羞耻的人却受人称赞。在这些事情上，我们也说一个人是适度的，或者另一个人是过度的。例如，羞怯的人对什么事情都觉得惊恐，而在羞耻上不足的人则对什么事情都不觉羞耻，具有适度品质的人则是有羞耻心的。此外，义愤是妒忌与幸灾乐祸之间的适度，它们都与我们为邻人的好运所感受的快乐或痛苦有关。义愤的人为邻人的不应得的好运感到痛苦。妒忌的人在痛苦上更胜于义愤的人，他为别人的一切好运都感到痛苦。而幸灾乐祸的人则完全缺少此种痛苦，而是反过来为邻人的坏运气感到高兴。我们在后面还有机会讨论这些品质。关于公正，由于它是在多种不同意义上使用的，我们将在讨论这些品质之后再区分这些不同的意义，并且表明它们各自在何种意义上是适度的品质。同样，我们也将以这样的方式讨论理智美德。

适度、过度与不及

有三种类型的品质，其中两种是恶——一种是过度，一种是不及，还有一种是两种极端中间的作为适度品质的美德。三种品质在某种意义上都是相互对立的。两个极端同适度相对立，两个极端也是彼此对立的，适度也是同两个极端相对立的。正如平均数与较少数比是较多，与较多数比是较少一样，适度同不及相比是过度，同过度相比又是不及。在感情上和实践上都是如此。例如，如果跟怯懦的人相比，勇敢者显得鲁莽；如果跟鲁莽的人相比，勇敢者又显得怯懦。同样，节制的人同冷漠的人相比显得放纵，同放纵的人相比又显得冷漠。慷慨的人同吝啬的人相比显得挥霍，同挥霍的人相比又显得吝啬。所以每种极端的人都努力把具有适度品质的人推到另一端。怯懦的人称勇敢者鲁莽，鲁莽的人又称勇敢者怯懦，其他品质也是以此类推。

但两个极端都同适度相反，最大的相反存在于两个极端之间，因为适度和极端之间还是存在着某种类似。首先，两个极端相互间的距离比它们各自同适度品质的距离更大些。这正如较多距较少、较少距较多的距离比它们各自同平均数的距离更大一样。其次，有些极端与适度之间还有某种程度的相似，如鲁莽与勇敢、挥霍与慷慨，但是两个极端之间总是表现出最大的不相似。

既然人们把相互之间相距最远的事物称作为对立之物，那么越是相互远离的事物也就越对立。在某些场合，不及与适度较为相反。在另一些场合，过度同适度又较为相反。例如，与勇敢较为相反的不是作为过度的鲁莽，而是作为不及的怯懦。与节制较为相反的不是作为不及的冷漠，而是作为过度的放纵。

这有两个原因：一是由于事物本身的性质。若两个极端中有一个同适度的品质比较接近和类似，我们就不把这个极端，而把与这个对立的另一个极端与适度品质相对立。例如，由于鲁莽显得比怯懦更接近于勇敢，我们把怯懦而不是把鲁莽看作勇敢的对立面。因为，离适度的品质越远的极端就显得越与它相反。这就是事物自身中的原因。二是我们本身的性质。那些我们越是出于自身本性而爱好的事物，就越显得与适度的品质相反。例如，我们比较倾向于快乐，也比较容易放纵，而不是做事体面。我们把我们本性上更容易去爱好的事物，看作与适度品质相对立的事物。所以作为过度品质的放纵更被看作是与节制相反的。

适度的获得

我们已经详尽地说明了伦理美德是适度，以及它是何种意义上的适度。第一，它是两种恶即过度与不及中间的适度；第二，它在感情与实践中以达到适度为目的。那么，做一个有美德的好人是很难的。因为，要在每一件事情上都达到适度是困难的。比如，不是每个人都能找到一个圆的圆心，只有一个懂得这种知识的人才能找到它。同样，每个人都会生气，都会花钱或挥霍，这很容易。但是要对适当的人、以适当的程度、在适当的时间、出于适当的理由、以适当的方式做这些事，就不是每个人都做得到或容易做得到的。

所以，把这些事做好是难得的、值得称赞的、高尚的。要做到适度，首先就要按照卡吕普索所指点的那样："牢牢把住你的舵，远离惊涛与迷雾！"[①]避开与适度最为相反的那个极端。因为在两个极端之中，有一个比另一个的缺憾更严重些。既然要完全准确地选取适度非常困难，我们不得已退而求其次的选择就是如谚语所说，在两恶中择其轻。而两恶相权择其轻的最好的办法，就是如上所说明的方法。

其次，我们要研究自身被自然本性驱使容易去沉溺于其中的那些事物。尽管不同的人会沉溺于不同的事物，但借助我们经验得到的快乐与痛苦，可以弄清楚这些事物的性质。我们必须努力把自己拉回到相反的方向。只有远离错误，才能接近适度。

再次，在所有事情上，我们要警惕那些最能令人愉悦和快乐的事物。对于快乐，我们不是公正的判断者。正确的做法是像年长的人对待海伦[②]那样对待快乐，并且在每个这样的场合都复诵他们所说过的话。如果我们成功地像他们那样使快乐受我们自己的指引，我们将少做错事。

---

① 参见《奥德赛》第十二章第219页。

② 海伦是古希腊神话中第三代众神之王宙斯跟勒达所生的女儿，在斯巴达国王廷达瑞俄斯的宫里长大。她是在人间里最漂亮的女人。在她出生时，神赋予她可以模仿任意一个女人的声音的能力。在《伊利亚特》第三讲中提到了亚里士多德在此处引用的故事，这是一个充满隐喻的故事。故事中的长者虽然被海伦的美色勾走了魂，但他们还是决定必须回到希腊去。

总而言之，以上这些做法都是为了帮助我们能够尽可能地达到适度。这当然是一件困难的事情，尤其是在具体的场合中。比如，我们很难确定一个人发怒应当以什么方式、对什么人、基于什么理由，以及应该持续多长时间。我们有时称赞那些在怒气上不足的人温和，有时又称赞那些容易动怒的人勇敢。然而，尽管我们不谴责稍稍偏离适度的人，无论他是朝向过度还是朝向不及，是我们的确谴责那些偏离得太多、令人不能不注意到其偏离的人。至于一个人偏离得多远、多严重就应当受到谴责，这很难确定。这正如对于一些感觉性的事情很难确定一样。这些事情取决于具体情形，而我们对它们的判断取决于对它们的感觉。所以，我们可以确定的是，在所有品质中，适度的品质最受人称赞。但是我们有时要偏向过度一些，有时又要偏向不及一些，只有这样才最容易达到适度。

二、美德与智慧

两种理智美德及其对象

灵魂中有三种事物主宰着实践与真：感觉、理性和欲望。在这三者中，感觉并不是实践的始因，因为感觉并不能引起实践。这从兽类等较低等的动物那里就可以清楚地看出，它们虽拥有感觉却并没有实践活动。

在欲望中，我们所追求或躲避的事物，也总是相应于在理智当中肯定或否定的事物。于是，由于伦理美德是有关选择的品质，而符合美德的选择便是经过考虑的欲望。如果一个选择是善的且符合美德的，这个选择之中所展现的理性就必定是真的，所展现的欲望就必定是正确的，并且这种真的理性所肯定的事物，也正是这种正确的欲望所追求的事物。

这种理性必定是与实践相关的，而与之相比较而言，另外一种理性——沉思理性，则与实践活动或者制作并不相关，其状态的好与坏仅仅在于其所获得的信念是真还是假，并不影响实践活动。由于获得真是理性每个部分的功能，因而实践理性的功能就是获得与正确欲望一致的真。

综上，选择才是实践的始因，是启动实践活动的有效原因，即使它并非实践的目的。而选择的始因则是欲望和指向某种目的的理性。于是选择既需要推理与理性，需要一种伦理品质，因为实践得好还是实践得坏，既需要理性，也需要伦理。

不过，理性其自身是不能发动我们去行动的，发动我们行动的是朝向某种目的的实践理性。这种实践理性也是生产性活动的始因，因为每个生产者要开始其生产都必定有某种目的。制作活动自身并非目的，其目的是属于其他的某个事物，也就是制作出来的产物。制作出来的产物其自身就是一个目的，制作得好的产物其自身就是我们欲望的对象，是作为一种目的而存在的。所以，选择一方面是欲望的理性，另一方面是理性的欲望，而选择这种行为的始因，便是因为人的存在，人就是这样一个始因。

我们不能选择已经发生的事情，例如，没人会选择洗劫特洛伊城。同样，没人会考虑过去的事情，人们考虑的是将来以及可能发生的事情。而已经发生了的事情，谁也无法让其不发生。所以阿加松说："即使是神，也没有办法把已发生的事情变成未发生的。"

所以，灵魂的这两个理性部分，沉思理性和实践理性，其功能都是获得真，这两个理性部分的美德，就是使得每部分最大限度地获得真的品质和状态。

关于"科学知识"

让我们来更进一步地考察这两种理性的美德。我们认为，灵魂通过肯定与否定而拥有真理或真的方式，一共有五种：技艺、科学、实践智慧、智慧和理性。

我们对于可能变动的并且不能做出验证的事物，会给出这种事物是真的，或者这种事物是假的，类似这样或那样的判断，这些判断可能会遭到别人的反驳，而当这种判断没有表达出来时，我们称之为观念。当我们对他人进行表达了判断，我们就称之为意见。事实上，观念与意见都有可能出错且遭到反驳。据此，我们可以进一步考察以上提到的五种方式。

首先是科学。我们从一种严格准确的意义上而非其派生的意义上使用“科学”这个词时，科学的品质可以进行明确的表述。我们都认为，以科学的方式所了解到的事物是不会变化的。对于可变的事物而言，当它们的存在超出我们的沉思范围时，我们就无法知道它们存在与否。所以，科学的对象是必然存在的。作为科学的对象的这种事物是永恒的，绝对必然意义上的存在都是永恒的，而永恒存在的事物则是不生不灭、不增不减、不可变化的。

其次，科学是可以传授的，科学的知识是可教可学的。然而教授知识都是从已知的事物开始的，教授知识要么是通过归纳，要么是通过三段论的演绎推理，它们都需要既有的已知的知识。归纳使得我们走向普遍之物的始点，而演绎推理则使得我们从普遍之物出发。所以，存在着一些三段论演绎推理可由之出发的始点，这些始点其自身并不是通过演绎而获得的，而是通过归纳获得的。因而科学就具有一种“可验证性”的品质，同时，只有当某人以某种方式对某物持有意见时，同时某人又是充分了解这一事物之始点的，那么他就具有相应的科学知识；而如果他只是知道结论而不知道其始点，那么他就只是很偶然地具备了科学知识。

这就是我们对科学知识的界定。

关于“技艺”

说完不可变的，让我们来说说可变化的，被制作之物与被实践之物便属于可变化之物的范围。不过制作与实践是不同的。由于两者的不同，在实践中体现的理性品质与在制作中体现的理性品质也是不同的。它们也不互相包含，因为实践不是制作，制作也不是实践。例如，建筑术是一种技艺，是一种在建筑这项制作中合乎理性的品质。如果没有技艺，就没有一种在某种制作中的合乎理性的品质；而如果没有这种品质，也就没有这种技艺。所以，技艺便是在制作中体现或合乎理性的品质。

所有技艺都会生成某种结果或事物，学会一门技艺，就是学会如何使得某种可变之物或不存在之物生成为确定的存在之物。其生成的始因在于制作者而不在于被制作物，因为技艺所关涉的事物并不是必然存在或必然要被生成的事物，也不是出于自然而存在或生成的事物，这些事物的始因都在其自身中，所以这些事物与技艺无关。

我们知道，制作与实践是不同的，并且技艺是和制作相关，而不是和实践相关的。在某种意义上，技艺与运气关乎同类事物。阿加松说：“技艺喜欢运气，运气也喜欢技艺。”所以，正如前面所说，技艺是一种在制作中体现或合乎理性的品质。无技艺则相反，是一种在制作中不体现或不合乎理性的品质。而有技艺和无技艺，都不像科学那样关乎不变之物，它们都是关乎可变之物的。

关于“实践智慧”

提到实践智慧，我们可以先思考所谓有实践智慧的人。

拥有实践智慧的人就是能够很好地考虑什么对他自身而言是“善”的和有益的事情的人。不过，这不是针对某个部分，比如对他的健康或强壮有好处，而是针对他总体的美好生活。这一点可以由以下事实证实，如果某人在实现某个具体目的方面——这方面是无技艺可施的——推算得好，我们称他在这方面是有实践智慧的。那么一个善于考虑总体的善的人，在总体上他也是拥有实践智慧的。

但是，没人会去对不变之物，或者其力所不能及之物，进行任何推算。一方面，由于科学包括验证，对于那些始因是可变之物的事物，因为其自身也是可变的，所以是不可能进行验证的；另一方面，科学并不能对必然之物给予考虑，因为没有必要去推演。所以，实践智慧并非科学，是因为实践之物是可变的。同样，实践智慧并非技艺，是因为实践与制作属于不同的种类。综合来看，实践智慧既不是科学，也不是技艺。那么，实践智慧便是一种在实践中的、体现或者合乎理性的真实品质或状态，这种品质或状态所关注的，对人来说就是善与恶。由于制作活动的目的在制作活动之外，实践的目的并不在自身之外而是在其自身之内，因此实践得好本身就是实践的目的。

这就是为何我们会认为像伯利克里那样的人便是具有实践智慧的人，因为他们能够辨别出什么东西是就其自身而言以及对人而言的“善”。我们把具备这种能力的人，视为善于齐家治国的人，视为有实践智慧的人。

这也是“节制”一词的由来，它源于“保持实践智慧”，它所保持的是体现实践智慧的意见。因为快乐、痛苦并不毁灭和扭曲所有意见，例如三角形内角之和等于或不等于两个直角的意见并不会因苦乐而毁灭或扭曲，但是那些关乎实践的意见，便会被苦乐所左右。实践行为的始因就是实践所指向的目的；而如果某人被快乐和痛苦所毁，那么他就根本无法辨别出始因，因而他也无法了解实践的目的以及他做出选择与进行实践的始因，正是恶毁灭了他对始因的理解。所以说，实践智慧就是一种在实践中、体现或合乎理性的真实品质。

技艺中有美德，而实践智慧中却没有美德。此外，在技艺中出于意愿的错误并不太坏，因为在技艺方面这种出于意愿的错误比违背意愿的错误要好，起码能说明技艺已经达到了一定的水平和程度。而在实践智慧及美德方面，出于意愿的犯错则更坏。所以说，实践智慧是一种美德，而非一种技艺，这是显而易见的。

在灵魂拥有理性的两个部分中，实践智慧必定是其中一个部分的美德，也就是说，它是形成意见的理性部分的美德。因为意见与实践智慧一样，都是关乎可变之物的。不过，实践智慧不仅仅是一种合乎理性的品质。其证据在于：纯粹合乎理性的品质会被忘记，而实践智慧则不会被忘记。

关于“理性”

从之前的讨论中我们知道，科学是对于普遍、必然之物的一种意见，并且所有可验证、证实之物以及所有科学，由于其体现或合乎理性都具有始因。科学认知的始因既非科学，也非技艺与实践智慧。因为科学认知是可验证的，而技艺与实践智慧又是关乎可变之物的。智慧也不是关乎始因的，因为爱智者对事物的认识也是要进行验证的。如果我们在不变甚至可变之物中获得真且不会出错的方式是科学—实践智慧—智慧—理性，而前三种——科学、实践智慧与智慧——都不能使我们获得始因，那么我们获得始因就只能依靠理性了。

关于“智慧”

现在我们再来考察一下“智慧”，一般我们也会用“智慧”来形容那些在技艺上精湛的人，例如称雕刻家菲迪阿斯、波利克里托斯是有智慧的雕塑家等等。这里的“智慧”仅仅是指一种技艺中的美德。不过我们认为某些人是总体上有智慧，而非部分的或只在某些方面有智慧，正如荷马在《玛基提斯》中所说：“众神没有让他成为一个掘地的农夫，也没有让他在另一些方面拥有智慧。”所以，智慧显然是各种科学中最完善的。有智慧的人不仅知道从始因推出的结论，而且也把握有关那些始因的真理。因此，智慧必定是理性与科学的结合，必定是关于最高等之题材的、居于最顶处的科学。

三、实践智慧

实践智慧与政治学

政治学与实践智慧具有同样的品质，虽然它们有不一样的内容。涉及城邦事务的实践智慧，其中一部分是占主导性的，那就是立法学；另一部分是处理具体事务的，它却独占了这两部分的共有名称，即政治学。后一部分包括了具体的实践与考虑，因为前一部分实践智慧的结果——法令法规，总是要考虑其实践的环节，所以只有那些参与处理具体事务的人才被称为“参与政治”。只有那些人像匠师一样实践，像实施技艺一样实践政治。

实践智慧也常常被理解为是关乎一个人自身的，我们通常所说的“实践智慧”一般都是指这种关乎自身的实践智慧，而不是特指城邦方面或其他方面的实践智慧。其他种类的实践智慧还包括：理财学、立法学以及政治学。

政治学又包括司法裁决方面的实践智慧与事务考虑方面的实践智慧。那么，知道什么对自己而言是“善”，这固然就是一种实践智慧，不过它与其他种类的实践智慧有很大不同。

如果说政治学与实践智慧是最高等的科学，那显然是荒唐的。因为人不是宇宙中最高等的存在者，并且智慧总是关乎相通之物，实践智慧则总是关乎不相通之物。比如说，对人而言的好与健康，对鱼而言并不成立。人们所谓的拥有实践智慧的人总是能够辨别出对他自身而言是善的事物，而且在这些事情上，人们也会信任他。所以，我们甚至也会用实践智慧来形容一些低等的野兽，它们能够对自己的生活进行清楚的预见。

显而易见的是，智慧也不同于政治学。因为，如果人们说智慧只是关于与他们自身利益的话，那么就会出现许多种不同的智慧了，也就不会存在一种关乎所有存在物之善的智慧，就如同不存在一种适用于所有种类存在物之健康的医术一样，而是存在各种各样不同的智慧。不同种类的智慧针对不同种类的善。有人可能会反驳说，因为人高等于其他的所有动物，所以人的智慧便是最高等的且能统合其他不同所有存在物之善，然而这种反驳也无济于事。因为，它还存在着本性远比人神圣和高级的存在，例如，最为显然的便是构成宇宙天体的存在。总结而言，智慧之所以不同于实践智慧和政治学，不仅因为智慧比实践智慧更完全，比政治学更具有唯一性，而且还因为智慧是人类和更高级的存在所共有的，智慧不是仅仅属于人类的，所以说，智慧是科学和理性的结合，并且是关于永恒之事物的，是关于最高等之存在的。

这就是为何人们说，像哲学家阿那克萨格拉和泰勒斯这类人拥有智慧，而不说他们拥有实践智慧。因为这类人全然漠视他们自己的利益。这类人所关注的事情是超常的、惊异的、困难的与神圣的，然而却是无用的，因为他们并不以追求对人有益的东西为目的。

实践智慧则与人的事务息息相关，它关注的是那些可考虑之物。我们说善于考虑尤其是那些拥有实践智慧的人的功能。不过没人会考虑那些不变之物，也没人会考虑缺乏目的之物，以及考虑那些在实践中很容易获得的目的。一个善于考虑者就是能够依据推算，在力所能及的范围内达到对于一个人而言的最大的“善”。

实践智慧也不只是同普遍之物相关，它也必须要考虑到具体的特殊之物：因为实践智慧关乎实践，实践又关乎具体的特殊。所以说，在某个领域经验丰富却不具有科学知识的人，甚至比只具有相关科学知识的人在实践时做得更好。比如，如果一个人只知道瘦肉容易消化且有益健康，却不知道哪种肉是瘦肉，那么他还不如一个知道什么是鸡肉且也知道鸡肉有益于健康的人，即使前者具有更多科学知识，然而实践经验的不同使得后者比前者更有助于达到健康。既然实践智慧是关乎实践的，那它就既需要科学知识又需要丰富的经验知识，尤其是经验知识，不过这种经验知识还需要一种更高级的能力来主导它。

关于“好的考虑”

研究与慎思考虑不同，因为考虑是研究的一种。我们需要弄清楚什么样的考虑才是好的考虑，看它是某种科学、意见、判断，还是什么其他种类的能力。

首先，好的考虑肯定不是科学。因为人们不会再去考虑他们已知的事物，好的考虑也是考虑的一种，考虑就意味着去研究与推理。

其次，好的考虑也不是判断。因为判断不需要推理，可以马上给出答复，考虑则需花费较长的时间。而且人们常说，行动要抓紧，但是考虑一定不能急，要慢慢考虑，并且好的考虑也等同于思维敏捷，思维敏捷属于判断的一种。

再次，好的考虑也不是一种意见。既然糟糕的考虑会导致错误，好的考虑就会导致正确，那么好的考虑显然就是一种正确。不过这种正确既不是一种科学的正确，也不是一种意见的正确。因为，对于科学知识并无正误可言，正确的意见就构成了“真”，而且成为意见的事物都是已确定的现成的题材。

好的考虑必定包含着理性。因而，好的考虑只能是我们还没谈的剩下的东西，那便是理解能力。因为理解能力还不是确定的东西。尽管意见不是一种研究，却已是一种断定了的东西。一个在进行慎思考虑的人，不论考虑得好还是考虑得坏，都会进行研究与推理。

“正确”这个词有多种含义，好的考虑显然不是指“正确”的所有含义。这是因为，一个不能自制的人或坏人可以经过推理计算而达到他所确立的目标，尽管他所确立的目标是坏事，最终他也达成目标，他进行了对于其目标而言的正确的考虑。但是大家都认为，好的考虑是某种“善”，所以好的考虑其考虑的目的是善的而非恶的，达到善的目的的正确的考虑便是好的考虑。

也有可能不通过一种正确的思考过程而确立其达到一种善的目的。一个正确的目的可能不是以正确的中介达到的，而是以错误的中介达到的，也就是说有可能通过错误的步骤达到正确的目的。这种经由错误的步骤而达到正确目的的考虑，也不能算是好的考虑。此外，有些人考虑可能需要很长时间，而有些人考虑可能需要很短的时间。可耗时长的考虑也不一定就是好的考虑。考虑之正确在于，这一考虑对人的帮助是有成效的，这一考虑所达到的目的是正确之目的，并且这一考虑是在正确的时间以正确的方式进行的。

最后，我们的考虑既可以是针对总体目的的，也可以是针对某个目的的。因而，总体的好的考虑就会把我们正确地导向总体的目的，具体的好的考虑则会把我们正确地导向具体的某个目的。如果好的考虑是属于那些拥有实践智慧的人的特点，那么好的考虑就是能够促进“善”目的的正确考虑，而实践智慧作为真的意见，正是针对这个目的的。

理解或好的理解，即我们所说的使某人具有理解能力或成为好的理解者的那种品质，它既不同于科学，也不同于意见，理解的对象并非永恒不变的事物，也不是正在生成之物，而是困扰我们的那些可以被考虑的事物。因而，它与实践智慧所关涉的事物是相同的。

理解与实践智慧又有所不同。实践智慧发出命令，它的目的就是应当或不应当做什么，而理解只是作判断。因为有理解能力与好的理解是一回事，所以具有理解力的人也就是一个善于理解的人。

理解能力与实践智慧不同，好的理解能力并不在于是否具有实践智慧，也不关乎是否获得实践智慧。不过，就像在运用科学时“学习”被称为理解能力一样，运用意见来对人们所说的实践智慧所关乎的事情进行判断，这种判断也被称为理解能力，这也使得判断成为一种高尚的活动，因为判断得好也就是一种高尚的判断。正是从“学习”中的理解能力那里，派生出“理解”这个词，因为我们也经常称“学习”为“理解”。

关于“体谅”

那么，接下来我们看看什么是所谓的“体谅”。其实体谅就是我们所说的善解人意或体谅、原谅他人的那种品质。这就是根据公道而做出正确的判断。这样可以从下面的现象中得到证实，我们都认为公道的人比其他人更为善解人意，并且在某些情况下，正是公道的人才能够体谅某些事情。因而，体谅就是根据公道的正确判断，这种判断之所以是正确的，正是因为它把握了真正的公道。

可以说，所有这些品质，体谅、原谅、公道，都指同一种东西。因为我们用体谅、理解、实践智慧和理性来形容同样的某些人，我们说他们善解人意，因而也具有理性，具有实践智慧以及具有好的理解能力。这是因为，所有这些品质关涉的都是那些终极的、具体的事情。一个人如果具有理解力且善解人意，那也就意味着，他能够对那些与实践智慧相关的事物做出很好的判断。公道对于所有好人之于他人的关系而言都是相同的。所有实践的对象又都是终极的、具体的。拥有实践智慧的人必定能辨识它们，而理解与体谅都是与实践之事相关的，这些实践之事正是终极的、具体的事情。

理性理解的能力从两个方面来把握终极的事物。那种既能把握最初界定的始点又能把握终极的具体事情的能力，不是理性，而是理性理解的能力。一方面，在证明推理的过程中，理性理解的能力能把握那些不变的始点；另一方面，在具体的实践中，理性理解的能力也能把握种种终极的、可变的具体事情和小前提。这是因为，这些终极的、具体的事情构成了所追求目的的始点，普遍的、一般的事物是从具体的事情中得出的。那么，我们就必定会具有对这些具体事情的感知，这种感知也就是理性理解的能力。

由于这个原因，这些品质也被认为是自然天生的；尽管一个人并非自然天生就拥有智慧，但却有可能自然而然就会拥有体谅、理解，也生来就具有理性理解的能力。这也体现在下述事实中——这些品质是可以随着年纪的增长而生长的，到了一定年龄阶段就会具有理性理解的能力与体谅，这就意味着它们是自然而然的。

所以，理性理解的能力既关乎始点也关乎目的，证明推理的过程便是从它们出发又是以它们为题材的；我们就应像注重推理过程一样，注重经验丰富的老人和拥有实践智慧的人那些哪怕未经验证的意见与判断，这是由于经验使得他们别具慧眼，从而能够正确地看待事情。

关于实践智慧和智慧分别是什么、关乎什么，以及它们各是灵魂哪一个部分的美德，这些问题，我们就谈到这里。

智慧与实践智慧的作用

然而，有人可能还会提问到，这些品质“有什么用呢？”

因为智慧不关心那些生成的事物，所以也就不会沉思那些增进人的幸福的事情。虽然实践智慧会考虑这个问题，但是一个人究竟用实践智慧做什么呢？

实践智慧关乎人的公正、高贵与善，这些都是一个有美德的人出于其本性而会做的事情。如果美德是品质的话，那么仅仅知道美德就并不能使我们做事情更有美德。这与健康和强壮的情形一样，这两个词来自健康和强壮的品质，而非来自关于健康和强壮的知识，所以仅仅知道健康和强壮并不意味着就是健康和强壮。知道医学与运动的知识也并不一定会使我们做有益于健康与强壮的事情。

如果拥有实践智慧不是为了知道美德，而是为了成为有美德的人，那它就对那些已经拥有美德的人而言没有丝毫用处。同样，它对那些还没有美德的人也没用。因为自己拥有实践智慧与听其他拥有实践智慧的人的劝告并没有什么不同，听有德之人的劝告对于我们来说已经足够了，就像健康这件事，虽然我们希望健康，可也不一定要去学医。

此外，有人认为本身低于智慧的实践智慧反而主导着智慧，这也是荒谬的想法。因为产生一种事物的事物，都会主导与安排它所产生的事物。我们已经指出了在这些问题上会遇到的困难，现在有必要来谈谈这些问题。

首先，智慧与实践智慧作为灵魂中两个部分的美德，即使不产生任何结果，就其自身而言也是值得欲求的，因为它们自身就是灵魂相应部分的美德。

其次，它们事实上也会产生某些结果，但不是在“医学产生健康”这种意义上，而是在“健康的事物带来健康”这种意义上。因为智慧作为美德总体的一部分，拥有智慧和运行智慧本身就会让一个人感到幸福，智慧便是这样产生幸福的。

再次，实践智慧与伦理美德完善了人之为人的实践与功能。因为美德使我们有正确的实践目的，而实践智慧确保通向实践目的的正确手段。灵魂的第四个部分——营养部分——则缺乏这种美德，因为在这个部分中，实践与否并非我们的选择，而是自然而然的。不过，对于实践智慧并不能使一个人更公正、更高贵地实践这样一种说法，我们还需进一步回答。

让我们先从以下的方面考察开始。

对于“公正”我们曾说过，有的人虽做了公正的事却还不能算是公正的人。例如，如果某人做了法律所赞赏的事，可他并非出于实践自身之故，而是出于违背意愿、出于无知或出于其他一些目的，那么即使他做出了公正之人应当做的事情，他也不算是公正的人。所以，必定存在着某种品质，一个人如果出于这种品质而做出的某种行为，这些行为是“善”的，他也就是有美德的人。这就是说，这种行为是出于选择的，并且是为了这种实践自身之故而选择的。

美德使得我们有正确的实践目的，使得我们的选择正确。可为了实现所选择的目的而在实践中应当选择做的事情，这就不是美德可以掌控的，它属于另一种能力。我们必须先把这一点搞清楚。有一种能力叫作“聪明”，它是指一个人能够快速、有效地实现其所确定目标的能力。如果其所确定的目标是高贵的，聪明就是值得称赞的；如果目标是卑贱的，这时的聪明就是狡诈。因此，我们既称具有实践智慧的人聪明，又称狡诈的人聪明。

实践智慧不同于聪明的能力，它离不开后者。正如我们说过的，并且也是显而易见的，即如果缺少了美德，作为灵魂的眼睛的能力就不可能获得实践智慧的品质。由于实践有其开始的始点——“因为最好的目的正是这种品质”，无论这种品质是什么，这种“品质”只能在一个好人身上而被呈现。因为“恶”会扭曲实践，并使我们在有关实践推理的始点方面被蒙蔽，所以一个不是好人的“恶”人，是不可能拥有实践智慧的。

实践智慧与美德的关系

美德的情形与实践智慧的情形大致相同。实践智慧与聪明虽不同，但两者很相像。自然的美德与真正意义上的美德，也是如此，十分相像。

人们都认为，每种伦理美德在某种意义上都是自然赋予、与生俱来的，例如公正、勇敢以及节制等等美德，都是自然而然的。不过，人们又希望以另外一种方式说清楚什么是美德，也就是什么是真正意义上的美德，以及这些真正意义上的美德和“善”是否有别的东西产生。因为，就算是儿童与野兽也与生俱来拥有某些自然品质，可如果缺乏理性，它们显然就是有害的。正如一个强壮的躯体，如果没有视力，摔跤会摔得更惨。美德方面也是这样，如果一个人拥有了理性，那么他的实践才能完满、完善，他所具有的品质——虽然仍与自然品质相似——也会成为真正的美德。

正如在相关意见的形成方面，有聪明与实践智慧两种形式一样，在伦理方面也有两种形式，即自然美德与真正的美德。真正的美德离开了实践智慧就不可能产生。因而有人认为，所有美德都是实践智慧的形式。苏格拉底的研究在某些方面是对的，在某些方面是错的。他认为所有美德都是实践智慧的形式，这种观点便是错的。他认为所有美德离开实践智慧就不可能存在，这种观点便是对的。其中有一个显然的证据，即使在当今，人们在界定某种美德时，除了说明这种美德是怎样的品质、关乎什么以外，也还要补充说明这种美德是体现或符合正确理性的品质。正确的理性也就是体现和合乎实践智慧的理性。所以，每个人都自然会相信，美德是体现或合乎实践智慧的品质。

不过这种说法也需要一些修正。美德不仅仅是体现与合乎正确理性的品质，而且是与正确理性共同发挥作用的品质。实践智慧就是这样的正确的理性。苏格拉底认为，美德就是理性，所有美德是各种科学知识形式。我们认为，美德是和理性共同发挥作用的，不仅仅是理性而已。

显然，没有实践智慧就没有真正意义的美德和“善”，而没有伦理美德也就不可能具有实践智慧。这也回应了一些人提出的诘难，他们认为美德是可以相互分离的。他们论证说，因为同一个人不可能拥有所有的美德，所以当一个人获得某一种美德的同时，也还没有获得另外的某一种美德。这对于自然美德而言确实是可能的。但对于能够让一个人被称为“有美德之人”，这便是不可能的。因为，一个人如果拥有了实践智慧这种美德，那么他也就会拥有所有伦理美德。

显然，即使实践智慧并不会引起实践，它也是必需的，因为它是其相应那一灵魂部分的美德。不论是离开美德还是离开实践智慧，我们都无法做出正确的选择。因为，美德能为我们确定正确的目的，实践智慧则使我们获得达到目的的正确手段。

不过，实践智慧并不主导智慧或灵魂中那个较高的部分，就像医学不主导健康一样。医学并不主导健康，而是研究健康如何产生。所以，医学只是以健康为目的，而不是向健康发出命令。说实践智慧主导智慧，就好比说政治学主导众神一样，虽然我们说政治学主导城邦中的所有事务。

第五讲 行动与责任

一、“意愿”问题

二、“自制”问题

三、“快乐”问题

实践的情况是复杂多样的，要分析清楚在不同的情况下各种由于不同原因而造成的行动，以及探究这些行动在道德上是否值得谴责或值得称赞，行动者是否对其行动负有责任，这是十分艰巨的任务。因此，围绕意愿、不意愿、无意愿，我们首先可以对行动者与行动的类型有一个大致的把握，在意愿问题中，个体的行动是否出于“选择”成了一个重要的议题，同时是否具有“考虑”也会左右我们某种行动品质之好坏的判断。接着，通过分析和论证自制、不自制、节制、放纵、兽性、病态、坚强、软弱、固执等等不同情况，以及阐明它们之间具有怎么样的关系，我们可以更加明晰一些行为与选择、意愿、理性、欲望的关系，并据此判断哪些行为和品质是好的，哪些是不好的。最后，我们再聚焦到“快乐”问题，通过理清对快乐的三种不同观点及相关论证，学会以批判性的视角和思维去追问“善”到底是什么，我们可以从中看到一种把握“善”与“肉体快乐”之关系的方案。

一、“意愿”问题

意愿与称赞或谴责

由于美德与感情和实践相关，并且只有出于意愿的感情和实践才会受到称赞或谴责，违反意愿的则得到原谅，有时甚至还会得到同情。所以，对美德的研究就必须进行这样的区分，是出于意愿的，还是违反意愿的。这种区分对于立法者施行奖罚也有所帮助。

那些被迫或出于无知的行为，似乎是违反意愿的。所谓被迫的行为，是指这项行为的始因是外在的，行为者对所发生之事的始因是完全无能为力的，比如他被飓风裹挟到某地，或是被别人强行转移到某地。但是，如果某些行为是出于害怕某种更大的恶，或是出于某种高尚的目的，关于这些行为到底是出于意愿的还是违反意愿的，这就带来了争议。例如，如果一个僭主以某人的父母或子女为人质，迫使他去做某种可耻的事。如果按照僭主的要求做了，就会释放他的亲属；如果不做，就将其亲属处死，这种情况就是出于害怕某种更大的恶。当船只遇到风暴需要舍弃财物而求生，也属于这类情况。因为在一般情况下，没人会意愿舍弃自己的财物。可是，为了救自己和同伴，心智健全的人都会这么做。所以，这种实践就是混合型的，不过它更接近于“出于意愿”，因为在它们被行动的那一刻，它们是被选择的，行动的目的或动机就取决于那一刻的情境。所以，不论是出于意愿还是违背意愿，必定都是就行动那一刻而言的。

上述当事人的行动就是出于意愿的，因为发动他的肢体去行动的原因是在他自身之中，如果行动原因在当事人自身中，那么做还是不做就在当事人自身的选择之内。所以，这些行动是出于意愿的，尽管不在那种特殊环境中，它们是违背意愿的，但没人会因这些行动自身而选择这些行动。

这些混合型的行动有时候甚至会受到赞扬，那就是当我们忍受耻辱或痛苦的事情是为了伟大而高尚的目的时。在相反的情况下，它们则会受到谴责，因为不是由于高尚的目的或只为蝇头小利而承受巨大的耻辱是小人的特点。另外一些混合型的行动尽管不受称赞，也会得到原谅，例如当某人是由于超过人的忍受极限而无法忍受导致做了错事的时候，这种情况便是如此。不过，有些行为即使是当我们受到了强制，甚至受尽蹂躏、面对死亡也不肯去做的。例如，在欧里庇德斯的戏剧中，阿尔克迈翁被迫弑母的理由看起来就是荒谬的。我们有时很难决定，究竟应当以什么为代价进行选择，或者究竟应当为获得回报而忍受什么。但是更不容易的是坚持已作出的决定。在这些情况下，获得所期待的事物（比如避开更大的恶）总是要经受辛苦的，屈从于强迫的事情又总是耻辱的。正因如此，不屈从于强迫才受到称赞，而屈从于强迫则受到谴责。

那么，什么样的行为才应被称为被迫的呢？一般而言，原因在行为者自身之外，并且行为者对于是否进行行动的决定完全无能为力时，这样的行为是被迫的。然而，如果一项行动就其自身而言是违背意愿的，可是在特定情境下却可以为了某种目的——比如避开更大的恶——而选择的，那么，其原因就在行为者那里，这类行动就其自身而言是违背意愿的，可在那种情形下是出于意愿的，所以这类行动更像是出于意愿的。因为实践总是在具体的情境当中，在这种情况下的行动就是出于意愿的。但是，究竟应当选择哪种行动才更好，这是很难说清楚的，因为现实中有许多不同的具体情况。

如果有人说，令人快乐与高尚的事情也是强制的，那么他就把一切行动都认为是强制的了。首先，每个人的每种行动都是为着快乐或高尚的。其次，那些强制的、违背意愿的行为伴随着痛苦，那些旨在获得令人快乐与高尚事物的行动则伴随着快乐。而且，把责任全推给外在境遇而不责怪我们自己太容易被它们俘虏，只把高尚行为归因于自己，而把卑贱行为归因于快乐，这也是十分荒谬的。所以，似乎只有当一个行动的原因外在于行为者，并且行为者对此完全无能为力时，这个行动才是被迫的。

任何出于无知的行为都不是出于意愿的，可只有当它引起了痛苦和悔恨时，无知的行为才是违背意愿的。如果一个人由于无知而做了某件事，但他对此并无懊悔或愧疚，我们不能说他做这件事是出于意愿的，因为他并不知道自己做的是什么；也不能说他做这件事是违背意愿的，因为他对这件事并不感到痛苦。一个出于无知而做了某事并感到悔恨的人，才可以说他在那样做是违背意愿的。不感到悔恨的人，也可被称为无意愿的。这种情况与其他的两种情况不同，就应该有不同的名称。

出于无知而做出的行为与处于无知状态的行为也是不同的。一个喝醉酒的人或一个十分生气的人，他们所做的事并不被认为是出于无知，而是出于醉酒或盛怒，尽管他在那样做时的确是处于无知中。诚然，所有的坏人对他们应当做什么、不应当做什么都是无知的，这种无知是不公正以及一般意义上“作恶”的原因。然而，当行动者不知道对自己而言真正的“好”是什么的时候，我们也不能说他做出的行为是“违反意愿”的。因为选择上的无知并不是“违背意愿之事”的原因，而是人们“作恶”的原因，对普遍之物的无知也不是“违背意愿之事”的原因，而是使得这种人受到谴责的原因，对行动牵涉其中的特殊情境与选择对象的无知才会导致“违反意愿”，才是可以同情与原谅的。

一个人的无知，在于对于自己是什么人，在做什么，在对什么对象做等这些情况的无知。有时候还会包括对于要用什么手段，例如使用什么工具，为了什么目的，或为了某个人的安全，以及运用什么方式去做，是温和的还是激烈等这些方面的无知。除非一个人疯了，否则绝不会对这些情况或方面全然不知。他显然不可能不知道是谁在行动，因为他一定会知道自己。但是，他可能不知道自己正在做什么。例如，我们会说，“话从嘴边溜了出来”，或“我们不知道那不能说”，就像埃斯库罗斯在说到那些秘密时所做的那样。或者，我们会像一个弓弩手辩解的那样，他只是想告诉人家弓弩怎样使用，却不小心把箭放了出去。我们有时会像麦罗帕那样，错把儿子当敌人，或是把一个尖锐的矛头误作戴着套子的矛头，或把一块重石头误作轻石头。或者，他想救人性命，给人吃药，结果却害了人性命。或者，在练习拳击时，原本想轻轻一击，结果致人伤残。因而，无知与行为所牵扯的所有这些特殊的情况方面都是关联着的。当行为者对任何这些方面无知，特别是他对其中最重要的方面无知时，例如对他在做什么以及他这样做会导致什么后果无知，其行为就会被认为是违背意愿的。不过，这类无知行为要算作违背意愿的话，还必须伴随痛苦与悔恨。

既然违反意愿的行为是被迫的或出于无知的，那么出于意愿的行为，其原因就是在了解行为具体情况的行为者自身之中的。因此，把出于怒气与出于欲望的行为认为是违背意愿的行为，这种观点是不正确的。

首先，按照这种理解，我们就不能说小孩以及动物能够出于意愿地行动。其次，在任何出于怒气与欲望的行为中，是否都是违背意愿的？还是说，这些行为中高尚的行为是出自意愿的，而卑劣的行为是违背意愿的？显然，对出自同样原因的行动做出如此区分是荒谬的。而且，把我们应当欲望的事情说成是“违背意愿的”，这也十分不合理。事实上，我们既应当对某些事情感到愤怒，也应当欲望某些事情，比如健康与学习。再次，我们认为违背意愿的事情是痛苦的，而合于欲望的事情是快乐的。最后，出于推理的错误与出于愤怒的错误，这两者在违背意愿这点上又有没有区别呢？这两者都是应当避免的。而且我们也认为不符合理性的感情也同样是属于人之本性的，出于怒气与欲望的行为也都属于人的行为，因而把它们看作违背意愿的做法是不正确的。

关于“选择”

在界定了出于意愿与违反意愿的行为之后，我们接着谈谈“选择”，因为“选择”被认为与美德的关系最为密切，并且它比实践更能区分品质。

那么，选择显然是出于意愿的，但二者并不完全等同，出于意愿的意义更广些。因为小孩与动物都能够出于意愿地行动，但不能选择。在紧急情况下的行动，我们会描述为出于意愿的，但并非出于选择的。

有些人把选择等同于欲望、怒气、希望以及某种意见，这些观点显然是不对的。

首先，选择并不像欲望和怒气那样，被无理性的动物所分享。其次，不能自制者的行动是出于欲望的，而不是出于选择的；相反，自制者的行为则是出于选择的，而不是出于欲望的。再次，欲望可以与选择相反，选择却不能与欲望相反。最后，欲望所关涉的是令人快乐或痛苦之物，而选择所关涉的并不是这些。

选择更不是怒气，因为出于怒气的行动是与选择最无关的。

虽然选择看上去与希望比较接近，但它也不是希望。首先，选择的对象绝对不能是不可能之物，谁要这样做，那他一定是傻瓜。希望则可以，比如希望长生不老。其次，可以希望那些自己能力范围之外的事物，例如希望某个运动员在竞赛中获胜，可是没人能选择这样的事情，我们只能选择自己能力范围之内的事情。再次，希望更多针对目的，而选择则更多针对手段。例如我们希望健康，而选择能够促进健康的事。

选择也不是意见。首先，意见是针对所有类型事物而言的，既可以是我们能力范围内的事物，也可以针对永恒的与不可能的事物。其次，意见是通过真、假来区分的，而不是通过好、坏来区分的，选择却是通过好、坏来区分的。

那么，我们不大可能把选择等同于一般意见，也不能等同于某一类具体的意见。首先，我们是通过对善或恶的选择，而非通过对于善或恶的意见，而成为具有某种品质的人的。我们选择的范围是对“善”的追求或对“恶”的躲避，而意见的范围是关于一个事物是什么、对谁有益、是如何有益的等等。我们一般不会就追求什么或躲避什么事物而提出意见。其次，我们称赞一个选择，是由于它选择了正确的事物，而我们称赞一种意见，则是由于它是真实的。再次，我们只会选择那些我们已经知其为“善”的事物，我们对之提出意见的则可能是我们并不完全知道的事物。最后，善与选择的人并不一定是那些提出最好意见的人，有些看上去具有很好意见的人，却由于邪恶做出了错误的选择。至于意见是先于选择的，还是伴随着选择的，这并不重要，因为我们考察的并不是这个，而是选择是否等同于某种意见。

那么，如果选择不是上面提到的那些内容，那它究竟是什么呢？又属于哪类事物呢？它显然属于出于意愿的行为，但并非所有意愿行为都是选择。或许我们可以把选择界定为考虑在先的意愿行为。因为选择本身就包含了理性与思想，甚至它的名称本身就意指在其他事物前挑选某物。

关于“考虑”

考虑也是与意愿和选择相关的重要因素。对于所有事情我们都会去考虑吗？所有事情都是考虑的对象吗？还是说存在某些事情不可能作为考虑的对象？我们所说的“考虑的对象”，并不是指疯子或傻子所考虑的事物，而是指心智正常的人所考虑的事情。永恒的事物并不需要我们去考虑，例如去考虑宇宙，或者去考虑正方形的对角线和边的不等关系，这些都是没必要的。我们也不会去考虑总是以一种方式运动的事物，无论这种运动是出于必然、本性的，还是出于某种其他的原因，例如冬天的来临和日出日落。我们也不会考虑那些不以一种方式运动而充满偶然性的事物，如干旱和降雨。依赖于运气的事情也不是我们考虑的对象，如无意间发现宝藏。因为这些事情都不是我们能力范围之内的，我们所考虑的事情总是在我们的能力范围内的，也就是除上述那些事情之外，我们还讨论过的事情。因为自然的、必然的和运气的事物似乎可以充当事情发生的缘由，可除此之外还有理性能力的以及在人的能力范围内的事物也能作为事情发生的缘由。不过，并不是所有在人的能力范围内的事情，我们都要加以考虑，例如，没有哪个斯巴达人为西徐亚人考虑最好的政体。因为特定的人群只会考虑关于他们自身的事情。

同时，对于像各种科学知识那样精确而完善的东西也不需要我们去考虑，例如文法，我们在书写的时候对于一个词该怎么写并没有什么疑问。一方面在我们能力范围之内，另一方面又不是永恒的事物，便都是需要作考虑的，例如如何治疗与如何赚钱。我们在航海方面考虑的事情多于锻炼上的事情，因为前者更不确定，其他类型的技艺也是如此。我们考虑技艺多于科学，因为前者更不确定。

考虑所关注的一般是这样的事情，这些事情多半会如预料那样发生，但结果及其相关的事情尚不明确，并且关于做到这些事情的行动的正确方式也还未确定。在重大事情上，如果我们不知道自己能否做出判断，我们就会邀请其他人一道来考虑。此外，我们所考虑的不是目的，而是有助于目的实现的事物。医生并不考虑是否要使一个人健康，演说家也不考虑是否要去说服听众，政治家不会考虑是否要去建立一种法律和秩序，其他人所考虑的也并不是他们的目的。或者说，在考虑之前我们就首先确定了一个目的，然后才能进一步考虑如何以及用什么方式来达到目的。如果有好几种方式达到目的，我们考虑的就是哪种方式更容易更好地实现目的。如果只有一种方式，我们就会考虑利用这一方式如何达到目的，关于这一方式自身我们又该如何达到。这样，我们就是一直在追溯，直到我们找到始点，也就发现了最终的事物。在这里所提到的考虑者研究与分析方式，就像分析几何图形的方式。

当然，看来并不是所有的研究——例如数学研究——都是考虑，但所有的考虑都是研究，并且分析方面的终点也就是行动方面的起点。如果我们分析到某一步发现是不可能的事情，例如需要钱却没有钱，那么会放弃这种考虑方式。如果事情是可能的，我们会尽力去做。所谓“可能”的事情，就是在我们能力范围内可以达到的目的。这在某种意义上也包括我们的朋友力所能及的事情，因为这种行为的动因也在我们这里。

正如已经讲过的，人是行为的始因，考虑又是针对行为者自己行为的，这些行为的目的又是其他事情而不是自己，所以我们考虑的是有助于促进目的的事情，而非考虑目的本身。同时，我们所考虑的也不是个别的具体事物，例如这是不是一块面包，以及它是不是按应该的样子烤出来的，因为这些事情是感觉的对象。如果我们在每一步都考虑的话，就会陷入无穷后退的境地。

所以，考虑的对象也就是选择的对象，除非一个事物在选择的时候早已确定下来了，即作为考虑的结果被决定的，恰好正是选择的对象。当一个人已经把行为的始因归于自身，归于自身的那个主导部分时，他就不再考虑他该如何行动，因为使他做出选择的正是这个部分。这也可以由荷马所说的古代政体来说明，在这些政体中，国王总是向人民宣布他的选择。既然所选择的是经过考虑之后而被追求的我们能力范围内的事情，那么选择也是对我们经过考虑的、在自己能力范围之内的事情的期望。当我们作为考虑的结果而做出判断后，我们会根据我们的考虑来追求它。关于选择我们就简要地说到这里。我们已经表明了其对象的性质，以及它所针对的是有助于实现目的的事物。

关于“希望”

现在让我们来考察“希望”。之前说过，希望是针对目的的。但是，有的人认为我们所希望的东西是“善”，有的人则认为所希望的是“显得善”的东西。那些认为是“善”的人无法避免这样一种结论，如果一个人希望得到不好的事物，那他就不是真正地希望。因为假如这种事物是他所真正希望的，那它就是“善”。可事实上，他所希望的事物却不是善的，那这种所希望之物就不是他真正的希望。那些认为是“显得善”的人也不能避免这样一个结论，也就是说并没有什么事物凭其本性能成为人们所希望的东西，因为每个人所希望的东西都是对他而言“显得善”的、显得好的事物。如果这样的话，不同的事物，甚至相反的事物，对于不同的人都可能是“显得善”的。

如果这两种结论都不能令人满意，那么是否应当说，在一般的与真正的意义上，“善”就是人们所希望的东西，但是每个人所希望的则是对于他来说显得好的事物。有美德的人所希望的就是真正值得希望的“善”，坏人所希望的则不一定，有可能是“善”的，也有可能是“恶”的。正如身体方面，那些真正有利于健康的事物是对那些正常身体条件下的人有益，对于那些生病的人，有益的则是另外一些事物，如苦的、甜的、热的或重的事物等等。因为，有美德的人对每种事物都有正确的意见，每种事物事实上是怎样的，对他而言就显得是怎样的。对于每种品质而言，都有其关于高尚之物与令人快乐之物的特定看法，有美德的好人同其他人的最大区别就在于其能在每类事物中都看到真实的本质，他仿佛就是这些事物的标准和尺度。然而，似乎许多人都被快乐蒙蔽，当某些快乐是不好的快乐时，在许多人眼里却仍然显得好。所以他们都把快乐之物当作“善”来选择，把痛苦之物当作“恶”来躲避。

既然希望是针对目的的，有助于实现目的的东西又是我们考虑与选择的，那么有关这些方面的行为就是出于选择且出于意愿的。美德的实施正是与这些方面相关的。所以美德是在我们能力范围内的。“恶”也一样。如果对一件事情而言，行动在我们自己的能力范围之内时，那么不去行动也是我们的能力范围之内；同样，当不去行动也在我们的能力范围之内时，那么去行动就也在我们的能力范围之内。如果做某件事是高尚的，不去做它便是卑贱的，并且如果去做那件事是在我们能力范围之内的，那么不去做它同样在我们的能力范围之内。相反，如果不去做某件事是高尚的，去做是卑贱的；同时，如果不去做那件事是在我们能力范围之内的，那么去做就同样也在我们的能力范围之内。既然做还是不做高尚的事情、做还是不做卑贱的事情，都在我们能力范围之内，这样做或不这样做恰恰关系到一个人是善还是恶，那么成为有美德的人还是成为恶人，也就在我们自己的能力范围之内。

美德与“恶”

所谓“没有人愿意作恶，也没有人不愿享福”，这句话说得对错参半。确实无人不愿享福，可作恶并不是没人愿意的，并且一切作恶都是出于意愿的。否则，我们就要推翻之前说的，并且承认一个人不是其行为的发动者与产生者，就像他不是其孩子的生父一样，这显然是荒谬的。如果我们上面所得出的结论是对的，那么我们就不能把我们行动的原因归到我们之外的其他事物上，那么我们发动的行为必定也就在我们能力范围之内的，也就是出于意愿的。

这一点无论是在私人生活中还是立法的实践中都一样可以得到印证。首先，私人与立法者都惩罚和报复做坏事的人，除非那个人的行为是强制被迫的或出于他不能负责的无知的结果。同时他们也都褒奖行为高尚的人，并且以奖励鼓励后者，遏止前者。但是，没人会鼓励我们去做任何既非能力范围之内、又非出自意愿的事情。要劝说我们不觉得热、不觉得疼或不觉得饿，这些都是徒劳的，因为这种劝说并不能阻止这些感觉在我们身上发生，我们对这些感觉的发生是无能为力的。

确实，立法者会惩罚一个人的无知，如果这个人被认为需要对其无知负责的话，比方说，一个醉酒肇事的人会受到双倍处罚，这是因为醉酒肇事的始因是醉酒者自身。如果醉酒者不喝醉，就不会醉酒肇事，而不喝醉是在他能力范围之内的，他的无知行为正是由醉酒造成的。如果一个人本应当知道法律的规定，并且获知它也并不困难，却由于对法律的无知而犯了错，我们也要惩罚他。此外，我们也惩罚其无知是出于疏忽的犯错者，我们认为他本来不应当对此无知，并且这也是在他能力范围之内的事。

不过有人会提出质疑，认为有些人可能天生就是这种做事不小心的人。但是这些人还是应当对自己成为这类做事不小心的人负责，这就像由于经常欺骗别人而成为不公正的人，或者由于整天耗时间饮酒作乐而成为放纵的人一样，他们应当自己对自己成为怎样的人负责任。因为一个人如何去实践便会使其具有一定的品质。这也在这样一个情形中得到确证，有些人为了某些比赛或追求而不断训练自己，他们坚持练习、锻炼。只有一个麻木不仁的人才会不知道什么样的行为就会培养什么样的品质。如果说，一个做事不公正或者行为放纵的人，并不希望自己成为不公正或者放纵的人，这种观点是不符合逻辑的，因为当一个人明知道某种行为会使他成为不公正的人他还去做，那他就是出自自己的意愿而变得不公正的。

这就好比，一个病人不可能希望病好，那么病就会好。当然，他可能是由于生活不节制或者不听从医生的话而得病的，即他是出自意愿地行动而得病的。如若这样，他曾经是可以不得病的，但是一旦他错失了这个机会，就会覆水难收。不过，在覆水难收之前，我们完全可以不把水倒掉，因为倒水这个行为的始因完全在我们自身之中。所以说，不公正与放纵的人并不是一开始就是不公正的人或放纵的人，而是他们出自意愿的行动使他们成为这种人。一旦他们成了不公正和放纵的人，他们也就不可能保持公正或者拒绝放纵了。

不仅灵魂的恶是出自意愿的，而且有些人身体的丑陋也是出自意愿的，因而他们也可以受到谴责。尽管没人会谴责一个人生来其貌不扬，但我们肯定会谴责一个人由于缺乏保养或锻炼而导致的丑陋。对于身体的孱弱和残障也是如此。没人会谴责一个生来失明或由于得病或意外而失明的人，相反，我们反而怜悯他。但是我们必定会谴责一个因酗酒或其他放纵行为而失明的人。之所以在肉体性的丑恶受到谴责，是因为这是由我们咎由自取而造成的，而非我们能力以外违背意愿的。如果这样，那么在其他情形下我们所谴责的恶就也同样是由于我们咎由自取才会受到谴责的。

假如有人认为，每个人都追求对自己而言“显得善”的事物，但对于事物是否“显得善”这件事却不是他的能力范围内可以掌控的。相反，属于什么类型的人恰好就决定了他所能考虑的目的是怎样的，这就说明选择怎样的目的是在他能力范围内可以掌控的。诚然，如果每个人在某种意义上都要为他自己的品质负责，那么他也要在某种意义上对事物是否对他而言“显得善”负责。如果不需要这样负责的话，那就没有人需要对自己所作的“恶”负责，每个人做坏事都只是出于对其目的的无知而认为做坏事就可以获得对他而言的最大的“善”。那么，在这种情况下，这个作恶的人追求目的的行为也就不是出自他自己的选择。为了避免这种情况，一个人需要一种天生的视觉，使他能进行正确地判断和选择真正的“善”为目的。一个生来就具备好品质的人，生来就被赋予了这种视觉。因为这种禀赋是最好、最高尚的馈赠，它并不能从别人那里得到或学习到，而是与生俱来始终拥有着。所以拥有这种禀赋也就具有了完善的本性。

如果这些都是真的，那么美德怎么会比恶更是出自意愿的呢？美德和恶实际上是一样的，美德是出自意愿的，恶也同样是出自意愿的。无论是基于禀赋还是基于什么其他的方式，我们确定这样或那样的目的的原因都在于我们自身，我们的行为都会受到我们所确定的目的的引导，所以好人和坏人都一样，其行为与品质的原因都在于自己，美德和恶都是出自意愿的。

二、“自制”问题

自制与不自制

结束了上面关于意愿问题的讨论后，我们开始讨论一个新题目——自制问题。

我们认为，要避开的品质有三种：恶劣、不自制和兽性。我们清楚其中两种形式的对立面，与恶劣对立的是美德，与不自制对立的是自制。

现在，我们必须讨论两类问题，一类是不能自制、软弱或放纵，另一类是自制和坚强。因为我们既不能把这两类的区分等同于恶和善，也不能认为这种区分与善恶无关。

和讨论其他问题的方式一样，我们先看看现实中的现象，再找出其中令人质疑的方面，之后再考察所有关于这种性情的普遍意见。如果不能考察所有意见的话，就考察主流的意见和最重要的意见。如果令人质疑的方面可以解决，且普遍的意见能站得住脚，那么，我们就能充分确立真实的意见以解决这个问题。

自制和坚强似乎是善的和值得称赞的，而不自制和软弱似乎则是坏的和值得谴责的。一个自制者似乎是一个能听从自己理性推理的人，不自制者正好相反。不自制者虽然知道自己的行为是不好的，但是出于自身的感情却依然会做不好的事，自制者知道自己的欲望是不好的，会因为理性而不去依照欲望行事。我们一般认为，有节制的人是自制的和坚强的，但有些人不认同这种说法，甚至认为不自制的就是不节制的，不节制的就是不自制的，两者并无区别，又有些人则认为不自制和不节制是有区别的。有时人们认为，具有实践智慧的人不可能是不自制的，但有时他们又认为有些具有实践智慧的人同样不能自制。被称为是不自制的人在怒气、荣誉和财富的追求方面上是不自制的。

以上就是有关这个自制问题的普遍性意见。

关于“不能自制”的疑问

我们可能会有这样的疑问，一个行为不自制者能够怎样正确判断呢？有些人认为如果他有正确的知识，却表现出不自制，这是不可能的，也是很奇怪的。正如苏格拉底所说，如果一个人拥有了科学的知识，其他的事物都会像奴隶一样受知识的控制，这个人不可能受其他事情的控制而不自制。所以苏格拉底完全反对上述那些人对不自制的解释，他坚持认为拥有科学知识的人是不可能存在不自制的情况的，一个人不可能会明知不好而为之，除非这个人的行为是出于无知。

一个人在受感情影响之前，肯定不会认为不自制的行为是正确的。有些人认同苏格拉底的某些观点，并拒斥其他部分：

一方面，他们同意知识比其他事物更好且更有力量；另一方面，他们又否认“一个人不可能会明知不好而为之”。他们认为，不自制者在受到快乐驱使时，并没有拥有科学知识，只是拥有一些意见。但是，如果不自制者拥有的只是意见并不是科学知识，那么他所抵制的就不是强有力的像科学知识那样的判断，而是比较脆弱的个人意见的判断，就如同那些优柔寡断的人，这样他就不能抵挡强烈的快乐而没法坚持脆弱的个人意见，因而做出不自制的行为，我们认为这是值得同情和原谅的。但是，我们并不原谅恶，也不原谅其他值得谴责的品质。

那么，是实践智慧对欲望的抵挡出现问题了吗？实践智慧是各种状态中最为强有力的，如果是实践智慧出现了问题，自然就不能抵挡快乐和欲望了。然而，这个观点也很奇怪，因为这就意味着，一个人既是具有实践智慧的，又是不自制的，但实践智慧的人又被认为不会有任何意愿去做不好的事情。之前已经说过，实践智慧是关乎实践的，实践智慧的人关注的是具体的事情，具有实践智慧还意味着具有其他的美德。

如果自制意味着拥有强烈的不好的欲望，那么，节制者将不会是自制的，自制者也不会是节制的。节制者并不是有过度欲望或不好欲望的人，自制者则必须具有这两种事物。因为，如果他的欲望是好的，那么阻止他服从这些欲望的品质就是恶的。这也就是说，不是所有方面的自制都是善的。如果他的欲望是微弱的，也不是恶的，那么抵制它们也就没什么可骄傲的，自制便称不上是善的。如果他的欲望是坏的，不过是微弱的，那么抵制它们也就没什么了不起，这样的话自制也同样称不上是善的。

另外，如果自制使得一个人坚持他自己的每种意见，那自制就是坏的，因为这使得他甚至会听从错误的意见。如果不自制能使一个人不听从任何意见，那么它可能是好的，正如索福克勒斯的《菲洛克忒忒斯》中的涅俄普托勒墨斯的行为就是值得称赞的，因为他觉得说谎是件令人痛苦的事情而没有听从奥德赛的劝告。

进一步看，智者派的观点也指出了一种困难。他们希望让对手陷入矛盾之中而显示他们的聪明。一方面，如果思考的结果不能让人满意，我们的思考就不会停止；另一方面，如果无法驳斥这个论证而无法进一步推论，思考就在此被打住了。他们的结论是，愚蠢加不自制等于美德。一个不自制的人总是做与他的判断相反的事情；他判断为好的事情其实是坏的。由于不自制，愚蠢的人又不去做他判断为好的事情，结果他实际上就是在做好的事情，而不是坏的事情。

一个因自己意见去追求快乐的人，可能比一个全无推理并因不自制去追求快乐的人更好。前者可以通过说服而改变其意见，不能自制者就如下述谚语说的那样："假如被水噎住了，你还能用什么把它冲下去呢？"这就是说，如果不自制者做的和他相信的意见是一样的，那么还能说服他停止，可实际上，不自制者做的和他相信的意见并不是一样的，他是明知道不对还无法自制的。如果自制和不自制是对所有事情而言的，那什么是普遍意义上的不自制？虽然没有人会在任何事情上都不自制，但是，我们确实说某些人在普遍意义上是不自制的。

不自制的范围

接下来，我们需要讨论是否有绝对的不能自制，或不自制是否只是在某些特定的方面不自制。如果是，那是在哪些方面。

自制与坚强、不自制与软弱，显然都同快乐和痛苦有关。在产生快乐的事物中，有些是必要的，另一些是因其自身之故而值得欲望的，但我们追求它们的时候可能会过度。必要的快乐与肉体有关，也就是关于饮食、性爱的快乐，是与放纵和节制有关的那些肉体的活动。另一些则不是必要的，但它们自身是值得欲望的，例如胜利、荣誉、财富以及其他诸如此类的善和令人快乐之物。当人们在追求这些快乐之物时，违背了正确的理性，变成了过度的追求，我们并不会笼统地说他们是不自制，而是会进行限定，说他们是在胜利、荣誉、财富等事物上不自制，而不是只说不自制。它们同严格意义上的不自制不同，我们称他们不自制只是因为这些情况类似于严格意义上的不自制，正如在奥林匹克运动会上获奖的安斯罗帕，虽然他也被称为人，但是他与其他人不同，因为人的一般定义和他的特殊定义是不同的，哪怕只有少许区别也还是有些不同的。这也可以通过以下事实得到证明，不自制不仅是一种缺点，而且会被谴责为恶，这里所说的在财富、荣誉方面的不自制，却不能被谴责为恶。

但是，那些在与节制和放纵有关的肉体性快乐方面出问题，并在渴与饿、热与冷及所有与触觉和味觉有关的事物上躲避一切痛苦，且不是出于选择，而是违反其选择和理性那样做的人，我们称之为绝对的不自制者而不做任何方面的限制，不会说他们是在某方面不自制，比如怒气。这样说的一个证据是，我们把在这些方面上屈从于追求快乐而逃避痛苦的人称为软弱者，但对于其他方面，例如屈从于怒气的人，则不会说他是软弱的。我们不能混淆自制者与放纵者、节制者，不把他们和另外一些人相提并论。因为不自制与放纵是同样和快乐与痛苦有关的，虽然它们与同样的事物相关但并不是以同样的方式与这些事物有关。放纵者是出于选择，不自制者则不是。我们应当说，那些没有或只有微弱的欲望便过度追求快乐和躲避痛苦的人，比具有强烈欲望而这样做的人更放纵。当这样的人一旦获得青春般的强烈欲望，并感受到缺少必要快乐时的强烈痛苦时，他们就什么坏事都有可能干得出。

有些欲望和令人快乐的东西在其本性上就是高尚和"善"的。如前面所区分的那样，令人快乐的事物之中，有一些就其本性就是值得欲望，有一些则相反，有一些是中性的，例如财富、收益、胜利和荣誉。在本性便是善的和中性的事物上，人们不会因对它们的欲望而受谴责，只有对它们的欲望过度了，那才会受谴责。例如有些人过于追求这些本质善的事物并且违背了自己的理性，如太看重荣誉或太关心子女和父母。尽管做这些事本是好事，本应受称赞，但避免在这方面做得太过度。如尼奥贝声称她的孩子比神还美丽甚至为此要和诸神作对，或是像萨图罗斯那样由于太爱父亲而得到"恋父者"的绰号等，这些情况都是太过度了。在这些事物上不存在恶。正如上述所说的，这些事物就其自身而言都是值得欲望的，尽管过度地追求它们是要避免的。同样，在这些事情上也不存在不自制。因为不自制不仅仅是应当避免的，而且是应受到谴责的品质。但是由于两者在感情状态上的相似性，我们把那些本质为善的过度行为称为“不自制”。不过，我们在说那些行为是不自制的时候必定要做些限制，说是在某某方面不自制，就好像我们说一个人是坏医生或坏演员，不因此就说他是坏人一样。我们在这里说他坏，只是基于与坏人的相似性，而不是因为他是严格意义上的坏人。同样，严格意义上的自制或不自制只是在跟节制和放纵相关的那些事物上才存在。当我们说某人在怒气方面不自制时，就只是在类比意义上说的。所以，我们要加上类似在怒气方面这样的限定，就像说在荣誉获取方面不自制一样。

兽性与病态

有些事物的本性就是令人快乐，其中有些是在通常情况下都令人快乐的，有些则是只会令某些具体的动物或特定的人快乐。还有些事物，不是出自本性地令人愉悦，而是由于人们的缺陷、习惯或低劣的天性使人产生愉悦。对于每种这样的快乐，我们可以发现一种与之相关的品质。我是指那种兽性的品质，例如那个剖杀孕妇、吞食婴儿的女魔莱克汉姆；或黑海沿岸的某些嗜好吃生肉或人肉，并在节日宴会上易子而食的蛮人；或有关法拉里斯①的故事所表现的那种品质。另外一些这类品质来自疾病的病态，或在某些例子中来自疯癫，例如那个杀害母亲进行献祭并吃掉母亲的疯子，以及那个吃掉自己伙伴的肝脏的奴隶。其他的这类品质则来自病态或来自习惯，如拔

① 古希腊暴君法拉里斯命能工巧匠发明一种酷刑，在铜制的公牛肚子上开一个小门，将人关入牛腹后，点火炙烤铜牛底部，将受刑者活活烤死，受刑者的惨叫从公牛嘴里变为牛叫声。

头发、咬指甲，甚至吃泥土、鸡奸等等。这些行为有些是出于本性，有些是出于习惯。

出于本性的情形不应被谴责为不自制，正如不能谴责妇女在性行为中总是被动而不主动一样。对习惯中所形成的病态品质也是这样。这些品质本身不属于恶，正如兽性不属于恶一样。不论是克服了它们还是屈服于它们，都不算是严格意义上的不自制，而只是类比意义上的不自制，正如对一个不能控制其怒气的人，我们能说他是在怒气上不自制，不能说他严格地不自制一样。一切过度的品质，不论是愚蠢、怯懦、放纵还是怪癖，其中一些是兽性，一些是病态。一个天生对一切都害怕，甚至连老鼠叫声都害怕的人，表现的是兽性的怯懦。有些人害怕鼬鼠是基于病态。那些愚蠢之人的情况也是一样，如远方的蛮人，生来就没有推算能力，与世隔绝只能靠感觉生活，这些人的病态品质是兽性的；有些人则是由于某些病——如癫痫或发疯——丧失推理能力，这是病态的。可能有下述情况：一个人偶尔具有某一种这类品质却并未屈从于它，只是有这些品质的倾向。我是说，法拉里斯也许有想吃一个小孩的欲望或某种愚蠢的恶欲，但忍住了而没有那样做。但一个人也可能不仅仅是具有这些恶欲，而且受其宰制。所以，对于人的恶我们便直接称其为恶。对于非人的恶，我们则做些限定，称之为兽性的、病态的恶，不直接称其为严格意义上绝对的恶。不自制也是一样，有些是兽性的不自制，有些是病态的不自制。只有与人的放纵相应的不自制才是严格意义上的绝对的不自制。

显然，不自制与自制是就与放纵和节制相关的那些事物来说的。关于其他事物的不自制是另一种形式的不自制，所以，它们是在类比的意义上，而不是在严格的意义上被称为不自制的。

在怒气、欲望方面的不自制

我们来考察下述情况：与欲望方面的不自制相比，怒气上的不自制则没那么值得谴责。首先，怒气在某程度上似乎是听从理性的，只是听错了。就像急性子的仆人没有等主人吩咐完毕，就急匆匆地跑出门，结果做错了事情。它又像一只家犬，一听到敲门声就叫，也不看清楚来的是不是一个朋友。怒气也是这样，由于本性热烈而急躁，它总是还没有听清命令，就冲上去报复。当理智和想象显示出受到某种侮辱或蔑视时，怒气就一边推理说应当同侮辱者战斗，一边爆发出来。欲望则一听到理性或感觉说某事物是令人愉悦的，就立刻去享受。所以说怒气在某种意义上听从理性，欲望则不是。之所以在欲望上的不自制更值得谴责，是因为在怒气上不自制的人还在一定程度上屈从于理性，在欲望上不自制的人则不屈从于理性，而受欲望的宰制。

其次，遵从本能的冲动更能得到谅解。就像是在欲望方面，遵从人人都有的欲望更容易得到谅解，如果这些欲望对所有人都是共同的话。怒气和怪癖比过度的、不必要的欲望更为自然。这就像那个打了自己父亲的人为自己做辩解时所说的那样："是的，我打了自己的父亲，我的父亲过去也打自己的父亲。"他指着自己的儿子说，"这个孩子将来长大后也会打我，这是我们的家风"。

再次，一个越讲究心计的人就越不公正，而越有血性的人就越不讲究心计。发怒的人便是不讲心计的，而是坦白直率的。然而欲望则是讲究心计的，就像人们说阿芙洛狄忒是“塞浦路斯的诡计多端的女儿”；荷马也说她的绣花腰带是“精巧绝伦，甚至令最实践智慧者也丧失理智”。所以，欲望上的不自制不仅比怒气上的不自制更耻辱，而且更不公正。欲望上的不自制是一种严格意义上的不自制，并且在某种意义上就是恶。

最后，喜欢羞辱他人的人对其作为不会感到痛苦而是感到快乐，但人出于怒气所做的行为则会使人感到痛苦。越会引起他人对其行为的公正的愤怒的事情，就越是不公正的，由欲望引起的不自制的情况也一样。因为怒气中不含有引发做羞辱他人之事的成分，所以欲望上的不自制显然比怒气上的不自制更可耻，自制与不自制其实都是同身体的欲望和快乐相关。但是我们对身体的欲望和快乐也要加以区别。正如前面所说，有些欲望在性质和程度上是属人的、自然的，有些欲望是兽性的，还有一些则是由身体的缺陷和疾病所导致的。节制和放纵只同前面一类相关。我们不说动物是节制的还是放纵的，除了在类比的意义上讲：某类动物比其他动物更无耻、更具伤害性、更贪吃。因为动物既不存在选择也没有推理能力，它们不在正常范围之内，就像人类中的疯子一样。兽性虽然可怕，但并非恶。因为在兽性中，理性不是像在人身上那样被扭曲，而是完全不存在。把兽性与恶相比较，就像把一个无生命之物与一个有生命之物进行比较，问何者更恶一样。没有始因的恶比有始因的恶危害更小，理性就是这种始因。这两者的比较就好比是以非公正之物和不公正的人进行比较，一个在某些方面比另一个更恶：一个坏人所做的坏事确实会比一头野兽所做的坏事更恶劣一万倍。

关于“软弱”与“坚强”

现在让我们看看与放纵和节制相关的、伴随触觉和味觉出现的快乐和痛苦，以及对它们的追求和躲避，这些在前面已经大致讲过。一个人可能在很多人能够控制的事情上屈服，也可能在很多人不能够控制的事情上控制好自己。一个容易被快乐控制的人是不自制的人；一个能够控制快乐的人是自制的人；在痛苦方面能否控制住，则决定了一个人是软弱的人——被痛苦控制，还是坚强的人——控制痛苦。大多数人处在两者中间，尽管事实上他们更倾向于坏的一方面。

然而有一些快乐是必要的，另一些快乐则不是。那些必要的快乐也是在某种限度之内才是必要的，它们的过度与不及则都不是必要的，对于欲望和痛苦来说也是这样。一个人追求过度快乐的事情，以一种过度的方式去追求快乐，并且这些追求都是出于选择和因快乐本身之故而非因其结果之故，那么这个人就是放纵的。这样的人一定是毫无悔意并且无可救药的，因为做错了事却丝毫没有悔意的人总是无可救药的。不及的人与之相反，处在适度状态的人则是节制的。同样，如果一个人不是无法忍受肉体性的痛苦，而是出于选择而躲避肉体性痛苦，这种人也是放纵的。那些不是出于选择而这样做的人之中，又有两种不同的情况，一种情况是被快乐引诱，另一种是躲避来自欲望的痛苦。如果不是因为欲望或只是因为微弱的欲望便做出羞耻行为，这样的人比那些出于强烈的欲望而做此行为的人更坏。类似地，不是出于愤怒而打人要比出于愤怒而打人的情况更坏。如果在不受感情影响下他就能做出这种恶的行为，那当他受到感情的强烈影响时，他将做出什么行为呢？因此，放纵的人比不自制的人更坏。

出于选择而过度追求快乐则属于放纵的一种，出于选择而过度躲避痛苦则属于软弱的一种。自制的人与不自制的人相反，软弱的人与坚强的人相反。坚强包含着抵抗，自制包含着对欲望的控制，但是，抵抗和控制是不相同的，正如没有被打败和赢是不同一样，因此，自制比坚强更加值得选择，能够适度追求快乐比能够适度接受痛苦更可贵。

有的人缺乏大多数人都具备的所能忍受痛苦的能力，这样的人是娇纵的，娇纵也是软弱的一种。这种人会把罩袍拖在地上而懒得提起，或者佯装病得提不起罩袍。尽管这样的人不觉得自己是卑劣的人，但他已经近似一个卑劣的人了。这跟自制与不自制也是相似的。因为一个人被强烈且过度的快乐或痛苦所控制并不奇怪；相反，如果他进行过抵抗，像希奥迪克特斯笔下的菲罗克忒忒斯在被毒蛇咬伤时那样，或像卡基诺斯《阿罗比》中的凯尔克翁所做的那样，或者像克赛诺方图斯那样忍住不笑出来，都会更容易被原谅。但如果一个人在很多人都能够抵抗的事情上缺乏承受力而被打败，且不是因为世代遗传的本性或者不是因为疾病，正如软弱是西徐亚各位国王的天性那样，或者是与男子不同的女子的软弱本性那样，那么，这就是令人惊讶的。

人们还认为，热衷消遣的人似乎是放纵的，但实际上这是一种软弱。因为消遣是一种休息，是一种放松，沉溺于消遣的人则是在这方面过度的人。

不自制的形式有两种：一种是孱弱，一种是冲动。因为孱弱的人会进行考虑，但感情会让他放弃考虑的结果；但是冲动的人是在没有进行考虑的情况下就会被感情所控制。就像一些已经抓过别人的痒的人，他们预见到自己会被抓痒，所以就不怕被抓痒。正因为他们能预见即将发生的事情，并事先提升自身的理性进行考虑，他们能经受住快乐或痛苦的感情影响。性格急躁的人和热情的人更倾向于成为冲动型的不自制的人。因为急性子的人欲望来得快，热情的人欲望来得强烈，他们都来不及让理性去考虑，因而更倾向于顺从欲望。

不自制与“放纵”

我们已经说过，一般来说放纵的人由于行动时是出于自己的选择，所以并不会悔恨。但每一个不自制的人都会有所悔恨。实际上，我们遇到的难题不是之前提出来的——即放纵者以为做事是出于选择，所以可以通过改变他们的信念而改正他们的放纵行为，不自制者并非出于选择，所以更难以改正他们的不自制行为。事实上，放纵的人才是无可救药的，不自制的人比放纵的人更容易改正。

如果把恶和不自制比作疾病，恶就像水肿和肺病那样，不自制则像癫痫；恶是慢性疾病，不自制则是偶发性的急性疾病，两者在性质上是不同的。恶人是无法意识到自己为恶的，但是不自制者则对自己的不自制有所察觉。在不自制的人里面，那些冲动的人，要好过那些有理性但没有坚持的孱弱者。因为第二类被一种不强的感情打败了，没有依照考虑来行动，结果和冲动的不自制者一样不能自制。

明显地，不自制并不是一种严格意义上的恶，即使在某种程度上不自制确实是恶的。因为，不自制不是自己能够选择的，恶则是可以自己选择的。但在实践上，不自制仍然和恶产生相似的结果。这就像德谟多克斯说米利都人——“米利都人并不笨，但他们做笨人所做的事”。同样地，不自制的人不是不公正，但会做不公正的事。

并且，不自制者在过度追求与理性相冲突的肉体快乐时，他们并不认为自己应当那样做。然而，放纵的人则会认为他们应当那样去做，因为他们就是这种会追求这些事物的人。不自制的人容易被劝服而改正，放纵的人则不容易被规劝。因为，美德保有始点，恶会毁坏始点。在实践中，行动的目的就是始点，正如假设是数学的始点那样。在数学或实践中，理性都没法给出始点；在实践中，是自然的或习得的美德给出关于始点的正确意见。

拥有这种能够给出始点之美德的人是节制的，相反则是放纵的。但仍然有另外一种人，他们因为感情而放弃了正确的理性所要求做的事，不过感情的影响只是让他们没有按照理性行事，但并没有使他们相信没有限制地追求这种快乐是对的。这些人便是不自制的人。他们比放纵的人好，不是严格意义上的坏，因为在他们身上仍然存在着行动的始点。

自制的人与这种不自制的人相反，他们会接受理性的指导，至少不会因为感情而放弃理性。很明显，这种自制的人的品质是好的，不自制的人的品质是坏的。

自制与“固执”

那么，一个自制的人坚持任何一种理性和选择还是仅仅坚持正确的选择？一个不自制的人是无法坚持任何选择或者理性还是仅无法坚持正确的理性和选择？这是我们之前遇到的难题。事实上，一个自制的人坚持的和一个不自制的人不能够坚持的，或许表面上看是任意一种偶然的选择和理性，但事实上则都是正确的理性和正确的选择。

如果一个人选择或追求某个事物是由于另外的事物，那么实际上他追求的是另外的事物，作为手段去追求某件事仅仅是出于偶然。因此，在某种偶然的意义上说，一个自制的人坚持某种意见，不自制的人放弃某种意见。实际上，一个自制的人只是接受正确的意见，一个不自制的人只是放弃正确的意见。

还有另外一种人，他们倾向于坚持自己的信念，他们难以被劝服接受或不接受某件事，我们称这种人为固执的人。他们与自制的人有相似之处，正如人们所认为的，浪费的人也和慷慨的人有相似之处，鲁莽的人也跟自信的人有相似之处那样。但自制的人与固执的人实际上还是有许多不同的方面。

自制的人不改变自己的意见是为了抵抗感情和欲望的影响，但他并非在所有的事情上都不会去改变自己的意见，他是愿意接受合理的劝说的。但固执的人不改变自己的意见则是为了抵抗理性的力量，因为他被既定的欲望控制，而这些欲望通常被快乐引导。

固执之人有三种，包括固执己见者、无知者和粗俗者。固执己见的人之所以固执是因为快乐和痛苦，如果他们不被劝服改变自己的意见，那么他们就认为在争执中胜出并以此为快乐；如果他们的观点有漏洞，正如在公民大会上被否决那样，他们将感觉痛苦。所以，相比自制的人而言，他们更像不自制的人。有一些人没有坚持自己的决定，但并不是因为他们不自制，比如索福克勒斯《菲洛克忒忒斯》中的聂俄普托克勒斯，当然，使得他放弃自己决定的也是快乐，但这种快乐是一种高尚的快乐，因为他享受讲真话的快乐，而奥德赛却曾说服他说了一次谎。他不是不自制的，因为并不是所有出于快乐而做某件事的人，都是放纵的、坏的或不自制的；只有出于卑劣的快乐的行为才是放纵和不自制的。还有一些人，他们对于肉体快乐的喜爱程度小于正常水平，他也不听从理性的指导，自制的人处在这种人和不自制的人之间。不自制者没有遵守理性是因为过度追求肉体性享乐，而这一种人没听从理性则是因为对肉体性享乐的追求不足；自制的人遵守理性，并且不被过度或不足的快乐动摇。如果自制是好品质，那么，正如他们所呈现的那样，其他两种相反品质则应该是坏的。然而，这种享乐不足的品质很少见，所以我们就把不能自制当作是与自制对立的唯一品质，就像节制只与放纵相反一样。

既然很多事情都是在类比意义上而说的，那么对于节制的人与自制的人的谈论也是一种类比。节制者与自制者都不会因为肉体性快乐而做出有悖理性的事情，但自制的人有坏的欲望，节制的人则没有。节制的人根本不会发现任何有悖理性的快乐，自制的人能够看到事情中存在的快乐但不受其影响。

一个不自制的人与一个放纵者也相似，尽管事实上他们是不同的。他们都追求肉体性的快乐来源，但是放纵者追求这些快乐是因为他同时也觉得这样做是正确的，不自制的人在追求时并不觉得这样做是对的。

不自制与实践智慧

最后我们要清楚的是，一个人不可能同时是具有实践智慧的又是不自制的。

正如前面已经表明的，实践智慧与伦理美德是分不开的，但不自制并非如此。然而，一个聪明的人则可能是不自制的。也正是因此，我们才会误以为一些聪明的人是有实践智慧的人，而具有实践智慧的人也会不自制。单纯的聪明不同于实践智慧，尽管在定义上聪明和实践智慧密切相关，但实际上则不同，实践智慧还需要具有正确的善的实践目的。

此外，拥有实践智慧的人不仅具有知识，他也必须实践其知识，不自制者则不是像一个真正具有知识的人，而是像一个人在睡觉或喝醉酒的情况下那样拥有知识，他无法拥有知识并懂得运用知识，尽管他的行动是出于意愿的，在一定程度上，他既知道在做什么，也知道为何而做。不过不自制者并不是坏人，因为他的选择还是好的，只是没办法按照其选择做事，他只能算是半个坏人。不自制者也不是一个不公正的人，因为他并不讲究心计。正如不自制的人中的一种类型——孱弱的人那样，他也不坚持自己考虑的结果，而一个冲动的不自制者甚至根本没有考虑过。

事实上，不自制的人好比一座城邦，这座城邦由投票制定出了正当的律令、拥有好的礼法，但没有坚持实践这些礼法，就像阿那克萨德里德斯所嘲讽的，一个根本不在乎其礼法的城邦。坏人与之相反，他坚持实践他的礼法，但那些礼法却是恶法。就大多数人的品质而言，不自制和自制都是某种极端。自制的人坚持的东西过多，而不自制的人坚持的则过少。相比于那些考虑但不实行计划的孱弱类型的不自制者，那些冲动类型的不自制者更容易得以改正。经由习惯养成的不自制者比因为天性的不自制者更容易改正，因为习惯比天性更容易改变。事实上，习惯那么难以改变的原因之一是，它更像天性，正如埃内说的："我的朋友，我要说，习惯是长期养成的，以至于最后它被训练得像人类的天性一样。"

到这里，我们已经讲完了自制和不自制、坚强和软弱是什么，以及它们之间有着怎样的联系。

三、“快乐”问题

关于快乐的三种意见及其论证

快乐和痛苦是政治哲学家考察的对象。因为，他是我们生活目的的建筑师，为我们制定作为判断一般人的善恶的标准。此外，这种研究对于我们的研究而言也是必要的。我们前面已经说明，道德品质中的美德与恶都与快乐与痛苦有关。而且，多数人都认为幸福包含着快乐。这就是“被祝福者”这个词是由“享乐”一词引申而来的原因。

有些人认为，快乐绝对不是一种善，无论是就其自身而言，还是就任何偶然性而言。因为快乐和善不是同一种事物。另一些人认为，尽管有些快乐是善，但多数快乐是恶的。第三种意见认为，即使所有快乐都是善的，快乐也不可能是最高善。

说快乐根本不是一种善的人提出了一些理由。其一，一切快乐都是生成自然状态的感觉到的“过程”，而“过程”与“目的”在性质上是不同的，正如建筑房屋的过程同作为建筑目的的房屋是不同的一样。其二，节制的人都避开快乐。其三，有实践智慧的人追求的是无痛苦而不是快乐。其四，快乐是对思想的蒙蔽，而且它越蒙蔽思想就越是快乐。例如，性快乐就是这样。在性快乐中，没有人能够去思考什么。其五，不存在关于制造快乐的技艺，然而每种善都有一种使它产生的技艺。其六，儿童和兽类都追求快乐。

主张快乐不都是善的人提出了这样一些理由。其一，有些快乐是卑贱的、耻辱的。其二，有些快乐有害，因为令人愉悦的事物有些使人致病。

主张快乐不是最高善的人的理由是，快乐是过程而不是目的。这大概就是所提出的一些意见。

快乐与实践活动

下面的考察将表明，上述理由既不能充分地证明快乐不是一种善，也不能证明快乐不是最高善。

第一，善有两种意义，一是对其自身而言的本然的善，二是对某个人而言的相对的善。本性与品质，及其相对应的运动与过程也具有这两种意义。同样，那些被认为坏的过程，有时尽管是就其自身而言本来是坏的。但对某个具体的人而言，也有可能是相对不坏甚至是值得欲望的；有时尽管对一个人而言是坏的事物，在某些场合和某些时候却是值得欲望的。还有的时候，它尽管实际上不是善的，却显得值得欲望。例如，施加给病人的充满痛苦的治疗过程就是这样。善一方面是一种实现活动，另一方面也是一种品质或状态。所以，使我们回到自然品质的过程，只是一种作为偶然性的快乐。在这个过程中，我们所欲望的实现活动只是还处在自然品质的那一个部分的活动，而不是使我们回到自然品质的过程，我们想要的是已经回到或者正处在自然品质的时候，而回到这个状态的过程并不是我们真正想要的。比如，一个病人想要的是回到健康状态后处于健康状态的身体，而不是正在回到过程中的身体或者回到过程本身。因为，存在着不包含痛苦或欲望的快乐，比如沉思的快乐，这是一个人处于正常的状态而不存在任何匮乏情况下的快乐。这种快乐只作为一种偶然性而令人快乐，这一点可由以下的事实进行证明：在正常的状态下，我们不再以在朝向自然品质过程中所喜爱的那些事物为快乐，而以因其自身之故本然地令人快乐的事物为快乐。在这个过程中，我们甚至从相反的事物，例如苦涩的事物中感受到快乐。这类事物在其本性上不是令人快乐的，所以我们从中感受到的快乐也不是因其自身之故本然的快乐。正如令人快乐的事物不相同一样，由此产生的快乐也同样不相同。

第二，这不像有些人说的，一定有一种比快乐更好的事物。比如斯彪西波认为，快乐是朝向一个目的的变动不居的过程，目的则是一种确定不变的状态，确定不变的总是比变化不定的更好，所以目的是比快乐更好的事物。这种观点是错误的，因为快乐不是过程，而是实践活动，是因其自身之故而被作为目的和可欲望的，而不是因其朝向某种其他目的才是可欲望的。快乐不是过程，快乐也不是都伴随着变化的过程。快乐既是实践活动，也是目的。快乐不在我们获得某些官能时产生，而是在我们对这些官能的运用中产生。比如我们学会了打篮球的技能，快乐不是因为我们有打篮球的技能就时时刻刻都快乐着，只有当我们运用打篮球的技能去真正在球场上打球时，我们才会感受到打篮球的快乐。另外，不是所有的快乐也都有一个外在于其自身的目的，只有使我们的自然品质所完善的那些快乐，才有这样的外在于其自身的目的。所以说快乐是感觉到的过程是不对的。最好是把“过程”这个词换成我们的自然品质的实践活动，把“感觉到的”换成“未受到阻碍的”。所以，快乐是“自然品质”的“未受阻碍的”实践活动。还有一些人把快乐看作过程，是因为他们把过程看作某种善，把实践活动看作过程，但实践活动与过程是不同的。

第三，因为有些令人快乐的事物会使人致病，所以快乐是坏的，就等于说健康是坏的，因为有的健康的事物对赚钱有害。从这个方面说，快乐和健康都是坏的，但它们并不是因为这些原因就是坏的——如果用这样的观点看，甚至有时沉思也有损健康，沉思有时候也是坏的。

第四，实践智慧和任何其他品质都不会被属于它自身的快乐妨碍，只会被其他快乐妨碍。所以，沉思和学习的快乐能使人思考和学习得更好。

第五，事实上，快乐并不是任何技艺的产物，这是很自然的。因为，任何技艺都不产生实现活动，只产生一种官能，尽管制造香味和食物的技艺被看作与快乐有关。

第六，节制的人回避快乐，有实践智慧的人追求的是无痛苦，以及儿童与兽类都追求快乐这几条对快乐的责难，可以由同一个道理来回答。我们已经说明，在何种意义上快乐是因其自身之故是一种善，以及在何种意义上并非所有快乐都在因其自身之故是善的。兽类和儿童追求的快乐就是并非因其自身之故是善的快乐。有实践智慧的人所追求的就是避免由于缺少这类快乐而产生的痛苦，这类快乐也就是含有欲望与痛苦的肉体快乐。因为，肉体快乐才具有欲望与痛苦。或者这类快乐表现着放纵的肉体快乐的极端形式。虽然节制的人避免这样的快乐，但节制的人也有自己的快乐。

痛苦是恶，是应当避免的。它或者因其自身之故本然是恶的，或者因以某种方式妨碍实现活动而是恶的。与恶的、应当避免的事物相反的事物，就是善。所以快乐是某种善。斯彪西波曾经论证过，快乐与适度品质和痛苦相反，正如过多与正好和过少相反，因为快乐和痛苦是两种极端，善是两种极端中的适度，即使快乐并不是另外一种极端痛苦，但也不是两种极端中的适度品质，所以快乐作为一种极端并不是善。但这个论点是不正确的，他不能因此就说快乐是恶。

第七，即使某些快乐是恶的，也说明不了某种快乐不能是最高善。这正如尽管某些科学是坏的，某种科学仍然可以是非常好的一样。

首先，如果每种品质都有其未受阻碍的实践活动，如果幸福就在于所有品质的或其中一种品质的未受到阻碍的实践活动中，这种实践活动就是最值得欲望的事物。快乐就是这样的未受到阻碍的实践活动。从这一点来看，即使大多数快乐是坏的，某种特殊的快乐仍然可以是最高善。

正因为这一点，人人都认为幸福是快乐的。也就是说，人们都把快乐加到幸福上。这样看是有道理的。因为，既然没有一种受到阻碍的实现活动是完善的，幸福又在本质上是完善的，一个幸福的人就还需要身体的善、外在的善以及运气，这样，他的实践活动才不会由于缺乏而受到阻碍。

但是有些人说，一个人只要有美德，在贫困中和灾难中都会幸福。这样的话，无论是出于有意还是无意，说了都等于什么都没说。但是又由于幸福还需要有好的运气，有些人就认为幸福就等于好运气，可事情并不是这样。如果过度，好运本身也会成为阻碍。这样，它也就不再称为好运了。因为只有和幸福联系在一起，它才能称为好运。

其次，如果兽类和人都追求快乐，这就表明它在某种意义上的确是最高善：众口相传的事，就绝不会完全一无是处。但是，尽管人们都在追求着快乐，由于没有哪种本性或品质是对所有人都最好或显得最好的，人们追求的也不是同样种类的快乐。不过，他们也可能实际上在追求同一种快乐，而不是在追求他们各自觉得或口头上说自己在追求的那些快乐，但是肉体快乐假借了快乐之名，它是我们接触得最多且人人都能够享受的快乐。所以，人们就认为只存在着这样的快乐，只知道这些快乐。

最后，如果快乐与实践活动不是某种善，幸福的人的生活就显然不是令人快乐的。因为，如果快乐不是某种善的事物，他要快乐做什么？正好相反，他的生活将会是痛苦的。因为，如果快乐既不善也不恶，他又为什么要躲避它？如若一个好人的实践活动不比其他人的更令人快乐，他的生活也就不会比别人的更令人快乐。

关于“肉体快乐”

有些人说，虽然有的快乐，如高尚的快乐，非常值得欲望，但是肉体快乐，即和放纵相关的那些快乐，不值得欲望。

持这种意见的人必须考虑一下，为什么与快乐相反的痛苦也是恶的？因为恶的对立面就是善。

如果在“不是恶的就是善”这一语境下，是否那些必要的快乐就是作为不是恶的事物而是善的？或者那些必要的快乐在某种程度上是善的？尽管有些品质和过程是有可能在善的方面不存在过度的，也不存在快乐的过度，但在另一些品质与过程中的确存在这种过度，因而快乐也有可能会过度。在肉体快乐方面的确存在过度，在这一方面恶之所以成为恶，就是由于追求过度的快乐，而不是由于追求必要的快乐。所有的人都在某种程度上享受佳肴、美酒和性快乐，但不是每个人都做到这种程度。痛苦方面的情形则与此相反。对于追求过度肉体快乐的放纵者来说，他们躲避的不仅仅是过度的痛苦，而且完全躲避所有痛苦。过度快乐的相反物不是痛苦，除非对追求过度快乐的人才是这样。所以说，对于有美德的人而言，极端快乐、适度的必要的快乐以及痛苦，是两两对立的；对于过度追求肉体快乐的放纵者而言，往往只有极端快乐与痛苦两个选项，并且往往会选择极端快乐躲避痛苦。

肉体的快乐本身是一种善，但是过度成为极端快乐就是一种恶。所有的痛苦都是恶。正如之前说过的，斯彪西波的论证是站不住脚的，因为过度的极端快乐和痛苦，对于有美德者而言都是恶，对放纵者而言才是对立的选项。

然而，我们不仅应当说明真理，而且应当说明错误的理由。因为这说明了那些错误的观点可以使我们增强对正确观点的信念。当我们充分地说明了某种看似正确的观点实际上是错误的时候，我们对于正确观点的信念就会增强。我们接下来需要说明为什么肉体快乐显得比其他快乐更值得欲望。

第一，这是因为肉体快乐能驱赶痛苦。由于过度的痛苦，人们就会去追求过度的快乐，一般是把肉体快乐作为某种治疗。但由于这种治疗与痛苦的鲜明反差，这种快乐有着十分强烈的作用，所以人们追求它，这种作用也就是消除痛苦的作用——比如有人用暴饮暴食来减轻自己心灵上的痛苦。

有些人认为快乐并不是好事情，主要有两个原因。首先，有些快乐是出于不良本性的行为，这种本性有的是天生的，例如兽类的本性天生就卑劣；有的是由习惯养成的，例如坏人的本性。其次，存在着其他一些快乐是从“缺乏”向自然品质过程中的快乐，而处于自然品质时比处在向它回到自身的过程中要更好。但是这些快乐又是与走向完善的过程所伴随的，所以这些快乐只能说是出于偶然是好的。

第二，肉体的快乐是强烈的。只有那些不能享受其他快乐的人，才追求这种强烈的快乐——例如特意使自己饥渴。这种事情如果无害，倒无可厚非。但是如果有害，那便是坏事情。这些人这样做是因为他们没有其他的快乐。对他们来说，中等的感觉就等于痛苦，因为动物的机体经常处于痛苦状态。自然科学家告诉我们，看和听都是痛苦的，不过我们人类已经变得习惯了。同样，正如人处在青春期时，由于发育而处在一种类似于陶醉的状态，因而这就是令人快乐的。

此外，那些冲动的人总是需要治疗而回到自然的状态。由于性格的原因，他们的身体总是处于躁动之中，他们的欲望也总是很强烈。快乐，不仅是相反的快乐，而且是偶发的快乐。只要是强烈的，都驱赶着这种痛苦。所以，冲动的人会变得既放纵又坏。

与此相反，在不附带痛苦的快乐那里，就不存在过度。这些快乐是自发地令人愉悦，而不是偶然地令人快乐的。所谓偶然地令人快乐，我指的是那些有治疗作用的快乐。实际上，只是由于自然品质还残留的部分的作用，它们才产生治疗的作用，那个过程才使人愉悦。相反，那些激起自然本性的活动的快乐，才是本性上令人快乐的。

不存在任何一种事物能总是令人快乐。因为我们的本性不是单纯的，我们身上也存在着另一种成分，这种成分是我们生命会腐朽的原因。其中一种成分的活动，对于另一种成分而言必定是违背本性的。当两者的活动平衡时，那么行动就既不痛苦也不快乐。如果有某种存在，其本性是单纯的，那么就有同一种活动能永远令其快乐。所以，神享有一种单纯而永恒的快乐，不仅变化有其实践活动，不变化也有其实践活动。快乐更多是在静止中，而不是在变化中。不过诗人说，“所有事物中的变化是甜蜜的”，这是因为人的本性中存在着卑劣的部分。正像变化多的人是恶的一样，变化多的本性也是恶的，因为它既不是单纯的，也不是善的。

第六讲 具体的美德

一、作为美德的勇敢

二、作为美德的节制

三、与金钱有关的美德

四、与荣誉有关的美德

五、其他美德及羞耻

在本章中，我们将具体谈谈各类不同的美德。有一些美德有具体的名字，如勇敢、节制，而有一些美德是没有名字的，如关于荣誉方面的美德。理解这些具体的美德之含义时，我们必须回到古希腊城邦政治的背景之中，例如在谈论勇敢的时候，有一项公民的勇敢是最接近于真正的勇敢的，这就必须结合古希腊时期公共生活与政治生活对人们而言的重要性来加以理解。同时也要注意，不能以中文词句的惯性思维去理解这些具体美德的字面表达，比如慷慨与大方。作为具体美德的慷慨和作为具体美德的大方有其独特的含义，前者是在小笔钱财的给予方面的适度，后者是大笔钱财的花费方面的适度，不能“断章取义”用中文思维理解。

一、作为美德的勇敢

勇敢的范围

我们先来谈谈勇敢。我们已经说明白了，勇敢是恐惧与信心方面的适度。显然，使我们恐惧的是可怕的即一般所说的坏的事物。所以，人们有时把恐惧规定为对可怕事物的预感。诚然，我们对所有坏的事物都感到恐惧，如耻辱、贫困、疾病、没有朋友、死亡，但是我们并不认为勇敢是同所有这些事物相联系的。

首先，对有些坏的事物感到恐惧是正确的、高尚的，不感到恐惧则是卑贱的，例如耻辱。对耻辱感到恐惧的人是公道的、有羞耻心的人，对耻辱不感到恐惧的人则是无耻的人。人们有时在类比意义上称一个无耻的人勇敢，是因为他同勇敢的人有个类似之处，即勇敢的人也是无恐惧的。

其次，尽管对贫困、疾病——总之对不是由于恶也不是由于我们自身而产生的坏事物，不应当感到恐惧，但是对这些事物不感到恐惧不等于勇敢。因为，有些人在战场上会很怯懦，在使用钱财上却很慷慨、很有信心。此外，一个人如果害怕妻子或孩子受到侮辱，害怕妒忌或诸如此类的事情，也不等于怯懦；一个人如果在要受鞭刑时也很有信心，也算不得勇敢。

那么勇敢是对于哪些可怕的事物而言的呢？也许就是那些最重大的可怕事物？因为勇敢的人比任何别的人都更能经受危险。死就是所有事物中最可怕的事物。死亡就是终结，一个人死了，任何善恶就不会再降临到他头上了。但是，勇敢又不是与所有情况下的死相联系的。例如，在海上落水时和在疾病中两种情况下敢于面对死就算不上勇敢。

那么在哪些场合敢于面对死才算是勇敢？也许是那些最高尚的场合，也就是在战场上？因为，战场上的危险是最重大、最高尚的。不论是城邦国家还是君主国家，都把荣誉授予在战场上敢于面对死亡的人们。恰当地说，勇敢的人是敢于面对高尚的死，或敢于面对所有濒临死亡的突发危险即战场上的那些危险的人。这并不是说，勇敢的人在海上落水时和在疾病中会对于死感到恐惧。不过，他的无恐惧同船员的那种无恐惧并不一样。勇敢的人此时不抱得救的希望，但是也抵抗着死；船员则出于经验而抱有得救的希望。而且，我们表现出勇敢是在我们可以英勇战斗和高尚地死去的场合，在这样的灾难中这两者都不可能。

勇敢的性质

可怕的事物并非对所有人都同样可怕。但是，有些事物的可怕是超出人的承受能力的，所以这些事物至少在感觉上对每个人来说都是可怕的。那些处于人的承受能力之内的则在数量和程度上差别甚大，对于那些激发人的信心的事物也是这样。

尽管他也对那些超出人的承受能力的事物感到恐惧，他仍然能以正确的方式，按照逻各斯的要求并为着高尚之故，对待这些事物。这也就是美德的目的所在。一个人对于这些事物的恐惧可能过度或不及。他也可能对其实没有那么可怕的事物感到恐惧。错误或者是在于对不应当害怕的事物，或者是以不适当的方式、在不适当的时间感到恐惧。信心方面的情形也是这样。

勇敢的人是出于适当的原因、以适当的方式以及在适当的时间，经受得住所该经受的，也惧怕所该惧怕的事物的人。因为，勇敢的人总是以境况所允许的最好的方式，并按照逻各斯的要求去感觉和行动。每个人的每个实践活动的目的都是同他的那种品质相合的。勇敢的人也是这样。他的勇敢是高尚的，其勇敢的目的也是高尚的，因为每种事物的品质就决定于其目的。勇敢的人是因一个高尚的目的之故而承受着勇敢所要求承受的那些事物，做出勇敢所要求做出的那些行动的。在那些极端的人之中，在恐惧方面不过度的人没有专门名称，就如同我们曾说过的，许多品质都没有名称。不过，如果一个人任何事物都不惧怕，就像克尔特人，据说连地震和巨涛都不惧怕，我们就会说他们不正常和迟钝。在面对真正可怕的事物时，信心过度的人是鲁莽的。

但是，鲁莽的人也常常被看作自夸的人和只是在装作勇敢的人。这种人希望的是在面对可怕的事物时，显得像一个勇敢的人那样地行动。所以，在能模仿勇敢的人的场合，他就总是去模仿。所以，大多数鲁莽的人内心是怯懦的：他们在没有危险的场合表现得信心十足，可是却不能真正经受危险。在恐惧上过度的人是怯懦的，因为他对不该惧怕的事物也惧怕，而且是以不适当的方式。怯懦的人同时也在信心上不足。不过他的品质主要表现在对于所出现的痛苦的恐惧的过度上面。所以，怯懦的人是那种事事都惧怕的、沮丧的人。勇敢的人则正好相反，因为一个对事物抱有希望的人自然就有信心。怯懦的人、鲁莽的人和勇敢的人都是与同样的事物相联系的，不过对待这些事物的方式不同。前两种品质是过度与不及，第三种则是适度的、正确的品质；鲁莽的人在危险来到之前冲在前面，但当危险到来时却退到后面；勇敢的人则在行动之前平静，在行动时精神振奋。

如上所说，勇敢是在所说过的那些场合，在对待带来信心或恐惧的那些事物上的适度。它这样选择和承受是因为这样做是高尚的，不这样做是卑贱的。但是，以死来逃避贫困、爱或其他任何痛苦的事物却不是一个勇敢的人，毋宁说是一个怯懦的人的所为。因为在困难之中，逃避是更软弱的行为。一个人这样做不是因为这样面对死是高尚的，而是因为这样可以逃避可怕的事物。

类似于勇敢的其他品质

勇敢的性质就是这样。但是，“勇敢”这个名称也被用到其他五种品质上面。

其一是公民的勇敢，它更像是真正的勇敢。公民们承受危险似乎是因为怯懦的行为将会招致法律的惩罚和舆论的谴责，以及勇敢行为将得到荣誉。所以，那些因懦夫受到轻蔑、勇敢的人得到荣誉的民族，似乎都是最为勇敢的民族。荷马通过刻画例如狄俄墨得斯和赫克托耳也正是为了表现这种勇敢——赫克托耳说："波吕达马斯首先就会责备我。"狄俄墨得斯说："赫克托耳日后准会在特洛伊城内夸口，'是我把梯丢斯的儿子[①]打回了战船'。"这种勇敢与我们在上面描述过的勇敢最为相似。因为，它是出于品质的，是出于羞耻的，或是对某种高尚的欲望，例如荣誉，以及对某种受人谴责的耻辱的躲避。被军官迫使而这样做的人们的勇敢也可以算作这一类，不过这种勇敢要低一等。因为，他们不是出于羞耻，而是出于恐惧，他们想躲避的也不是耻辱而是痛苦。他们的军官迫使他们勇敢作战，例如赫克托耳对他的士兵们说："我要是看到谁在战场上后退，就把他拿去喂狗。"还有些将军，把队伍驻扎在阵地，谁后退就鞭打他们，或者在营地的后面挖掘壕沟，等等。这些都是强迫的手段。但是，一个人的勇敢不应当出于强迫，应当出于高尚。

其二，对某些特殊事物的经验也被当作勇敢。所以苏格拉底就认为，勇敢是知识。

其三，勇敢则表现在各种境遇，特别是被雇佣的职业士兵之特殊的战争经历中。在战争中有许多伪诈，对于这些伪诈，只有那些职业士兵才最有机会去经历。所以，他们显得勇敢是因为别人不了解这些事物的性质。经验还使得他们善于攻防，因为他们善用武器，并且配备有最好的攻防武器，所以在作战时，他们就像拿武器的人在对付徒手的人，像训练有素的运动员在对付生手。即使是在比武上，最好的战士也不是最勇敢的

① 梯丢斯是攻打忒拜城的七个将军之一，他是狄俄墨得斯的父亲。

人，而是最强壮、最有训练的人。然而，当危险过大或者对方在人数和装备上过于占优势时，职业士兵就会变得怯懦。因为他们总是最先逃跑，而公民士兵则战死在岗位上，就像赫尔墨斯[①]神庙战斗中的情形。对公民士兵来说，逃跑是耻辱的，他们宁愿战死也不愿逃跑而生还。职业士兵从一开始就是依赖于他们的力量上的优势，一旦了解了真实情况，他们就会逃跑。他们惧怕死甚于惧怕耻辱。这不是真正的勇敢。

其四，怒气有时候也被人们算作勇敢。一个人被一种怒气激发时，就像一头在冲向射伤它的猎手的野兽。这种人被认为是勇敢的。勇敢的人都具有一种怒气。怒气，一方面就是冲向危险的热情。荷马写道，“他的力量在于愤怒”“唤起他们的力量与怒火”“他怒火满腔”“热血沸腾”。[②]因为所有这些都表现着怒气的激发与冲动。勇敢的人则是由于高贵而勇敢，尽管怒气也助长了他们的勇敢。另一方面，野兽是由于痛苦的驱动而行动的。它们攻击人是因为自身受到伤害或惊吓。如果它们处于森林或沼泽中就不会去攻击人，所以野兽算不得勇敢。当它们由于伤痛而冲向危险时，它们并未预见到要遭遇的危险。如果这也是勇敢，那么驴在饥饿的时候就也是勇敢的了。不论你怎么抽打它们，它们也不会离开食物。通奸者们也是这样，由于欲望会做出许多大胆的事

---

① 希腊神话人物，是十二主神之一，在希腊神话的众神中是第二年轻的，廖译本中说他是保护畜牧业和牧童的神祇，是宙斯和迈亚的儿子，一般认为他是众神使者，是信使、畜牧、商业、偷窃、交通、旅行、体育与运动之神。

② 前三句引语出自《伊里亚特》第16章529，第5章470，第24章318；第四句不是出于荷马，而是出于诗人戎奥克里托斯。

情。但是，由怒气激发起来的勇敢又似乎是最为自然的勇敢，如果再加上选择或目的，那就是真正的勇敢了。人也是愤怒时就痛苦，报复时就快乐。但是，出于这样的情形的人尽管骁勇，却算不得勇敢。因为他们的行动不是出于高尚或理性，而是出于感情。但是，他们和勇敢的人又有些相似。

乐观的人也算不上勇敢。他们是由于多次地战胜了敌人才在危险时刻抱有信心的。不过，他们同勇敢的人很相似，因为这两种人都有信心。乐观的人有信心则是由于己方力量的优势和无遭受痛苦之虞。喝醉酒的人的行为也和这差不多，因为醉酒使得他们乐观。当结果有违于他们的预想时，他们就会逃跑。勇敢的人，如已说过的，则敢于面对对于人来说是或显得是可怕的事物，因为这样做是高尚的，不这样做是耻辱的。所以，面对突发的危险表现出无畏惧和不受纷扰似乎比在所预见的危险面前的此种表现更是勇敢。前种表现更加是出于品质的，因为它无法事先准备。面对已预见到的危险而如此表现，可以是出于推断和逻各斯的，可面对突发的危险而如此表现则必定是出于品质的，对所面临的危险无知的人也显得勇敢。这种人同乐观的人有些相似，但是不及乐观的人，因为他们不具备自信，所以乐观的人还可以坚持一段时间，被假象欺骗的无知者如果发现或怀疑情况不是他们所想象的那样，就会溜掉，就像阿尔戈斯人在错把斯巴达人当作了西锡安人时所做的那样。[①]关于勇敢的人的特点和那些被当作了勇敢的人的特点，我们就已经说完了。

勇敢、快乐、痛苦

勇敢总是与信心和恐惧这两方面相关，但同这两者相关的程度并不相等。它同会引起恐惧的事物的相关程度更大一些。因为，在引起恐惧的事物面前不受纷扰、处之平静，比在激发信心的场合这样做更是真正的勇敢。如前面所说过的，人们有时就把能承受痛苦的人称作勇敢的人。勇敢就包含着痛苦，它受到称赞也是公正的，承受痛苦比躲避快乐更加困难。不过，勇敢的目的却似乎是令人愉悦的，只是这种快乐被周围的环境掩盖着。这就像竞技的情形一样。因为，尽管拳击手所预见得到的那个目的——花环与荣誉，是令人愉悦的，其血肉之躯所受到的那一次次击打却是痛苦的，他们的全部训练活动也是痛苦的。这些痛苦的活动在数量上如此之大，以至于那个最后的目的倒成了小事情，好像也不包含什么快乐了。

如果勇敢的情形也与此相似，它给勇敢的人带来的死亡与伤痛对于他就是痛苦的。他承受这些痛苦并非出于意愿：他肯承受它们是因为这样做是高尚的，不这样做是卑贱的。而且，他在美德上愈完善，他所得到的幸福愈充足，死带给他的痛苦就愈大。因为，他的生命最值得过，他又将全然知晓地失去最大的善，这对他必定是痛苦的。但是他的勇敢并不因痛苦而折

---

① 这里指的是发生在公元前392年在科林斯长城发生的战役，斯巴达人用了西锡安人的装束，详见：[古希腊] 色诺芬著，徐松岩译，《希腊史》，上海三联书店，2013：第四卷第四讲第10节。

损，也许还因此而更加勇敢。他所选择的，是在战斗中宁可牺牲也要做得高尚。所以说，在获得果实之前，并非对所有的美德的运用都令人愉悦。不过，这样的人也许不能成为好的职业士兵。那些不那么勇敢，除了自己的生命之外就再没有什么好丧失的人，倒更可能是好的职业士兵。因为他们愿意去面对危险，也愿意为一点点钱出卖他们的生命。关于勇敢，我们就谈到这里。从所谈过的内容里，不难了解它的性质，至少可以大概地了解。

二、作为美德的节制

节制的范围

在谈过勇敢之后，我们接下来谈一谈节制。因为勇敢和节制是灵魂的无逻各斯的部分的美德。我们已经说过，节制是在快乐方面的适度，因为它同痛苦不大相关，而且同痛苦的关系也与同快乐的关系不同。放纵也是表现在快乐这方面的。所以，我们现在来说明一下与节制放纵相关的是哪些快乐。

我们首先要在肉体的快乐与对荣誉的爱和对学习的爱这样的灵魂的快乐之间作一下区分。爱荣誉或爱学习的人只对荣誉和学习这些事情感到快乐，这种快乐所影响的不是肉体，而是灵魂。但是我们并不就这些快乐说一个人节制或是放纵。在其他的与肉体快乐无关的那些快乐上，我们也不说一个人是节制或是放纵。对那些喜欢打探消息和传播逸事的人，我们说他们饶舌，而不说他们放纵。对那些因为损失了钱财或朋友亡故而痛苦的人，我们也不会说他们放纵。所以说，节制是同肉体快乐有关的。

但是它也不是同所有的肉体快乐都有关。那些以视觉的对象为快乐的人，例如以颜色、形体和绘画为快乐的人，我们既不说他们节制，也不说他们放纵。不过，在这些事物上，也有享受快乐是适度还是过度或不及的问题。听觉的对象也是这样。谁也不会说沉溺于音乐或表演的人是放纵的，或在这些事情上适度的人是节制的。对于喜欢在嗅觉上满足的人，我们也不说他们是节制还是放纵，除非是在偶然情况下。例如，如果有人喜欢闻苹果、玫瑰或薰香的气味，我们不会说他们放纵；但是如果有人喜欢油香或佳肴的气味，我们就会说他们放纵。放纵的人喜欢这种气味，是由于这种气味使他们联想到他们想吃的那些事物。当然，其他人如果饿了也会闻到饭香，但只有放纵的人才总是喜欢食物的气味，因为这些食物是他们欲望的对象。动物也没有这些感觉上的快乐，除非是偶然的。狗并不喜欢野兔的气味，它喜欢的是吃野兔，那种气味只是告诉它们野兔在哪儿。狮子也并不喜欢牛的叫声，而是喜欢吃牛。它只是通过那种声音知道牛走近了它，所以才显得是喜欢那种声音。同样，它喜欢的也不是因为看见“一只家养的或野地里的羊”而高兴，它高兴的是它又能吃到一顿美餐。

所以，节制与放纵是人与动物都具有的，所以显得与奴性和兽性的快乐相关。这些快乐就是触觉与味觉。但是，就是味觉也不都是有关的。因为，味觉的活动是分辨味道，比如品酒师分辨酒的味道，厨师给菜肴添加味道，但是对味道的分辨并不给人以快乐，至少是对于放纵的人们来说算不上快乐。放纵的人想得到的快乐，毋宁说是享受这些味道的快乐，而要得到这种快乐只能借助触觉。触觉既存在于所谓性交的快乐上，也存在于享受食物与饮料的快乐上。所以，某位贪食者菲罗克赛，才会希望他的脖子比天鹅还长。这说明他的快乐在于接触的感觉。所以，与放纵相关的感觉是那种最为普遍的感觉。放纵受到谴责也是正确的，因为这种感觉不是我们作为人独有的感觉，而是我们作为动物所具有的感觉。沉溺于这种快乐，最喜欢这些快乐而不是别的快乐，是兽性的表现。我们在这里所说的不是那些最高雅的触觉快乐，例如，在健身房里，由于身体摩擦而产生热的感觉。放纵的人喜欢的那种触觉的快乐不是属于整个身体的，而只是属于身体的某个部分的。

节制的性质

在欲望之中，一类似乎是普遍的，另一类则是特殊的、由于习惯而养成的。例如，食欲是正常的，每一个没有食物的人都会想要干燥的或液体的食物，有时两者都要。当一个人年轻强壮时，性欲——如荷马所说——也是如此。但是并不是每个人都喜欢以同种方式来进食或性交，也不是每个人都喜欢同样的事物或与同一个异性性交。所以，这些欲望又是特殊的。不过，这其中还是有某种正常的事物。因为，尽管不同的人对不同的事物感到愉悦，但人们都认为有些事物比另外一些事物更令人愉悦。

在正常的欲望上，很少有人做错，且只可能出现一种错，即过度。因为，吃喝到肠胃发呕的程度必定是超过常量的，正常的欲望只是补足所需。在这方面做错的人被称作贪食者，源于他们在进食上超出了满足需要的常量。只有极其卑贱的人才会这样做。但是，在那些特殊的快乐上，则有许多人会做错，并且是以各种不同的方式做错。因为那些被说成是“爱某某事物的人”可能或者是由于爱了不适当的对象，或者是爱到了多数人莫及的程度，或者是以不适当的方式来爱了，才被这样称呼的，放纵的人却在这三方面都是错误的。他们爱着不适当的、实际上有害的对象，即使他们所爱是适当的对象，他们也是以不适当的方式来爱，并且爱到超过多数人的程度。

在快乐方面过度是自我的放纵，是应受谴责的。在痛苦方面，节制同勇敢的情形有些不同。一个人并不是因为他面对了痛苦而被称为节制的，也不是因为他不能面对痛苦就被称为放纵的。放纵的人被称为放纵，是因为他没有得到快乐，而不是当他感觉到因为没有得到快乐而造成的痛苦；节制的人被称为节制则是由于他在没有得到快乐或回避快乐时不感觉痛苦。

放纵的人欲望所有快乐或那些最突出的快乐。他受欲望的宰制，只追求这些快乐而不追求其他的事物。所以，他感觉着两种痛苦：得不到快乐的痛苦和渴望着快乐的痛苦。因为欲望就包含着痛苦，尽管因快乐而痛苦是十分荒谬的。缺少对快乐的爱或是在这种爱上不及的人则是很少的。这种冷漠不是人的本性。甚至其他的动物也区分食物的种类，喜欢某种食物而不喜欢别的食物。一种存在物如若对什么都不感到快乐，在这种事物与那种事物之间不会做任何区分，就不是人类。这样的人没有专门的名称，因为很少有这样的人。节制的人在这些事物上处于这两者之间。他不以放纵的人最喜爱的那些事物为快乐，相反，他厌恶那些事物。他也不以不适当的事物为快乐，对于这些事物中的令人愉悦的事物也不会过度地快乐。在没有这些事物时，他也不感觉痛苦或产生对这些事物的欲望。或者，他也感觉到适度的痛苦和欲望，而不会在不适当的时候感觉到这种痛苦和欲望。对那些既令人愉悦又有益健康并且适合的事物，他将适度地期望获得。对其他那些令人愉悦的事物，如果它们不妨碍这些目的，不有悖于高尚或超出他的能力，他也是这样。因为，如果不遵守这些限制，对这类快乐的享用就会超过限度，节制的人在这些事物上则遵循逻各斯的指引。

关于“放纵”

与怯懦相比，放纵更加是出于意愿的。首先，放纵出于快乐，怯懦则出于痛苦；快乐是我们所选择的事物，痛苦则是我们所躲避的事物。其次，痛苦遏制和毁灭一个人的本性，快乐则没有这个作用。放纵更加是出于意愿的，也更应该受到谴责。因为，培养面对快乐的诱惑的习惯要容易些，生活中有许多这样的诱惑，而且这样做没有什么危险，培养面对可怕事物的习惯则正相反。但是，与具体的怯懦表现相比，怯懦的品质还更出于意愿一些。怯懦的品质本身没有痛苦，具体的怯懦行为却充满痛苦，以致使人张皇失措，丢弃武器，做出耻辱的行为。所以，怯懦的行为都显得是出于被迫的行为。与此相反，放纵的人在这方面，那些具体的行为是出于欲望和期望的。放纵的品质却不是出于意愿的，因为没有人想成为放纵的人。

“放纵”这个词我们也用于儿童的错误行为上。这种行为同成人的放纵有些类似。这两者究竟哪个是原因，哪个是结果，对于我们目前的讨论并不重要。然而，较后产生的事物是出于较先产生的事物却是显然的。这个类比看来倒是不错的。因为，那些追求着卑贱而且又生长得很快的事物应当时时受到管教。这些正好是欲望和儿童的特点。因为儿童就像放纵者那样受欲望驱遣，在儿童身上，对于快乐的欲望又是最强烈的。如果这种欲望不被训导成听从最初原理的，它就会走得很远。一个愚蠢头脑对快乐的欲望是永远无法满足的，它的每一次运用又加强着它的内在倾向，直到这些欲望——如果它们是强烈的、有力的——最终排除掉推理的力量。所以，我们的欲望应当是适度的和少量的，并且不违背逻各斯。我们所说的服从的、受过管教的品质也就是指这种状态。正如一个儿童应当按照他的教师的指导去生活，我们身上的欲望的部分也应当服从逻各斯的指导。一个节制的人的欲望的部分应当合于逻各斯。这两者都以高尚为目的。节制的人欲望适当的事物，并且是以适当的方式和在适当的时间，这也就是逻各斯所要求的。关于放纵我们就说到这里。

三、与金钱有关的美德

关于“慷慨”

我们接下来谈谈慷慨。它似乎属于财富方面的适度。我们不是在战争上，或我们称赞一个人节制的那些事上，说一个人慷慨。我们是就一个人给予和接受财物的行为，尤其是给予的行为，而说他慷慨。所谓财物，我们指的是可以用钱来衡量其价值的事物。挥霍和吝啬是财物方面的过度与不及。我们通常用“吝啬”这个词来形容那些把财物看得过重的人，可是我们对“挥霍”这个词的用法有时要更复杂些。我们也称那些不能自制的、花钱铺张的人挥霍。“挥霍”被认为是特别恶劣的品质，它集中了几种不同的恶。可是这不是这个词的本来的用法。一个挥霍的人指的是一个有某种专门的恶的人，这种恶就是浪费他的财物。一个挥霍的人是由于自己的过错而在自我毁灭的人。浪费财物就是毁灭他自己的一种方式，因为财物是生活的手段。我们这里所说的挥霍就是从这个意义上说的。对有效用的事物，既可以使用得好，也可以使用得很坏。财物就是有效用的事物。对一种事物能够做最好的使用的人，也就是具有同一种事物有关的美德的人。所以，对财物使用得最好的人是具有处理财物的美德的人，即慷慨的人。

花钱和把财物给予他人似乎都与财物的使用有关，得到财物和保持财物似乎都对财物的占有有关。慷慨的人的特征主要是在于把财物给予适当的人，而不是从适当的人那里，或不从不适当的人那里，得到财物。

第一，美德是在于行善而不是受到善的对待，在于举止高尚而不只是避免做卑贱的事情。行善和举止高尚对应给予，受到善的对待和不做卑贱的事也就对应接受。第二，人们感谢的是给予者而不是不去接受馈赠的人。称赞更是这样。第三，不索取比给予要容易些，因为人们宁愿不取于人也不愿舍弃己之所有。第四，我们称赞给予者是因为他慷慨，称赞那些不索取的人则是因为他们公正而不是慷慨。对那些索取的人——也就是与之前不索取的人相比，不是什么都要的人，而是指索取自己应得、配得的人，我们则根本不称赞。

在所有具备美德的人中间，慷慨的人似乎最受欢迎。因为，他们对他人有助益，他们的益处就在于他们的给予。美德的行为都是高尚的，都是为着高尚的事的。慷慨的人，也像其他有美德的人一样，是为高尚的事而给予。他会以正确的方式给予：以适当的数量、在适当的时间、给予适当的人，按照正确的给予的所有条件来给予。他在给予时还带着快乐，至少是不带着痛苦。因为，美德的行为是愉悦的或不带痛苦的。那些把财物给错了人，或者不是为着高尚的事而是为某种别的原因而给予的人，我们不说他们慷慨，而是用其他名词描述，如挥霍。在给予时，感到痛苦的人也不是慷慨的，因为他喜欢财物甚于高尚的行为，这不是一个慷慨的人的特征。慷慨的人也不取不当取之物，因为一个不看重财物的人不会这样做。慷慨的人也不愿意索取，因为一个总是把好处给别人的人不大容易去接受好处。如果他要索取，也只取自适当的地方，比如取自自己的财产，不是作为高尚，而是出于必需，以便使自己还能够去给予。他也不会不珍惜自己的财产，因为他希望用这些财产去帮助他人。他也不会不问对象地给予，以便他能够保有些事物，在适当的时间或高尚的场合，给予适当的人。

慷慨的人也常常在给予上过度，以致给自己留的事物过少，不会关照自己正是一个慷慨的人的本性。所谓慷慨是相对于一个人的财物而言的。慷慨并不在于给予的数量，在于给予者的品质，这种品质又是相对于给予者的财物而言的。给予的数量少的人也可能是一个较为慷慨的人，如果他只有很少的事物来给予的话。人们认为，那些不是靠自己挣得而是靠继承得到财产的人，可能较为慷慨。他们不知道何为贫乏。人总是更珍惜他自己创造的事物，例如父母珍惜其子女，诗人珍惜其作品。慷慨的人不大容易富有。因为，他不喜欢索取和保有而喜欢给予。他看重财富不是因财富本身，而是因财富是给予的手段。人们谴责命运，说最应富有的人反而最不富有。但这其实又很正常。因为同别的事物一样，不付出辛苦去保有它，便不可能有财富。

慷慨的人并不把财物给予不适当的人，或是在不适当的时间给予，等等。因为如果那样做，他就不是在做慷慨的事情，也将没有财物可以给予适当的人。慷慨的人，如上面说过的，是根据他的财物来给予，并且是给予适当的人，过度了就是挥霍。

之所以我们不说一个僭主挥霍，是因为他无论怎样给予和花费，都不会耗尽资财。既然慷慨是给予和索取财物方面的适度，慷慨的人就不仅要事无大小都愉快地把适当数量的财物给予或用在适当的人身上，而且要从适当的资源中索取适当数量的财物。既然美德是在这两个方面的适度，慷慨的人就要在这两方面都做到他应当做的。适度的索取同适度的给予如影随形，不适度的索取则同适度的给予相反。所以，两种相互一致的索取和给予总是同时出现在同一个人身上。相反的，索取和给予则显然不是这样。如果一个慷慨的人偶然以某种不正确、不高尚的方式花费，他就会感到痛苦。但是，这会是一种温和的、正确的痛苦。因为，对该愉悦的事物愉悦、对该痛苦的事物痛苦，并且以适当的方式，是有美德的人的特点。而且，慷慨的人由于在钱财上较好说话，也容易上当。因为，不看重钱财，钱要是没花到应当的数量，他就会比钱花得过多了还要难过。挥霍的人在这些方面也是错的。因为他们对该愉悦的事物不感到愉悦，对该痛苦的事物不感到痛苦。这在下面的讨论中可以看得更清楚。我们说过，挥霍和吝啬是在给予和索取方面的过度与不及，因为我们把花费看作一种给予。挥霍是在给予上过度，在索取上不及。吝啬则是在给予上不及，在索取上过度。但给予和索取在这里只是就小事情说的。

挥霍的这两个特点很少同时出现于同一个人身上，因为一个人如果什么都不索取就很难给予，一个人如果这样过度地给予很快就会资财告罄，所谓挥霍者就是指这样的人。不过，这种挥霍者还是比吝啬的人好得多。他的毛病容易随着年龄的增长或由于生活的贫困而得到纠正，他能够学会适度。既然他给予而不索取，他就有慷慨的人的品质，尽管他在这两方面都做得不适当和不正确。如若他通过训练或别的途径学会做得适度，他就会是一个慷慨的人，就会把财物给予适当的人，并且不索取不适当的财物。这就是我们认为这样的人并不是坏人的原因。在给予上过度而又什么都不索取的人是一个愚笨的人，而不是一个坏人或无耻的人。这种挥霍的人远远强过吝啬的人。这不只因为上面说过的原因，还因为这种人对许多人都有益处，而吝啬的人则对任何人，甚至他自己，都没有益处。

但是大多数挥霍的人，如前所说，都不仅不适当地给予，反而索取不适当的资财。就索取不当资财这方面说，他们同样是吝啬的。他们急切地索取，因为当他们想花费时资财很快告罄而难以做到。同时由于他们做事情不是为高尚，所以他们不加考虑、不作区分地到处索取。也就是说，他们急于给予，并且不在意以何种方式和从哪里索取。因此，他们的给予也算不上是慷慨。这些馈赠本身就不高尚，其目的与方式也不高尚。有时，他们使得本来应当贫困的人富有，对那些值得尊敬的人却不予周济，并且大量犒赏那些奉承者和使他们快乐的人。所以，他们大都是花钱铺张的放纵者，没有高尚的目的只知道追求快乐。挥霍的人如不加调教就会成为放纵的人，如果得到细心的教育，他就可以养成慷慨这种适度的、正确的生活品质。与此相反，吝啬则是不可救治的，因为衰老和任何一种衰弱都使人变得吝啬。

吝啬与慷慨相比更像是与生俱来的。因为大多数人都喜欢得到钱财而不是予钱于人。吝啬这种恶许多人都有，且样式多种多样。吝啬似乎有许多种类。吝啬有两个方面：在给予上不及和在索取上过度。这两种毛病并不总是同时存在于同一个人身上。它们有时是分离的：有些人是在索取上过度，有些人是在给予上不及。

那些被称作“小气鬼”“奸猾鬼”“守财奴”的人，都是在给予上不足。但他们并不觊觎别人的财物，也不想把它们占为己有。有的人不将他人财物拿来归己是因为他出于体面，或者是为了防止羞耻。有些人积攒钱财似乎是（至少他们自己会声称）为了日后不至于被迫去做一些不体面的或羞耻的事，一毛不拔的人和诸如此类的人也属于这一类。有的人不拿他人财物归自己所有则是因为害怕。要是把别人的事物拿来归自己所有，自己的事物就难免不被别人拿走，他们宁愿既不索取也不给予。

另一些人则在索取方面过度。他们什么都要，不论是谁给予的都接受，如那些从事低贱职业的人，像皮条客和放高利贷的以及诸如此类的人。这几种人都是在索取不当资财，并且索取得超过其应得。他们的共同特点显然是贪婪。他们都是因为贪婪，而且是贪图蝇头小利背上坏名声的。

对那些从不应当的地方获取巨大财富的人，如洗劫城市、掠夺庙宇的暴君，我们不说他们吝啬，而说他们恶、不敬、不公正。然而，那些掷骰子出老千的人、偷走人家衣服的小偷，以及那些抢劫别人的强盗，则属于吝啬的人。因为他们的所为都出于贪婪。正是由于贪婪，他们才去施展伎俩和忍受那种耻辱。强盗为了抢劫而冒生命的危险，出老千的人则从他本应去给予的朋友那里骗得财物。

这两种人从这两种不应当的地方索取，都是出于贪婪。诸如此类的索取都是吝啬的表现。所以，人们自然而然地把吝啬看作是慷慨的相反者。吝啬不只是比挥霍更大的恶，而且，其错误的程度大大超过前面之前说的挥霍。

关于“大方”

接下来应当谈谈大方①，因为它也是与财富有关的美德。但大方不是像慷慨那样同所有处理财富的行为都有关，而只是针对花钱的铺张说的。而且，它指的是在数量上超过慷慨的花费。正如其名称表明的，大方意味着数量大的适度的花费。但是数量的大是相对而言的。花钱造一艘三层舰诚然是铺张，但与造一座神殿的费用不可同日而语。所以，花费的适度是相对于花钱的人自身，又相对于花钱的场合和对象的。一个人如果把大量的钱花在微不足道的事物上，例如那个说“我经常施舍乞丐”的人，就算不得大方。只有把大笔钱花在重要事物上的人才是大方的。尽管大方的人是慷慨的，慷慨的人却未必是大方的。在大方上不及是小气，其过度是虚荣、粗俗等等。虚荣、粗俗等等不是指在适当的对象上花钱过度，而是指在不适当的对象上和以不适当的方式大量地花钱来炫耀自己。对这些恶我们到后面再谈。

大方的人是个明白人。他能够明白什么是适合的对象并且有品位地花大笔的钱。正如我们在开始就说过的，一种品质是由它的实现活动和对象决定的。大方的人的花费是重大的和适

① 需要再次注意的是，在亚里士多德的时代，“大方”这个词有“为公益花费数额巨大的钱款”的特定含义。

宜的，其结果也是重大的和适宜的。只有这样那大笔的花费才同结果相称。

大方的人花大量的钱是为了高尚，因为这是所有美德的共同特征。此外，大方的人还将高兴地、毫不吝惜地花费。精心地算计是小气的行为，大方的人愿意去考虑如何最美好、最体面地实现自己的设计，而不愿意算计这样做要花多少钱以及怎样才能最省钱。所以，大方的人必定是慷慨的。

既然大方和慷慨都是在钱财的花费方面，大方的人的“大”也就表现在适当的方式和适当的数量这两者的“大”上面。大方的人能够用同样的钱创造出更宏大的作品。因为，一笔财产的美德同一件作品的美德不是一回事。最有价值的财产是最值钱的事物，如黄金；最有价值的作品则是最宏大、最高尚的事物。这样一件作品唤起观者的崇敬，大方的活动也是这样。一件巨大作品的美德就在于它的宏大。在有些事情上花钱铺张我们认为是荣耀的。这些花费包括同敬神相关的祭物、建筑、牺牲和所有同神事有关的花费，以及同公共荣誉相联系的公益捐助，例如义务地为合唱队提供设备、修建一艘军舰，或举办体面的公共宴会。

但是在所有这些事情上，如上面说过的，我们也必须考虑到那个花钱的人的情形：他是什么人，他的资金情况如何。因为，花费总要考虑他的资金情况，不仅要适合那个场合，也要适合那个给予者。所以，一个穷人不可能大方。他没有条件把大笔钱花在适当的事物上，如果努力表现得大方，那就是愚蠢。因为他那样花钱既不自量力，又方式不当。一笔花费只有花得适当才是有美德的。这样大笔的花费对那些自己挣得或从祖先或亲戚继承了适当的财产的人则是适当的。对那些有地位、名望等等的人也是这样，地位、名望这些事物有巨大的价值。

大方的人基本上就是这样一些人，大方的品质也如上面提及的表现在用于神事和公益这两种公共生活的大笔花费上，因为这些花费才是最巨大并且最荣耀的。

至于私人的花费，首先，那些一生只有一次的事情，如结婚或类似的事情，那些引起全城人或有地位的人关注的事情，以及迎送外邦客人，送礼或回赠礼品，都是最适合的场合。因为，一个大方的人不是为他自己而铺张，而是为公众的目的花钱，他的礼品也有点类似于祭品。其次，大方的人也要以与他的财产相称的方式建造其宅邸，一幢建筑也是一件公共饰物。他愿意把钱花在那些恒久存在的事物上，因为这些事物是最高尚的。而且在每种场合他所花的钱都要相称，给神的祭品不应和给人的礼品一样，建一座神殿的费用也不应和修一座墓的费用一样。此外，既然铺张总是就花钱所做的事情来说的，大方就是在大事上花最多的钱，在一个特定场合中花费相称于那个场合的大量钱财，而花钱铺张不等于结果就伟大，因为最漂亮的球或罐作为给一个孩子的礼物也是了不起的，可是其花费却微不足道。那么，大方的人的特点就在于，无论他把钱花在哪里，都创造出一种宏大的、与那个花费相称的成果，因为只有这样的一种成果才不容易被超过。

这就是大方的人的特点。过度了就是那种粗俗的人，我们已说过，这种粗俗的人总是在花费上超过适度。因为，他把大笔钱花在少量花费就可以满足的事物上，不适当地炫耀。例如，他用婚宴般的规模招待日常的伙伴，或给一个喜剧中的合唱队装备紫色长袍，就像麦加拉人所做的那样[①]。他做这些事情不是因为高尚，而是因为他想炫耀其富有，他认为人们会因为这些事情而崇拜他。他在该多花钱的地方花得极少，在不该多花钱的地方却花得很多。小气的人则在所有这些事情上都不及。在花了一大笔钱之后，他会为了一点小事而把事情搞砸。他做事总是迟疑，总是考虑如何能花钱最少，即使花了很少的钱也心疼，也觉得花得过多了。这两种品质都是恶。但是它们并不使人特别丢脸，因为它们对别人并无损害，也算不上特别丑恶。

① 麦加拉是喜剧的发源地，麦加拉人的喜剧就是以另类的方式表现出粗俗的品位，在雅典人看来这类喜剧是粗俗的、无品位的，紫色长袍是适合于国王和诸神的，喜剧中的合唱队并不需要穿紫色长袍这种特别的外衣，所以让合唱队穿上紫色长袍就是不妥当、不得体的。

四、与荣誉有关的美德

关于“自重”

自重[①]顾名思义就是跟重大事物有关的。我们先来看一看它是同哪些重大事物有关的。至于是从这种品质自身来进行考察，还是从表现着这种品质的人来进行考察，这并没有区别。

一个自重的人是自视重要，也配得上那种重要性的人。因为，一个人自视重要的程度超过了自己的配得，那就是无知的或愚蠢的，但不会有任何一个有美德的人是无知或愚蠢的。自重的人就是我们所描述的这样一种人。只配得微小的事物，并且自视微渺的人是节制的，但不是自重的人。因为自重意味着重要，一个自视重要，却配不上那种重要性的人是虚妄自负的，尽管不能说所有自我估价过高的人都是自负的。自我估价

① 该词之希腊文本意含义比较复杂，很难用一个中文词汇进行完全的指称，其希腊词的字面意义是“宏大的灵魂”，本意上可以指称超越人的事物，例如神；当作为用来形容人的词语时，相当于汉语所说的“宽广的胸怀、伟大的力量”，所以这里的“自重”，一方面，具有“自视重要且配得上重要”之意，另一方面，对应过度“自夸”和不及“自卑”这两个层面；其含义不仅限于现代汉语的“自重”之意，望读者知悉。

低于其配得的人，无论其配得是重要的、中等的或低等的，只要他的估价低于这配得，则是自卑的。所有自卑的人之中，最自卑的是配得上重大的事物而又自视微渺的人。因为，若他不值得这么多，他自己都不知道自己配得上重大的事物，他还能再做些什么呢？所以，自重的人就其自视重要来说是处在一个极端上的，然而就他对自己的看法之正确性来说他又是适度的。另一些人则对他们的配得估价得过度或不及。

如果一个人自视是重要的，并且也是配得重要的人，尤其是作为配得最重要之物的那种人，他就会涉及一种特别之物——荣誉。人的配得是相对于外在的善的。我们会把我们愿意奉献给神的，把有地位的人们最为追求的，以及我们指定给最高尚的行为的那种善，视为最大的外在善。这种善也就是荣誉。荣誉就是最大的外在善。所以，自重的人就是对于荣誉和耻辱抱着正确的态度的人。毋庸证明，自重的人重视荣誉。因为伟人们据以判断自己和所配得的事物的主要方面就是荣誉。自卑的人的自我评估既低于他的配得，也低于自重的人的自我估价。自负的人则是在自我估价上超过他自己的配得，而不是超过自重的人的自我估价。

既然自重的人配得最多，他必定属于最好的人。因为一个人越是好，他配得的就越是多；如果一个人最好，他就配得最多。所以，真正自重的人必定是好人。而且，自重的人似乎对每种美德都拥有得最多。一个自重的人不大可能在撤退时拼命奔跑，也不大可能对别人不公正。既然对于他没有更为重大之物，他怎么还会去做羞耻的事情呢？自重的人已经自知自己享有了自己的配得，享有了荣誉，所以知道自己并不会因为做羞耻的事情而获得更大的价值，也就不会有去做羞耻的事情的任何动机。

在一起考察了其他美德之后，我们就会看到说一个自重的人不一定是有美德的人是荒谬可笑的。如果他是坏人，他就根本不配得荣誉。因为荣誉是对美德的奖赏，我们只把荣誉授予拥有美德的好人。自重似乎是美德之桂冠：自重使得美德变得更伟大，且不能离开美德而存在。做到真正的自重很难，因为没有崇高和美德就不可能是真正的自重的人。

与一个自重的人相关的是荣誉与耻辱，他对于由好人授予的重大荣誉会感到适度的高兴。他所接受的是他理应得到的事物，或者比他应得的更少。对于完满的美德而言，荣誉并不是对等的奖赏。不过他将接受好人所授予的这种荣誉，因为好人没有更重大的事物可以给他。但对于人们胡乱给他的，或是因不值一提的事而给他的荣誉，他会不屑一顾。对于毁谤，他同样嗤之以鼻，因为这不可能是公正地加之于他的。

如上面所说的，尽管自重的人主要关切荣誉，他同时也适度地关切财富、权力和可能会降临到他身上的好的或坏的命运。他既不会因命运的好而过度高兴，也不会因命运的差而过度痛苦，甚至荣誉对于他也好像算不上是重大的事物。财富和权力都是因荣誉之故而值得欲望，或者最起码是，拥有财富和权力的人是想凭借它们得到荣誉。把荣誉都看得不重要的人也会把别的事物看得不重要，所以自重的人往往被认为是目空一切的。

幸运也被认为会使人变得自重。人们常认为，出身高贵的人以及拥有权力或财富的人配得荣誉，因为他们比别人更具有优越的地位，而一种事物只要在某方面更优越，就应得到更大的荣誉。诸如此类的事物使人更自重，一旦拥有这些事物，人们就会从某些人那里得到荣誉。

但真实的情况是，只有拥有美德的人才配得荣誉，而一个既有美德又幸运的人将更配得荣誉。没有美德而拥有这些好事物的人既没有理由自视重要，也没有理由被称作自重的人。对于重大的事物和自重，一个没有完善的美德的人是不可能与之相配的。不仅如此，那些徒有好事物的人反而会蔑视一切，没有美德的人很难恰当地处理这些好事物。这种人由于既没有能力处置它们，又认为自己比别人优越，所以变得蔑视别人，并且随心所欲地行事。他们仿效自重的人而又不像自重的人，而且只在他们有能力仿效的方面仿效。因而他们只是蔑视别人，却不能合乎美德地行事。自重的人蔑视别人是有道理的，因为自重的人对自己有正确的判断，但大多数人却是没有根据地随意蔑视别人。

自重的人不纠缠琐碎的事情，也不喜欢去冒险，值得他看重的事物很少，但是他能够面对重大的危险。当他面对这种危险时，他会不惜生命。因为他知道在某些情况下不能苟且偷生。他乐于给人以好处，而羞于受人好处。因为给予人好处使得他优越于别人，受人好处使得别人优越于他。对所受的好处他愿意回报得更多些，这不仅回报了那个给了他好处的人，而且使那个人反过来受了他的好处。自重的人始终对他给人的好处怀有美好的回忆，而对他受于人的好处则不会留下美好的回忆，因为受惠者是被施惠者超过的人，而自重的人想做一个超过别人的人。他喜欢听到有人提起他给予别人好处，不喜欢有人提起别人给予他的好处。这似乎和我们关于美德和道德的常识有所冲突，一个人帮助过自己给过自己好处却不记住且不懂感恩，那怎么还会是作为拥有美德的自重者呢?

所谓怀有美好回忆，并不夹杂着“报恩”的观念，而应该以一种“肩负责任”的视角来理解，我给别人好处并不是要别人回报我，而是要我对别人更好，肩负更多对别人的责任。这大概就是忒提斯不向宙斯提起她曾对他做过的善举，以及斯巴达人不提他们给予雅典人的帮助，只说雅典人给予他们的帮助的原因。

自重的人的特点还在于，他无求于人或很少有求于人，且愿意给别人提供帮助。他对有地位、有财富的人高傲，对平民百姓随和。因为，优越于前者是困难的和骄傲的事情，超过后者则很容易。对于前者高傲算不得低贱，而对于后者高傲则有如以强凌弱那样粗俗。

此外，自重的人还有这样的特点，他们不会在每一件能够带来荣誉的事情上，或者在别人领先的地方，都去与人争夺荣誉。他并不急切地行动，除非关涉重大的荣誉。他也不会忙碌于琐事，只是做重大而引人注目的事情。他一定是爱恨分明的，因为只有胆怯的人才会隐瞒。自重的人关心诚实胜过于关心荣誉，并且言行一定是光明磊落的，他蔑视因胆怯而隐瞒的行为，他会坦然直言。除非是要在大众面前用自贬、反讽的口吻说话的时候，他都是真诚的。

他不会去讨好另一个人，除非那是一个朋友，因为讨好他人是奴性的，所以说所有的奉承者都是奴性的，而所有低贱的人都是阿谀奉承者。他也不会崇拜什么，因为对于他而言没有什么事物是了不起的。他也不会记恨什么，因为自重的人不会记着那么多过去的事情，尤其是别人对他所做的不公正的事情。宁愿忘了它们，他也不会议论别人什么，既不谈论自己也不谈论别人。因为他既不想听人赞美，也不希望有人受谴责。他也不爱去赞美别人，所以他不讲别人的坏话，甚至对其敌人，除非是出于明白的目的而羞辱他们。对于避免不了的小麻烦，他从不叫喊或乞求别人帮助。因为在这些事情上喊叫或乞求帮助就意味着很看重它们。他愿意拥有高尚而不实用的事物，而不是那些有利益的、有效用的事物。因为拥有前者更表明一个人的自足。此外，一个自重的人还行动迟缓、语调深沉、言谈稳重。一个没有多少事情可以看重的人不大可能行动慌张，一个不觉得事情有什么了不起的人也不会受到刺激，而大声说话、行动慌张都是受这些刺激反应的结果。

大度的人就是这样的。这种品质上不及的是谦卑的人，过度的是虚荣的人。这两种人也不被看作坏人。因为他们并不伤害别人，而是做错了事情。谦卑的人剥夺了自己所配得的重要性。他似乎是对他自己不好。由于不认为自己配得那种重要性，而且似乎不认识自己，他没有去追求那些他本应去追求的善事物。我们并不认为这样的人愚蠢，而是认为他们过于谦让。不过这种评价反倒使他们的情况更糟。因为，人们追求的都是相应于他们的那种善，他们出于认为自己不配得的原因而放弃那种高尚的活动和对那些善事物的追求。虚妄自负的人则愚蠢且对自己无知，并且还明白地表现出这种缺点。他们常常追求与他们自身不相称的荣誉，然后又被发现了本来的面貌。他们讲究穿着，注重外表，希望人人都知道他们多么幸运。他们还不时地谈论自己，好像这样就能受人尊重。但是比起自负，自卑更加与自重相反，因为它更普通，也更加恶。

在对待小荣誉方面的美德

如之前说的，自重是同重大的荣誉相联系的品质。在荣誉这方面，如在一开始谈到这个问题时就说过的，也有一种品质同自重相联系，就像慷慨同大方相联系那样。因为，这种品质和慷慨都同重大的事物无关，它们都是在处理中等的或细小的事物上的适度。正如在索取和给予财富方面有适度、过度和不及一样，在对荣誉的欲望上也有过度、不及和适度。我们既谴责爱荣誉者在欲望荣誉上过度或欲望不当的荣誉，也谴责不爱荣誉者甚至在高尚的行为上也不向往荣誉。但有时我们又如在开始谈到这个问题时所说的，称赞一个爱荣誉者有抱负和爱高尚的行为，称赞不爱荣誉者谦让和节制。显然，爱某事物有多种含义，与我们在说爱荣誉时所说的意思并不相同。当我们称赞它时，我们是指比大多数人更爱荣誉；当谴责它时，我们是指爱荣誉过度。适度的品质没有名称。所以两个极端相互争执，仿佛那个位置等着它们来占据。但是，凡有过度和不及的地方就有适度，而在对荣誉的欲望上的确有过度和不及，所以在欲望荣誉上也一定会有适度。

在荣誉方面我们所称赞的就是那种没有名称的品质。相对于爱荣誉它似乎是不爱荣誉；相对于不爱荣誉它又是爱荣誉；相对于这两者，它又是既爱荣誉又不爱荣誉。其他美德的情形似乎也是这样。不过在荣誉这方面，由于适度的品质没有名称，对立存在于两个极端之间，而不是存在于它们各自同适度的品质之间。

五、其他美德及羞耻

关于“温和”

温和，也就是“好脾气”，是怒气情绪中的适度。但是，这种适度的品质没有名称，而两种极端的品质也没有名称。那我们就把“温和”放在适度的位置上，哪怕它有些偏向于没有名称的不及品质。过度的品质也许可以称为易怒，因为我们在讨论的情绪是怒气，尽管引发怒气的原因有许多，且各种各样、互不相同。

一个人如果在适当的事情上、对适当的人、以适当的方式、在适当的时候、持续适当长的时间发怒，就会受到称赞。既然温和受到称赞，那么这样的人就是一个温和的人。因为温和的人其实就是一个脾气平和，不受激情主宰，而听从理性的指导，以适当的方式、对于适当的事情、持续适当的时间发怒的人，即使他宁愿原谅别人而不是因复仇而显得偏向不及一边。不及——不论叫作麻木还是别的什么——将受到谴责。那些在应当发怒的场合不发怒的人被看作是愚蠢的，那些对该发怒的人、在该发怒的时候也不以适当方式发怒的人也是愚蠢的。人们认为，这样的人好像对事情缺乏感觉，也不知道痛苦。如果一个人从来不会发怒，那么他也就不会自卫。忍受别人对自己或亲朋的侮辱，则是奴性的表现。

过度也会在上述的各个方面出现，因为一个人可能对不适当的人、在不适当的事情上、以不适当的方式，时间过短或过长地发怒。但这不是说这些方面的过度都会同时发生在一个人身上。这种情形不大可能出现，因为恶会自己破坏自己。如果它成就了完整的恶，那就将令人不堪忍受了。

易怒的人的怒气来得快。他们对不适当的人、在不适当的事情上发不适当的怒气，但他们怒气过去得也快，这是他们好的地方。之所以如此，是因为他不控制自己的怒气。由于脾气急躁，只要受刺激他的怒气就会立即发泄出来，但发泄完之后怒气也就过去了。

暴躁的人是脾气最急躁的人。他们不论什么场合，一有事情就会发怒。他们也因此而得名字。

生闷气的人，他们的怒气是较难平息的，会持续生气很长时间，因为他们压抑着自己的怒气。不过，他们一旦报复了，这怒气就会过去。因为报复产生的是快乐而不是痛苦，这种快乐消除了他们的怒气。如果得不到这种发泄，怒气就一直压在他们心里。由于他们不把这怒气表现出来，也就没有人去平息它们，而一个人自己消化怒气需要很长时间。这样的人对自己、对朋友都是最麻烦的。

我们把在不适当的事情上以不适当的方式发怒的人、发怒持续时间过长的人，以及不报复和惩罚别人怒气就不会平复的人，统称为“坏脾气”的人。

我们偏向于把“温和”看作是与怒气过度相对立，而不是与不及相对立的。这不仅因为过度的情形较为常见，也因为人更倾向于报复，脾气越坏的人越难相处。

我们在前面说过的那番话在这里显得更为清楚。我们很难确定一个人发怒应当以什么方式、对什么人、基于什么理由才是适当的。也很难确定，发怒持续多长时间，或者自何时起，就不再正确而成为错误。一个在怒气方面稍稍朝过度或者朝不及偏离的人，并不会受到谴责。我们有时称赞那些在怒气上不及的人，说他们的脾气好。有时又称赞那些易动怒的人，说他们有男子气概，认为他们有能力控制局面。所以，一个人偏离得多远、多严重就应当受到谴责，这很难通过论证的方式来确定。而对这些事情的判断，取决于具体的情形以及我们对具体问题的感觉。适度的品质，即对适当的人、就适当的事、以适当的方式等等发怒的品质，值得受称赞。过度和不及则会受到谴责，轻微的偏离受轻微的谴责，较大的偏离受较重的谴责，最大的偏离受最严重的谴责。所以，我们应当追求的显然是适度的品质。关于怒气方面的品质我们就谈到这里。

关于“友善”

在人群中，或在社会生活的交际、相处以及交谈和交易中，有些人是谄媚的。他们凡事都赞同，从不反对什么。他们认为自己的责任就是不使跟他们交往的人痛苦。另一些人则相反，他们什么都反对，从来不顾虑他们是否给别人带来的痛苦，这种人被称作乖戾的人。

显然，这两种品质都是受谴责的，那种居两者中间的适度的品质才是受称赞的。一个人正是由于这种适度的品质，才会以适当的方式赞同该赞同的，反对该反对的。这种适度的品质没有名称，它与友爱很相似。有这种适度品质的人，如果再具有一份和别人的感情，就是一位很“好”的朋友。

友善这种品质同友爱的区别，在于它不包含对所交往的人的感情和爱。这样的人做事情适度，不是出于爱或恨的感情，而是因为他就是那样的人。他同熟人和生人、亲近或不亲近的人交往，都举止适度，只不过是相应于每一种人的适度。因为，对陌生人和亲朋好友表现出同等程度的关心是不适当的，使他们同等程度地痛苦也是不适当的。

我们已经在一般意义上说明了具有这种品质的人在交往中会做事情适度。我们还要说明，他总是为着高尚和有益的目的，努力使人快乐而避免让人痛苦。

对地位高的人和普通人、熟人和不太熟识的人，以及有种种其他区别的人们，他将以适合那些人各自的不同方式同他们交往。他会因快乐自身之故而促进交往，并努力避免造成痛苦，而且他还要考虑后果。如果这样做的后果是更好、更高尚和更有益，他也可以忍受在交往过程中给他人带来一点小小的痛苦。

这种适度品质就是这样，尽管它没有名称。那些努力讨好别人的人，如果只是为了快乐而没有其他的意图，那就是谄媚；如果是有目的的，那就是奉承，比如获取钱财或某种好处。谄媚只是无原则地讨好他人，而奉承是出于一些卑贱的目的，比如获得某些他本不该获得的钱财、好处之类，因此奉承比谄媚更加与友善这一适度品质相对立，有一个坏的目的甚至比没有目的，距离拥有一个高尚的目的更远。那些对什么都不赞同的人，正如我们已说过的，是乖戾的。看来这两种极端是相互对立的，因为居中的适度品质没有名称。

关于“真诚”

我们来谈谈真诚的人与虚伪的人，先从前者说起。我们所说的真诚，不是交易中的守约可信或涉及公正与不公正的那些事物上的品质，适用于这些事物的是另外一种美德。我们所说的真诚，是不涉及那些事物时，一个人出于其品质在语言和行为上的真诚。这样一个真诚的人被看作是有美德的人。因为，他在无关紧要的时候都爱讲真话，在事情重大时就更会真诚。他会拒绝不真诚的行为，认为那是耻辱，且他本来就不论后果怎样都不会做事不真诚。我们所称赞的正是这样的人。这样的人会宁可对自己少说几分而少偏离事实一点。因为，既然说过头是讨人嫌的，对自己少说几分也许更好些。

那种喜欢吹嘘的人，如果没有什么特别的目的，固然是可憎的，但这种人只是愚蠢而不是恶。那些出于某种目的而吹嘘的，如果是为了荣誉，就不算可憎；如果是为了金钱或可以获得金钱的事物，就最为可憎了。吹嘘不是出于潜能，而是出于意愿。一个人是因为具备了爱吹嘘的品质才是一个吹嘘者。这就好比，有的人说谎是因为喜欢说谎，有的人说谎则是为得到荣誉或好处。为得到荣誉而说谎的人表现得自己具有的是那些受到称赞和尊敬的品质。为得到钱而说谎的人表现得自己具有的则是对邻人可能有用的品质，例如预言或治病的本领。一个人是否真的具有后一类的品质比较好隐瞒。大多数人喜欢表现得自己具有这后一类的品质，也正是因为它们既可能对邻人有用，有更好隐瞒。

与真诚相对立的是吹嘘。吹嘘是比自贬更坏的品质，有三类不真诚的爱吹嘘的人：第一类是没有目的的，只是因为喜欢吹嘘而吹嘘，这种人虽然不算恶，但是连追求荣誉的目的都没有，是比较低级的；第二类是为了得到荣誉而吹嘘的人，这种人是本来意义上的吹嘘者，其品质也并不恶，因为起码他们具有追求荣誉的目的；第三类是出于金钱等目的而吹嘘的，这种人品质上是恶的。

关于“机智”

生活中也有休闲的时候，休闲中总要有消遣性的交谈。在这方面，也有一种适当的交谈方式。和人家谈些什么以及怎样向人家谈，听人家谈些什么以及怎样听，这些方面都有做得是否恰当的问题。同什么人谈或听什么人谈这方面也有恰当不恰当的问题。显然，在这些方面，一个人既可能做得过度，也可能做得不及。

那些过度风趣、过度开玩笑的人，就会被看作是滑稽的或品位低级的人。这种人什么玩笑都开，目的只在于引人一笑，全不考虑礼貌和如何不给被开玩笑的人带来不快。那些从来不开玩笑、也忍受不了别人开他玩笑的人被看作是呆板的和乏味的。能够在开玩笑时不失分寸的人被称作机智的人，意思就是懂得见机行事、八面玲珑。

机智的妙语仿佛是有品质的活动。我们判断一个人的品质如何要根据他的品质的活动，正如判断他的身体如何要根据其身体的活动一样。玩笑的题材俯拾即是，多数人都过度地喜欢玩笑和嘲弄，甚至滑稽的人也会被称为机智的，因为人们觉得有趣。尽管如此，我们上面所说的也已经表明机智不同于滑稽，而且两者相去甚远。

这种适度的品质的另一个特点是得体。具有谈话得体的品质的人只说、只听适合一个体面、高雅的人说和听的事物。因为，这样的人在说玩笑和听玩笑方面都有其适合的语言。出身高贵的人的玩笑也不同于卑贱的人的玩笑，有教养的人的玩笑也不同于没有教养的人的玩笑。这种区别可以从过去的喜剧与现在的喜剧的对比中看出来。过去的喜剧用粗俗的语言取乐，现在的喜剧则是用有智慧的语言引人发笑，这两者在得体上有很大的区别。

我们是否可以把适度的玩笑、得体的风趣界定为这样一种言语，它适合于得体、高雅的人，或是界定为那种不会给听者带来痛苦而会给他带来快乐的玩笑？又或者，这类玩笑是否不可能有明确的规定？不同的人喜欢的和讨厌的事物是不同的。一个人愿意说的必定也是他愿意听的，他肯接受的也就是他愿意做的，但有的玩笑他不会去开。因为玩笑是一种嘲弄，而立法者们禁止我们嘲弄某些事物。也许他们也应当禁止某些形式的玩笑。温和的、慷慨的人必定是像上面说到的那样不去开某些玩笑，因为某些尺度就是他们自己制定的法规。这种适度的品质就是这样，称它是机智或说话得体都可以。

滑稽的人则有这样的缺点，即自己屈服于开玩笑的冲动。只要能引人发笑，不论对自己还是对别人，他都不会放过机会。他总是说些有教养的人不会去说的笑话，其中有的甚至连他自己都不愿意听。呆板的人对于社交谈话是不适合的。他什么玩笑也不会开，什么玩笑都接受不了。但是休闲、消遣却是生活的一个必要部分。

我们已经讨论了三种适度的品质，它们都同生活中某种语言和行为的交流有关。它们的区别在于，一种是同真诚相关，另外两种则同愉悦相关。在后两者中，一个表现在风趣、玩笑活动中，另一个则表现在一般社交生活中。

关于“羞耻”

把羞耻看成是一种美德是不恰当的。因为它更像是一种情感而不是一种品质，一般被定义为对耻辱的恐惧。实际上，它有着类似于对危险之恐惧的效果。人们在感到羞耻时就脸红，在对死感到恐惧时就脸色苍白。这两者都表现出一定程度上的身体反应，这种反应看起来更像是情感的特点，而不是品质的特点。

羞耻这种情感并不适合于所有年龄段的人，而仅仅适合于年轻人。我们认为，年轻人应当表现出羞耻感，因为他们听凭感情左右常常犯错误，感到羞耻可以帮助他们少犯错误。我们称赞一个表现出羞耻的年轻人，但是不称赞一个感到羞耻的年长的人，因为我们认为年长的人根本就不应当去做会引起羞耻的事情。

既然羞耻是恶的行为引起的感情，一个有美德的人就不会感觉到羞耻，因为他不会去做恶的事情。至于有些事情是本身就是羞耻的，还是被人们所谓的羞耻的，两者没有什么分别，因为这两种事情都不该做。

而那些做出任何羞耻之事的一类人便是低下的人。如果一个人在做了羞耻之事之后感到羞耻，我们就说他是有美德的人，那这是荒唐的。因为，那个引起羞耻的行为必定也是出于意愿的行为，而一个有美德的人是不会出于意愿地做羞耻之事的。但是，羞耻可以在特定条件下被认为是一件好事。如果一个好人做了坏事情，他就会感到羞耻。然而，美德则不是这样。而且，虽然无耻，即做了羞耻之事而不觉得羞耻，是卑贱的，这也不能说明做了坏事感到羞耻就是美德。

第七讲 公正与友爱

一、作为美德之首的公正

二、作为必要美德的友爱

我们以公正和友爱这两项美德的讨论为结尾。公正和友爱是亚里士多德论述最多的两种美德，前者被认为是“美德之首”，后者被认为是“必要的美德”，可见这两种美德对于当时人们的重要性。这是由当时的城邦政体决定的，共同体与公共生活是人们日常生活的重要组成部分，而在人们公共生活的交往过程中，公正与友爱也因此成为最为重要的美德。在公正和友爱这两种美德的讨论中，也会涉及许多关于政治、政体的议题，比如专门探讨什么是政治上的公正，以及不同政体中的公正与友爱。在亚里士多德看来，政治学是最高的科学，它以城邦的善、最大的善为对象。公正和友爱不仅仅是一种个人的美德，而是一种寻求最好政治、最善城邦的公共美德或社会美德。完善的友爱、最高形式的友爱也有助于最高的科学，即有助于建构最为理想的城邦，实现政治学的最高目的。

一、作为美德之首的公正

关于公正与不公正，我们必须弄清它们与什么种类的实践活动相关，以及公正是处于哪两种极端之间的适度。我们仍按照之前的方式来研究。

公正的类型

我们看到，每个人都说公正是这样一种品质，它使人们倾向于做公正的事情，并欲望公正之事。同理，不公正就是这样一种品质，它使人们做不公正的事，并欲望不义之事。我们把这些作为接下来讨论的基础。

品质同科学和能力是不同的：同一种能力或科学看来包含着其相反者，但一种品质看来却不包含其相反者。例如，健康只会使我们进行健康的活动，而不是其反面。因为只有当我们像一个健康的人那样步行的时候，才是健康地步行。那么，对于两种相反的品质中的一种，我们可以通过与其相反的品质来了解；而在一些情况下，某种品质也可以通过其包含的题材来了解。如果好的品质是显然的，那么坏的品质也就成为显然的；如果一种品质体现其内容的题材越明显，那么其内容也展现其品质越明显。例如，如果好的品质是肌肉结实，那么坏的品质就一定是肌肉松弛，而产生好品质的事物就一定是使肌肉结实的事物。

如果两个相反术语中的一个是以多种方式被言说的，那么另一个也是以多种方式被言说。例如，如果公正是以多种方式被言说的，那么不公正也是如此。那么，公正和不公正看来都是以多种方式被言说的，但由于其意义接近，它们之间的同名异义就很少被注意，而其意义疏远时，它们之间的同名异义则更容易被注意。例如“kleis”这个词，既可以用来指动物的锁骨，又可以用来指人们锁门用的钥匙。

接下来，让我们来弄清不公正的人是以多少种方式被言说的。违法者、贪欲者和不公平者都是不公正的人。那么就很清楚，公正的人就是守法的和公平的。因此，公正的就是既守法又公平；不公正的就是既不守法又不公平。

由于不公正的人贪欲，他就会在好的东西上贪欲。这里的好东西不是指所有的好的事物，而是指与好运相关的好的事物。这些事物总是无条件善的，而对特定的个人来说，却不总是善的。不过，人们祈求并追求这些对特定人而言的好东西是错误的。正确的做法是追求这些既是无条件善的事物，又是对我们而言善的事物，而实际上选择对我们而言善的事物。

不公正的人并不总是选择更多份额，对于无条件“恶”的事物，他会选择更少份额。不过，由于更少量的恶事物看来在某种程度上是“善”的，并且由于贪欲是在追求善事物，所以不公正的人还是获取过多。实际上，他也是不公平的，因为不公平包括所有这些行为，并且具有一般特点，即选取更多的善、更少的恶。

我们看到，由于违法的人是不公正的，而守法的人是公正的，那么就很清楚，所有守法的在某种意义上就是公正的，被立法所规定的事物都是合法的，并且我们说其中每条规定都是公正的。所有的法律规定，或者是为了所有人的共同利益，或者是为了那些凭借美德或其他根据进行治理的人的利益。因此，在某种意义上，我们说那些倾向于产生并保持幸福或其构成部分是为了政治共同体的事物是公正的。法律要求我们做一个勇敢的人会做的行为，比如不擅离职守、不逃跑、不丢掉武器；做一个节制的人会做的行为，比如不通奸、不羞辱他人；做一个温和的人会做的行为，比如不殴打、不谩骂他人。类似地，法律还要求我们做一些符合其他美德的行为，并禁止我们做体现恶的行为。建基好的法律在这方面做得正确，而建基不好的法律在这方面做得糟糕。

那么，这种公正就是完满的美德，尽管不是无条件的完满美德，但却是与他人相关的完满美德。这就是为什么公正在众多美德中似乎通常是最高的，长庚星和启明星都没有那么神奇。谚语说，“在公正之中，所有美德都汇集起来了。”进一步说，公正是最完满的美德，是因为它是完满美德的完满发用。它是完满的发用，是因为一个具有公正美德的人能够对他人运用美德，而不仅仅能对事关自己的事情运用美德。因为很多人能够对事关自己的事情运用美德，但却不能对他人运用美德。由于这个原因，毕阿斯的话似乎说得对，他说：“当官显人品。”因为官人已经处于与他人的关系中，处于共同体中。出于同样的原因，唯独公正在众美德中被当作对他人的善，这是因为公正与他人相关。公正促进他人利益，这个“他人”或者是治理者，或者是共同体中的其他成员。

因此，最坏的人就是对其自身和朋友都以恶的方式对待的人，而最好的人不仅对其自身运用美德，而且对他人也运用美德，这是一项艰难的任务。这种公正就不是美德的部分，而是美德的总体，也就是严格意义上的美德；而与之相反的不公正，也不是恶的部分，而是恶的总体。美德与这种公正的区别，我们的讨论已经讲清楚。它们是相同的，尽管它们的所是并不相同。就其与他人的关系而言，它是公正；而就其仅仅是一种品质而言，它是美德。

具体的公正

然而，我们所要研究的是作为美德的一个部分的公正，因为我们认为存在着这样的公正。同理，我们所要研究的不公正是作为恶的一个部分的不公正。说这种恶的存在是有证据的。因为体现其他种类恶的行为是不公正的，可根本没有贪欲——例如，因怯懦而丢掉武器的人、因怪癖而口出恶言的人，或者因吝啬而不捐钱帮助他人的人。然而，当一个人因贪欲而行动时，有些情况下根本没有体现上述的恶——至少没有全部体现这些恶；不过他还是体现了某种坏，我们谴责他这种坏就是不公正。因此，存在某种其他种类的不公正作为总体不公正的一部分，而且这种不公正之事也是作为违法的总体不公正的一部分。

进一步说，如果某人因赚钱而通奸，而另一个人花了钱，并且后者因他的欲望而遭受了损失，那么后者将会被当作是放纵的，而不是贪欲，前者将会被当作不公正的，而不是放纵的。这样就很清楚，这个不公正的人是为了获利。

再进一步说，关于所有其他不公正的行为，总可以归结为某种具体的、特定的恶——例如，如果一个人通奸，那么可以归结为他的放纵；如果他在战争中抛弃他的战友，那么可以归结为他的怯懦；如果他攻击某人，那么可以归结为他的愤怒——但是如果他获得了一份收益，那么我们不会将之归为恶，而是归为不公正。结果就很明显，在严格意义上的不公正之外还存在着某种具体的不公正，它与严格意义上的总体不公正是同名异义，因为它们属于同一个种类。这是由于它们都表现在与他人的关系中；而那种特殊的不公正与荣誉、金钱或安危相关，或者说与包含所有这些事情的一件事情相关，这件事情的名称表述就是：其获得能够增加快乐之物。另一种总体的不公正是针对有德之人关涉的所有事物而言的。

那么，公正是多重的，这一点就很清楚，除了作为总体的美德之外，还有其他特定的公正。不过人们必须搞清楚它是什么以及它属于哪类事物。因而，不公正的就被界定为违法的与不公平的，公正的就是合法的与公平的。前面谈到的一般的不公正就是针对违法而言的。由于不公平和违法不是相同的而是不同的，它们是作为部分与总体的关系——因为所有不公平的事都属于违法的，但不是所有违法的事都属于不公平，因此这种不公正及在部分意义上的不公正之事，不同于在总体意义上的不公正和不公正之事，前者作为部分，后者作为总体。因此，我们必须谈谈具体的公正与不公正，以及相应的公正与不公正之事。

让我们先把与总体美德相应的公正和不公正放到一边，这种公正是美德总体的实施，而这种不公正是恶总体的实施。人们必须以此来界定公正和不公正是显而易见的。粗略地说，大多数合法的事都是基于美德总体的结果：法律要求我们按照每种美德生活，禁止我们按照每种恶生活。产生总体美德的行为也就是合法的行为，正是这种法律规定着促进共同善的教化。不过，这种适合于个人的教化仅仅是关于他成为一个好人——这种教化属于政治科学还是其他科学，我们后面再确定。因为成为一个好人和成为一个好公民并不是在每种情况下都是一样的。

特殊的部分公正及其相应的方式也需要区分。一种具体的公正是就荣誉、财产或者其他任何在一个政治共同体可析分之物而言的——对于这些事物，一个人可能分到相对于他人同等或不同等的部分。另一种具体的公正是在交易中起矫正作用的，它包括两个部分：一些交易是意愿的，另一些却不是。意愿的交易有如下这些种类：卖、买、放贷、抵押、投资、储蓄，以及出租——它们被认为是意愿的，是因为这些交易的起点是意愿的。在违背意愿的交易中，一些是背着人的，如偷窃、通奸、下毒、拉皮条、引诱奴隶离开主人，以及作伪证等；一些是暴力的，如袭击、关押、杀戮、强奸、致人伤残、辱骂和侮辱等。

形式的公正

由于不公正的人和不公正的事都是不公平的，这就很清楚，存在一个相对不公平的某种适度。无论哪种存在程度差异的行为，不论过多还是过少，都会存在着公平。如果不公正的是不公平的，那么公正的就是公平的，这样看来对每个人而言都是不证自明的。

进一步说，分配显然应当依据配得。所有人都同意，分配中的公正就应该按照某种配得。然而，他们所谓的“配得”却不是同一回事。民主制的支持者会认为配得取决于自由；寡头制的支持者认为配得取决于财富；另一些人认为配得取决于出身；贵族制的支持者认为配得取决于美德。因此，公正就是某种比例。比例不仅仅是抽象的量，而且也是一般意义上的量，它是一种比率上的公平、平等，并且至少包含四个比例项。

不连续的比例有四个项是很清楚的，连续的比例也是如此，因为其中一项运用了两次，并且提到了两次——例如，正如线段 α 和线段 β 之比，等于线段 β 与线段 γ 之比。线段 β 被提到了两次。如果线段 β 被运用了两次，那么就会有四个比例项。公正也被划分为至少四个项，并且前两项和后两项的比率是相同的，它是在两个人和两份事物之间被类似地划分的。因此，α 和 β 之间的比例作为人之比，等于 γ 和 δ 之间作为物之比的比例；交换一下比例项就是，α 与 γ 之比，等于 β 与 δ 之比。总体与总体之比也就是[$(\alpha+\gamma):(\beta+\delta)=(\alpha:\beta)$] ——这是和分配相关联的；如果它们以这种方式被放在一起，那它们就是属公正地关联。因此，α 和 γ 的关联与 β 和 δ 的关联就是分配中的公正；并且这里的公正就是适度，不公正就是违反这种比例的，这种比例是一种适度，而公正就是一种比例。数学家称这种比例为“几何比例”，在几何比例中，总体与总体之比等于每个部分与每个部分之比。但是，这种比例不是连续的，因为没有一个单独的项被同时用于人和物。

公正在这种情况下就是成比例，不公正就是违反比例。因此，不公正一方面是多于这种比例，另一方面是少于它，这是在我们的行为中事实上所发生的：行为不公正的人占有更多的善，遭受不公正的人占有更少的善，对坏事物的占有情形正好相反。占有更少的恶相比于占有更多的恶，也算作一种善：比起更大的恶，更少的恶值得选择；更值得选择的就是善的；越值得选择，其善就越大。那么，这就是一种形式的公正。

作为矫正的公正

剩下的这种公正形式是作为矫正的公正，它既发生在意愿的交易中，也发生在违背意愿的交易中。这个意义上的公正与前一种公正有所不同，因为分配共同之物的公正总是依据于前文所谈到的比例。事实上，如果要从共同资源中分配，就要按照每个人对彼此的贡献比率来进行。同这种意义上的公正相反的不公正就是对这种比例的违反。

交易中的公正是某种公平，其中的不公正是某种不公平，但它依循的不是几何的比例，而是算术的比例。无论是一个公道的人抢了一个卑鄙的人，还是一个卑鄙的人抢了一个公道的人，抑或是一个公道的人与一个卑鄙的人通奸，这从根本上也都没什么区别。法律都是看其伤害程度的差异，并且公平地对待人们：如果其中一个人行为不公正，那么另一个人就遭受了不公正；如果其中一个伤害了人，那么另一个人就受到了伤害。因此，由于不公正在这种意义上是一种不公平，那么法官就要努力恢复公平。确实，如果一个人被打而另一个人打了人，或者如果一个人杀了人而另一个人死了，那么遭受这个行为和实施这个行为的就被分为不公平的两个部分。不过，法官就要通过制造损失的方式来恢复公平，从而就要拿去另一个人的多得。因为“多得”这个词仅仅是在这种环境下运用的一种言说方式，甚至在特定情形下，这种说法并不合适——例如，对于那些打别人的人，而“损失”这个词用于遭受者。无论如何，不管损失是否能够被测量，其中一个都被称作“损失者”，另一个人被称作“多得者”。因此，公平是过多和过少之间的一种适度，多得与损失则或多或少是相反的：更多的善以及更少的恶是多得，与之相反则是损失。正如我们所提到的，它们之间的适度就是公平，也就是我们所说的公正；因此，矫正的公正就是多得与损失之间的适度。

当人们之间发生争执时，他们会求助于法官，事实上希望法官成为公正的化身。人们找法官也就是找中间者，有些人把他们称作“中间人”，原因就在于，如果他们找到了中间项，他们就得到了公正。因此，如果事实上法官是中间人的话，那么公正就是某种中间。法官恢复公平，就像一条线段被分成了两个不相等的部分的情形，法官就要取长补短。当一个整体被分成了两个部分，人们得到公平的份额时，他们就会说得到了自己的那部分。公平是更多和更少之间依照算术比例的中间项。也是由于这个原因，它有自己的名称“公正”，又被分成了两个部分，如果公正是“平分”，那法官就“平分者”。在两份同等的事物中，如果从一份取出一部分加到另一份上，那么后一份就比前一份多出了两份取出的量；如果一份被取出了一部分，但没有加到另一份上，那么后一份就仅仅超出一份取出的量。因此，后一份超出中间项一部分，中间项超出前一份一部分。那么，通过这种方式，我们就会明白，应该从享有较多者身上取出部分，加到享有较少者身上：我们应该把较多者超出中间项的部分加到拥有较少者身上，而把中间项超出较少者的部分从拥有较多者身上取出。（线段αα'、ββ'、γγ'是相等的，从αα'上取出αε并加到γγ'之上，那么δγγ'（δγγ'为γγ'加上αε的长度）这个整体超出δγ和γζ（γζ与αε等长)的部分其长为εα'，因此，超出δγ的部分其长为ββ'。）

“损失”与“多得”这些名称都来自意愿的交易中；因为得到的多于一个人原有的就是“多得”，得到的少于一个人原有的就是“遭受了损失”——例如，在买卖活动中，以及法律所允许的其他很多交易中。当人们既没有得到更多或也没得到更少，而是刚好得到他所贡献部分的时候，他们宣称得到了他们所应得的，并且他们既没有损失也没有多得。因此，在违背意愿的交易中，公正是某种多得与损失之间的中间项——它意味着交易之前和矫正之后都是公平的。

作为回报的公正

也有人把回报看作是无条件的公正，就像毕达哥拉斯学派所宣称的，他们曾把公正无条件地定义为相互之间的回报。但是，回报既不适用于分配意义上的公正，也不适用于矫正意义上的公正——尽管人们希望这种矫正的公正也意味着符合拉达曼图斯式的公正：一个人做了什么就遭受什么，这就是直接的公正。

在许多情况下，在回报和公正之间存在差异。例如，如果一位治理者打了一个人，被打的人就不应该反过来也打他；但是如果一个人打了一个治理者，那他就不仅应该被打，而且还应该受到惩罚。进一步说，意愿和违背意愿的回报之间存在很大差异。但在与交换相关的共同体中，这种意义的公正——符合比例的回报和不符合比例的回报——将他们联系起来，因为城邦是通过合比例的回报这种方式维系在一起的。人们要么寻求以害报害——如果他们不这样的话，他们就会被认为处于奴隶地位；要么他们寻求以善报善，如果他们不这样做的话，就没有相互的交换。人们正是通过相互交换而维系在一起的。因此，人们为了提醒彼此相互给予，将美惠女神的庙宇建造在路边，这属于感激：一个人应该以美惠来回报美惠，今后他更应该自己率先对别人表示美惠。

成比例的相互回报是由交叉关系构成的。例如，假定 α 是一个建筑师，β 是一个鞋匠，γ 是一所房子，δ 是一双鞋。那么，建筑师应该以他自己的产品来交换鞋匠的产品。如果先有比例的公平，后发生回报性交换，那么交换就会按照说好的比例发生。如果不是这样，交换就是不公平的，并且是不持久的。因为不可能不出现这种情况：一个人的产品比另一个人的产品更优越。这些产品在交换时应该到达等值。其他的技艺也都是这样，如果制造者不生产这么多给定类型的产品，并且买者不收到同样数量、同样种类的产品，那么他们就会受损。没有一个共同体的存在是来源于两个医生之间的交换，而是来源于一个医生和一个农民之间的交换，更普遍地说，来源于不同类的事物以及不同等的人之间的交换，但是这些不同类别的事物必须被等值化。

因此，所有的交换都必须在某种意义上是能够比较的。为了这个目的，货币产生了，并且成了中介物。它衡量每件事物——过多的和不足的都能衡量——它决定多少双鞋相当于一所房子或一定量的食物。一个建筑师同鞋匠是怎样关联的，给定数量的鞋子与一所房子和一定数量的食物就是怎样关联的。如果不是这种情况，那么就不会有交换或共同体了，并且若在某种意义上这种交换不是公平的，那么这种关联就建立不起来。

正如之前所说的，所有的事物都必须由一种事物来衡量。这种事物其实就是需要把所有事物联系在一起。如果人们不需要任何事物，或者不以与对方相同的方式需要，那就要么不会有交换，要么就不是同样的交换。但是通过约定，货币已经成为需要的一种可交换的代表；并且在这种意义上，它有自己的名字——流通物，确切地说是“合法的流通物”，它不是由于自然而是由于法律而存在，可以由我们来改变或废除。

不同的事物一旦平等化了，才会产生回报，并且结果将会是，一个农民怎样和一个鞋匠关联，那么鞋匠的产品就怎样和农民的产品关联。但是一个人必须先确定产品比例的数字，然后才能交换，否则极端一方就会获得双倍盈余，所以应该在人们仍然拥有自己的事物之前确定这种比例。通过这种方式，他们将会公平并成为共同体的成员，因为只有在这种情况下，公平才能建立起来。让我们假设农民是α，他的食物是γ，鞋匠是β，他的被平等化的产品是δ；如果不可能以上述方式来相互回报，那就不可能有共同体。

显然，这需要把人们连接成为一个单一整体。当双方或其中一方不需要另一方的产品时，他们不会发生交换，只有当双方都需要对方的产品时，交换才会发生——例如，因为他们需要酒，人们同意他们出让谷物来换取时便是如此。交换必须要有这种平等化的关系。至于将来可能发生的交易，如果我们现在没有需要，货币保证我们一旦有需要就可以交易，因为提供货币的人应该得到所需要的物品。那么，货币虽然承担着物品价格，可它的比值也不是始终不变的。不过货币比其他的物品的价格更稳定些。因此，所有物品都应该有个定价，这样的话通常就会有交易，有交易就会有共同体。货币就像一个尺子那样，使所有物品都可以衡量和平等化。如果没有交易就没有共同体，没有公正就没有交易，没有衡量的尺度也就没有公平。

尽管对差异巨大的事物不可能衡量，但完全可以借助需要来衡量它们。因此，必须有一件事物作为尺度使用，并且这是基于一个前提的——它被称作“合法流通物”。它使所有的事物都可衡量。（假定 α 是一所房子，β 是一定数额的姆那（希腊币），γ 是一张床。如果这所房子 α 价值相当于 β 的一半（比如，值五姆那），床 γ 是 β 的十分之一。那么多少张床等同于一所房子就很清楚了，即五张。在货币出现之前，曾经存在过以这种方式进行的交换是很明确的，因为是五张床换一所房子还是五张床的钱换一所房子，这并没有什么区别。）

我们已经说明什么是不公正和公正。根据我们的定义，公正显然是做不公正的事与受不公正的对待之间的适度，前者得到的过多，后者得到的过少。公正也是某种适度，不过不是像其他美德那样的适度，但是公正要最终达到一种适度，不公正就属于两种极端。公正关涉的是公正之人意愿符合公正的选择行动，以及在给自己分配事物而与他人有关时（在另一个人与第三个人之间亦然），在对有价值物进行选择方面，不使自己得的更多而他人得的更少，在有害的选择方面则相反；还在于要达到比例的公平，在另一个人和第三个人之间的分配也是这样。

不过，不公正也包含与不公正的事物方面的联系，不公正的事就是在得益或受损这些事情上违反比例过多或过少。因此，不公正就是过多和不足，它与过多和不足紧密联系——在自己相关的场合一般而言就是好处上过多，害处上过少。在有他人加入的场合，不公正作为一个整体也是类似的。不过，它与这种或那种方式的合比例是相反的，不管是分配太少的好处还是太多的害处给别人。关于错误的行事方式，不那么错误的是遭受了不公正，更错误的则是做了不公正的事。

那么，至于什么是公正和不公正——也就是说各自的本性是什么，就让我们以这种方式来阐明，在一般意义上公正和不公正关涉什么也与此类似。

政治方面的公正

行为不公正并不必然地指示出一个人不公正，我们必须要探寻哪种不公正的行为所指示出的是行为者的不公正，就像一个窃贼、一个奸夫或者一个强盗那类的不公正。还是就此而言，它们并无不同呢？因为一个人可能同一个他认识的妇人交合，始因不是出于选择，而是出于欲望。这样的话，他虽行了不公正之事，却不是不公正的，就如同一个人虽偷了东西却不是窃贼；一个人虽进行了通奸之事却不是奸夫；相似的情形也存在于其他案例中。

我们之前已经谈过了相互性与公正的关系。但是我们一定不能忘了，我们所要探寻的并不仅仅是一般意义上的公正，也还有政治意义上的公正。这种公正存在于能够分享自足生活的成员中，他们是自由的，也是在比例或算数上公平的。因此，在不满足这一条件的人们之间，是不存在政治公正的，而只是存在着某种与此类比意义上的公正。由于公正只存在于通过法律规定的人们相互之间的关系；而法律存在于具有不公正的人们之中，这一公正正是对公正和不公正的判别。不公正存在的地方就会有不公正行为存在，尽管做不公正的事并不总是被标示为不公正的。不公正的行为意味着人们在一般好处上使自己得到的比应得的多，而在一般坏处上得到的比应得的少。

这就是为什么我们不允许由一个人来统治，而赞成由法律来统治。一个人会按照他的利益来行事，以致成为一个僭主。一个统治者应当是公正的护卫者，他既然是公正的护卫者，那么也就是公平的护卫者。并且，如果他被认为是公正的话，他就没有享有他所应得之外的好处。他并没有使自己在好处上分得过多，只取他应享有的那一份——他是为他人而工作的，由于这一原因，正如我们之前说过的，人们会认为公正是为着他人的“善”。因此，必须给统治者以报偿，即荣誉和优待。如果对这些报偿不满足，统治者就会成为僭主。

对于主人和父亲而言的公正不同于政治的公正，尽管它们相似。对于属于自己的事物并不存在严格意义上的不公正，一个人的私有财产，以及他的还未成年未独立的孩子，就像他自己的一部分，没有人会选择伤害自己，正是这个原因，没有人会对自己做不公正的事。因此，在这些关系中也表现不出政治的公正或不公正。正如我们所看到的，政治的公正是依据法律的，它存在于自然适用于法律的、在统治与被统治过程中具有平等性的人们之间。公正更多地存在于与妻子的关系中，而非存在于与子女及奴隶的关系中。这种公正是家室的公正，不过即使这种公正也还不同于政治的公正。

自然的公正与约定的公正

政治的公正部分是自然的，部分是约定的。自然的公正具有普遍适用力，而不依赖于人们如何看待它；约定的公正最初是这样或那样的起源并不重要，但一旦定下来，就变得十分重要，例如：一个囚徒的赎金是一个姆那，或在祭祀时要献一只山羊而不是两只绵羊。而且，所有约定的法律都是为具体的事情而定的，例如：对布拉西达斯的献祭以及颁布的法令条文等。有些人认为所有的公正都是约定的，因为所有自然的公正都是不可变更的并具有普适性的，正如火不论是在这里还是在波斯都会燃烧一样，然而他们却看到被视为公正的事物是在变化的。但是，以一种不加限制的方式说公正在变化是不对的，只能在某种意义上这样说：或许，这个说法完全不适用于神，不过在我们中间某些公正之物是自然的，可总体来看却是可变的。即便如此，它在一个方面是自然的，在另一个方面也是不自然的。

在这些变动的公正之物中，哪些是自然的，哪些不是出于自然而是出于法律和约定的还是很明显的。如果它们确实同样都是可变的，并且同样的区分也适用于所有其他情形：就自然而言，右手比左手更强有力些，可所有人的两只手都同样有力是可能的。基于约定和合算而确立的公正就像度量的衡器，酒和谷物的量器并不是哪儿都一样，而是买进的时候大一些，出售的时候小一些；同样，不是出于自然而是出于人为约定的公正之物也不是哪儿都一样，因为政体各处也都不同；虽然只有一种合于自然的政体在各处都是最好的。

每一种公正与合法之事都是作为普遍性与各种具体的行为和事例相关。虽然存在着诸多特殊行为，可每种公正与合法之事都是一样的，这是因为它是普遍的。

在不公正的行为与不公正的事之间，以及公正的行为与公正的事之间存在着区别。所谓出于自然的或人为的是不公正的，仅当有人做了这件事时，他的行为才是不公正的行为；在没有做之前，它就还不是不公正的行为，虽然这是不公正之事。同样，对于公正的行为来说也是如此，尽管更准确来说应是“公正的行为”，“公正的行为”应是对不公正的行为的纠正。我们以后会一一来谈公正和不公正的本性与形式，并说明它们所涉之物的情形。

公正与意愿

公正和不公正之事正如我们讨论过的，一个人只有在他出于自己意愿而做事时，他的行为才能是公正的或不公正的；当他违背意愿地做事时，他的行为就既不是公正的，也不是不公正的，除非就一种偶然的方式而言。他的行为可以碰巧是公正的或不公正的，而一个行为是不公正的还是公正的取决于它是意愿的还是违背意愿的：如果是意愿的，它就会受到谴责，同时它也是一种不公正的行为。因此，如果没有附加这种意愿，即使会出现不公正之事，却还不是不公正行为。正如之前所表明的，我所谓的意愿是指，行动在一个人的权能之内并且他对行为有所意识，即他不是对行为所作用的人、所使用的工具以及行为所达到的结果无知——例如他要打的是谁，武器是什么，会有什么后果等——并且每一个这样的行为都既不是出于偶然，也不是由于被强迫——例如A拿B的手打了C，B的行为就不是意愿的，因为这个行为不在他的权能范围之内。被打的那个人可能是打人者的父亲，打人者可能知道那是一个男人或是在场的任何一个人，但却不知道那是他的父亲。在行为的结果和行为的整体方面都可以做这种区分。

因此，出于无知的行为，或尽管不是出于无知但却是行为者权能范围之外的行为，或者是被强迫的行为，都是违背意愿的行为，我们自然而然便会在有所意识的情况下承受许多事情，这些事情既非出自意愿也不是违背意愿的——例如衰老和死亡。在公正的或不公正的事情中，也有偶然所为的。一个人可能在违背意愿和恐吓中归还押金，然而他却不能称得上做了公正的事或行为公正，除非说他偶然地公正。同样，一个人由于被强迫或不自愿地没有归还押金，我们也只能在偶然的意义上说他行为不公正或做了不公正的事。在意愿行为中，一些是出于选择的，一些则不是；其中那些出于选择的意愿行为是经过慎思考虑的，而不出于选择的那些则未经考虑。

那么，在人与人的交往中就有三种伤害：出于无知的行为就是一种过失，当受影响的人、行为过程、使用工具或行为结果出乎行为者预料时便是如此。一个行为者本来没有想打，或没想用什么事物打，或者没想打这个人，以及没想打成这个样子，但结果和他本来想的不同，例如他只是想戳一下那个人，并没有想弄伤他，或者没想伤这个人，或是不想用这个事物来打等等。

如果伤害是原来没合理预期到的，那么它是一个不幸的意外；如果伤害并不是没合理预期到，但却不是出于恶意，那么它是一个过失。也就是说，当行为的根源在行为者自身时，他是出于过失伤人；当根源不是在他自身时，就属于不幸事故。如果伤害行为是有意识的但未经事先考虑，那么它就是不公正的行为——例如，出于愤怒或其他原因，人们必定会自然而然地陷入欲望而进行的行为就是这样。当一个人做出这种有害的和错误的行为时他就是在做不公正的事，而这样的行为就是不公正的行为，但这并不表示行为者是不公正的或邪恶的，因为那个伤害并不是出于恶。但如果一个人的行为是出于选择的，那么他就不仅是一个不公正的人，而且还是一个坏人。

因此，出于义愤的行为不被认为是恶意的预谋，挑起事端的并不是那个出于义愤行事的人，而是那个激怒他的人。并且，问题并不在于义愤的行为是否出现，而在于情境公正与否，因为义愤显然是由不公正激发的。他们不会去争论行为的事实怎么样——这就像在商业交易中的双方必有一方是骗子那样——他们不会去争论事实，除非他们忘记了这一点；他们所争论的是哪一方是公正的，意愿对对方做出了伤害的事的人也不可能对他的所作所为没有意识，因此，一方认为他受了不公正的对待，另一方却不这样看。

对于违背意愿行为而言，有些是可原谅的，有些则是不可原谅的。对于人们不仅是处于无知，而且也是出于无知所犯的错误，是属于可原谅范围的；对于不是出于无知，而是由于既非自然也非属人的欲望所导致的无知状态的结果，则不属于可原谅的范围。

受公正、不公正的对待与意愿行为

假定我们对做不公正的事和受不公正的对待已经做了充分说明，但有人可能会质疑这一事实是否像欧里庇德斯的似是而非的话语所说的那样：

“我杀了我的母亲，简单来说就是这么回事。”

“那你们都是愿意的，还是都是不愿意的？”

意愿地接受不公正的对待真的可能吗？还是在接受所有不公正时都是违背意愿的，就像所有做不公正的事都是意愿的一样？或者接受不公正都是意愿的或违背意愿的，还是它有时是意愿的，有时是违背意愿的？同样，被公正地对待也是如此，所有公正的行为都是出于意愿的，正如所有的不公正行为也是出于意愿的一样。有理由假定在每种情形中都存在着相似的对立，即受不义对待与受公正对待要么都是出于意愿的，要么都是违背意愿的。可如果受公正地对待总是出于意愿的，那么在一些事例中就会出现矛盾，因为有些被公正对待的人并不是意愿的。

有人也可能提出这个问题，即是否接受不公正的事就是由此而受不公正的对待，还是这种做不公正的事也就包含着受不公正之事？在公正之事中，一个人可能会偶然地既是公正的行为者又接受着公正的对待。同样，在不义之事的情形中这显然也是可能的；因为行不义之事并不等同于成为不义的，在进行公正行为与受公正对待中也是如此。如果没有另一个人行了不义，那么就不可能有人遭受不义；同样，如果没另一个人做公正的事，也就不会有人接受公正。如果做不公正的事仅仅是意愿地伤害某人，并且进行意愿行为的人知道他在伤害谁、手段是什么、以什么方式，而不能自制的人意愿地伤害了自己，那么在这种情况下他就是意愿地行了不义，在这种情况下他对自己行不义也是可能的。

这也是引起疑惑的问题之一，即一个人是否可能对自己行不义。再者，一个人由于不自制可能意愿地被另一个人的意愿行为伤害，对他而言意愿地接受不义就是可能的。或者，这是否说明我们的界定并不正确，是否我们要在“知道伤害的是谁、用什么工具伤害以及以什么方式伤害”之外再加上“违背受行为影响者的欲望”？某人会意愿地被伤害以及承受不义之事，却没有人会意愿地承受不公正，因为没有人欲望承受不公正，甚至不自制的人也是如此。不自制的人只是行为和他自己的欲望相悖。因为没有人不欲望他认为是真正好的事物，而不自制的人只是在做他认为他不应该去做的事。另外，一个倾其所有的人，正像荷马所说的格劳科斯给狄俄墨得斯的那样：“用黄金盔甲换青铜甲，用一百头牛换九头。”

这并不是在承受不义。因为倾其所有在他权能之内，承受不义却非如此。毋宁说，必须有一个人行不义。对于承受不公正而言，显然并非意愿。

我们试图要讨论的问题中还有两个：不公正的人是实施给予多于其应得的配给者还是得到过多份额的接受者，以及一个人是否可能对自己行不义。这两个问题是相关联的，如果是前一种情况的话，则是配给者做不公正的事，而不是那个分得过多的人做不公正的事。如果一个人知情且意愿地多给别人而少给自己，那么他是在对自己做不公正的事——谦让的人似乎是这么做的，因为自谦的人倾向于少要一点。事情真有这么简单吗？因为或许自谦者得到更大份额的其他善，例如：荣耀及一般的高贵。

这个疑难可以通过参考在做不公正的事情上的区分而得到解决，他比应得少取了些并没有违反他的欲望，就此而言他并没有遭受不义，至多只是受了些损害。显然，并不是多得者行了不公正，恰是给予者行了不公正。因为不公正之事不是在于仅仅做不公正的事，而是在于意愿地做不公正的事。这就是说，是行为的发动者做了不公正的事，这个发动者在这里就是指给予者而非接受者。

再者，由于“做”这个词是多义的，在某种意义上也可以说是无灵魂之物——一只手或一个服从命令的奴隶——杀了人；同样，尽管一个得到过多份额的人并没有行不义，可他却行了不公正的事情。如果一个配给者由于不知情而做出了错误的判断，那他并非在法律公正的意义上不公正，他的判断也并非不公正的，尽管在某种意义上它确是不公正的，因为法律的公正与原初意义上的公正是不同的；但如果是在知情的情况下，他的判断就是不公正的，他是在使自己获得较大的份额，这或是感激，或是对他人的报复。因而，出于这种原因做不公正判断的人也就得到了更多份额，这正像是在不义行为中得到的份额。如果他以此为基础来判决土地，那么他得到的就是金钱而不是土地。

人们认为做不公正的事是在他们的权能范围之内，做公正的事情也就是轻而易举的事。事实却并非如此，与邻人的妻子通奸、伤害邻居、行贿等都是容易的并在我们的权能范围之内。但出于某种品质而去做这些事则既不容易也非我们力所能及。人们还认为，理解什么是公正、什么是不公正并不需要过人的智慧，要理解法律所说的事并不困难。不过，这些并非公正之事，除非在偶然的意义上说这些才算是不公正的。弄清楚公正之事如何去做、如何分配是比弄清楚健康之事更为巨大的任务。在医疗中，尽管了解蜂蜜、酒、菟葵、薰灸、开刀的作用容易，但是要理解这些事物和技术如何，以及什么时候用到什么人身上，才能使他保持健康就不比当一个医师简单。

也正由于这个原因，人们认为，公正的人并不比不公正的人在做不公正之事的能力方面更弱，因为他既然有做公正之事的能力，也就有做不公正的事的能力。例如：他可以通奸或打伤邻人，并且一个勇敢的人更有能力丢下武器而四处逃窜。但是怯懦或不公正并不在于做这些事情（除非在一种偶然的意义上讲），而在于做这些事情是出于一种品质。这正像做一个医师和治疗一个病人并不在于开不开刀、用不用药，而是在于以一种特定的方式做这些事情。

公正之事存在于能够或多或少地分享无条件之善的人们

中间。对于一些存在者，例如神来说，则对这种善不能享有更多；对于那些无可救药的存在者，即使分得一点点也会败坏它；对另一些存在者来说，他们在一定程度上分享这类善。公正在本质上是属人的。

关于“公道”

接下来我们要谈的是公道与公道之事，看看它们与公正和公正之事的关系。在我们的考察中，它们表现出的既不是完全一样，也不是根本不同。我们有时会称赞公道之事与公道之人，以至于当我们对某些事情进行称赞时，会以“公道”来取代“善”，这就表明越公道越“好”。不过，有时当我们思考它时，说公正之外还有公道是值得赞扬的，那我们就会感到奇怪。如果它们不同的话，则要么公正，要么公道，二者必有一个是不好的；如果它们都是好的，那它们就成了一回事。

所有这些考虑就产生了关于公道的问题，它们在某种程度上都是对的并不互相对立。尽管公道在某种意义上比公正要优越，但它本身也是公正的；而且，公道又不是在事物种类上公正优越。所以公道与公正是一回事，两者都是好的，不过公道比公正更好些。问题的复杂性在于，虽然公道是公正，但却不是法律公正。相反，公道是对法律公正的调校。所有的法律都是一般性的，有些事情不可能只通过一种一般性的方式而得到解决；在一些情境下，就需要实施一般性的法律。虽然这不一定合适，因为法律是就大多数情况而言的，它也知道自己可能犯错。不过，法律这么做也并没有什么错，因为错不在法律，也不在立法者，而在于它所实施的情境，即与行为相关的一系列要素。所以，当法律给出一个一般性的法条时，就会出现这种法条所涵盖不了的例外，如果司法者无条件地实施法条，那就会犯错误。因而，校正这种缺陷就是正确的。即使是立法者身处其境，他也会对这种法条进行调校。

因此，公道就是公正，并且在某种意义上优于公正——但并不优于无条件的公正，而是优于可能带来错误的一般公正。这就是公道的本性，它是对法律由于其一般性而带来的缺陷的纠正。这也是为何并非任何事情都由法律规导的原因。有些情形法律是难以适用的，还需要个别裁定。当被测量的事情不确定时，测量的尺度也是不确定的。就像勒斯比亚的建筑师使用的铅尺，要依石头的形状来测量，特殊裁定也需要依据其手头的事实。

因而，什么是公道，它既是公正，也在某种意义上优于公正——谁是公道之人也就清楚了：公道的人出于选择而做公道的行为，虽有法律在手也不会不通情达理地死搬硬套。这就是公道之人，其品质是公道的，公道是公正的一种，而不是一种不同的品质。

不公正地对待自己

一个人是否能不公正地对待自己，我们前面已经说得很明白了。因为有些公正之事是依据作为美德总体的法律来安排的，例如：法律并没有允许自杀，它没有明确允许的就是它禁止的。当一个人出于意愿，并且明知谁会受到伤害、使用什么工具等，去违反法律，不是出于报复而做了伤害另一个人的行为，他就是在做不公正的事；如果一个人出自意愿地违反正确的理性，并由于愤怒而自杀了，这也是法律所不允许的，他也是在做不公正的事。但这是对谁做不公正的事呢？当然是对城邦而不是对他自己。因为他是意愿地承受不公正，而没谁会意愿地承受不义。这就是为何城邦对他的自毁既要进行惩罚，也要进行某种羞辱，因为他对城邦行了不义。

进而言之，当一个人所行的不公正只是在不公正的意义而不是在完全坏的意义上时，他就不可能对自己做不公正的事。这和前面那种意义不同，这个不公正的人只有在某种意义上的坏，比如怯懦，而非总体上的严格意义上的坏；因而他在总体坏的意义上就不是不义的。如果这种对自己的不义是可能的，那么同样的事物就会从同一个人身上既拿走又添加。可这是不可能的，因为公正和不公正通常必然会牵涉不止一个人。更进一步说，不公正行为是出于意愿、选择的，并且是时间在先的，如果一个人因为受了不公正的对待而进行的同等报复就不是做不公正的事；可如果同一个人对自己行不义，那么他就同时既是伤害者又是受害者；再者如果一个人能对自己做不公正的事，那么说明他能够出于意愿地接受不公正对待；另外如果一个人不进行特定的不公正行为，那他就不会做不公正的事，因为一个人不可能与他的妻子通奸或者抢劫他自己的家宅或者偷窃他自己的财务。

总的来说，“一个人能否对自己做不公正的事”的问题，我们已经通过将其与“一个人能否意愿地接受不公正的对待”这个问题的对比分析解决了。

显然，受不公正的对待与做不公正的事都是坏的。因为这意味着一个人所取少于适度，另一个人所取多于适度，适度就像医疗中和体能训练中的健康和良好状态的适度。然而，做不公正的事要更加坏。它本身就伴随着恶且应受到谴责，这种恶要么是无条件的，要么接近于此，因为并非每种意愿的不公正行为都属于不公正。受不公正的对待自身之中并不包含恶和不公正。受不公正的对待就其本身而言就有较少的坏，但是这并不是说它不会在偶然的情况下成为更大的恶，不过这并非技艺所关注的。从医术上讲，胸膜炎要比跌倒扭伤严重多了，但如果一个人由于跌倒扭伤而被敌人俘虏杀害，那么跌倒扭伤就比胸膜炎更严重了。

不过，在比喻和类比的意义上，这里也存在着某种公正，但并不在一个人和他自己的关系中，而在他自身的某些部分之间；不过，这并不是前面所说的那种公正，而是主人和奴隶或政体中的公正。因为，灵魂的有理性的部分和无理性的部分是区分开的；这使得人们认为一个人也可以对自己做不公正的事，因为这些部分有时会有悖于自身欲望，所以它们之间会具有像统治者与被统治者之间的那种公正。

我们对公正及其他的伦理美德就先谈到这里。

二、作为必要美德的友爱

关于友爱的观点与主要问题

我们当然要谈谈友爱。

友爱是一种特定的美德或包含着美德，而且它对于生活而言是最为必要的：若没有朋友，没有人会选择生活，即便他拥有了所有其他的善；实际上，有钱的人和有权的人似乎是最需要朋友的。倘若一个人被剥夺了行善举的机会，而向朋友行善是最常见且是最值得称颂的善举，那么纵有许多财富又有何裨益？若没有朋友，一个人的财富要怎样才能被坚守和留存呢？毕竟，一个人拥有的财富越多，其不稳定性就越大。陷入贫困和其他不幸时，人们认为朋友是他们唯一的护佑者。再者，朋友可以帮助年轻一方，以防他们犯错；正如朋友也可以帮助年老一方，鉴于其所需的照顾以及由于年老体弱而日渐衰弱的行动能力而言；朋友也可以帮助中年人行高尚之举，因为，当“两人结伴时”[①]，他们在思考方面和行动方面都能更好。

① 这是古希腊时的一句箴言或警句。

友爱似乎天然地内在于父母对子女以及子女对父母的关系中，不仅人类如此，鸟类和多数动物亦是如此；友爱也同样内在于彼此同类的存在者之间，人类尤其如此，因而，我们称颂爱人类的人。我们亦可在人生的旅途中看到人与人之间是如何互帮互助、相亲相爱的。

友爱似乎也把城邦联结了起来，且城邦的立法者重视友爱甚于公正。城邦的和睦与友爱相似，立法者欲加强之；他们驱除纷争，因纷争尤能生恨。如果人们之间是朋友，他们便无须公正；倘若他们只是公正的，则还需另加友爱；在公正的领域，最公正就包含着友爱。然而，友爱不仅是必要的，且是高贵的，因为我们称颂那些爱朋友的人，朋友多亦被认为是一件高贵的事。再者，人们认为，好人和他们的朋友完全是一回事。

但是，关于友爱的诸多问题都饱受争议。有些人认为，友爱是一种特定的相似性，朋友则是相似的人，正因如此，他们说，“物以类聚”“寒鸦邻栖”，等等。反之，其他人则认为，这些相似的人对彼此就如“陶工”是对头。在这些方面，人们想寻求某种更高的、更切近本性的事物。欧里庇德斯说过，“干涸的大地渴望甘霖”，“八月的天空，充满雨露，渴望降于大地”。赫拉克利特则说，“相反者相成”，“最美的和谐源自差异”，以及“万物由斗争而生成”。不过，仍有另一些人的观点与此相反，其中包括恩培多克勒，他说，“同类找同类”。

现在，且让我们搁置这些关于本性的、令人费解的问题，来考察这个问题属于人的、关涉品质与情感的方面：例如，友爱能在所有人之间产生，还是与坏人无法成为朋友；以及友爱是有一种形式，还是多种。有人认为友爱只有一种形式，因其中有程度差别，人们才信了一种不充分的意见，因为，不同种类的事物也可以有程度上的差别。

三种值得爱的事物

也许只有弄清什么是值得爱的之后，这个问题才会变得清楚。因为并非一切事物都为人所爱，只有善的、令人快乐或愉悦的和有效用的事物，才是值得爱的。但是有效用的事物似乎就是有助于产生某种善或快乐的事物，这样，善的和令人愉悦的事物就是作为目的而值得爱的。那么，人们所爱的是自身善还是对他们而言的善？有时两者会冲突，令人愉悦的事物也是如此。似乎每个人都爱对他而言的善，尽管自身善是无条件地令其值得被爱的，但对每个人而言，值得爱的事物才是对他而言善的事物。每个人实际上所爱的并非对他而言是善的事物，而是对他显得善的事物。当然，这没有什么区别，值得爱就是显得值得爱，每个人实际上都会把它看作善并喜爱它。

产生“爱”的原因有三种。当谈到对无生命物的爱时，我们不会说是友爱，因为这里面没有相互性的爱，也没有对无生命物之善的欲求：想要一瓶酒过得好是可笑的，最多我们只会希望它被保存得好，以便我们享用。反之，人们认为我们应该因朋友自身之故而希望对他而言善的事物。然而，若对方不回报以同样的欲求，人们就会把这样欲求善的事物的人说成怀有“善意”，相互的善意才是友爱。或者，也许我们必须另外确定一个条件，即被我们所知道的“善意”，因为许多人对一些素未谋面但他们认为体面、有用的人都怀有善意，而后者之一也可能对前者怀有同样的善意。那么，这些人似乎对彼此都怀有善意，倘若他们并不知道对方的善意，我们又怎么能说他们是朋友呢？所以，朋友必须彼此怀有善意，且他们为对方欲求善的事物是被对方知道的，这里的善意须是基于上述提到的某一种值得爱之物的。

三种友爱

由于以上三种原因形式上的不同，由它们产生的友情或友爱也就不同。那么，相应于三种值得爱的事物，友爱也有三种形式。每一种都可以产生相互的爱，且这种相互的爱被对方所知道。互爱的人，乃是出于这三种原因之一，而彼此希望对方更好，比如在两个彼此友爱的人之间，他们会彼此希望对方成为更有美德、更令人愉悦或更有用的人。

因有用而互爱的人并非因对方自身之故，而只因他们能从对方那里获得某种善的事物之故去爱。出于快乐而爱的人也是这样，人们喜欢机智的人不是因其是某种特定的人，而是因他们令自己愉悦。所以，出于有用而爱的人是为了自己的好处，正如出于快乐而爱的人是为了自己的快乐。在这两种情形中，被爱的那个人之所以被爱，不是因其自身之故，而只是因他是有用的或令人愉悦的之故。因而，这两种友爱是偶然的。那个被爱之人不是因其所是而被爱，仅是因他提供某种善或者快乐而被爱。

所以，一旦双方不再是过去所是的样子，这样的友爱就烟消云散了。若他们不再是令人愉悦的和有用的，爱他们的人便不再爱了。有效用的事物不会持久，且随时间的流逝而变化。

友爱产生的基础一旦倒塌，友爱也随之解体，因为友爱就是冲着这个目的而来的。基于效用的友爱似乎尤其产生于老年人之间，因为老年人不再追求肉体的快乐，而是追求有用；同样友爱也产生于追求利益的中年人和年轻人之间。且这样的人也不经常一起生活，有时候甚至都不讨对方喜欢。一旦他们不再给对方提供好处，便不再需要往来，因为他们只有期望从对方那获得好处时才觉得对方是令他愉悦的。主客之间的友爱也可归为此类。

年轻人的友爱似乎是出于快乐的，他们凭情感生活，追求令他们快乐的、眼前的事物，然而他们的快乐随着他们年龄的增长而改变。因此，年轻人会很快成为朋友，很快又不再是朋友：这样的友爱随着他们觉得愉悦的事物的改变而改变，这种快乐的变化是很快的。年轻人也容易耽于肉欲之爱。肉欲之爱是受欲望驱使、建基于肉体快乐的，正是因此，他们很快相爱，很快又不爱了，常常一天之内变化万千。但是年轻人确实愿意共度时光、一起生活，如此他们才能得到友爱所包含的快乐。

完善的友爱是好人以及在美德上相似的人之间的友爱。这样的人都因对方自身之故为彼此欲求善的事物，而他们都是自身即为善的。然而，因朋友自身之故欲求对他而言善的事物的人，才是真正的朋友，因为他们是因朋友自身之故而非偶然这样的。只要他们是善的，他们的友爱就可以持续，而美德则是一种稳定的事物。双方既纯粹是善的，又对朋友而言是善的，因为好人既是纯粹的善，也是对彼此有益的。他们同样也是令人愉悦的，因为好人既是纯粹地令人愉悦的，也会让彼此感到愉悦。每一方都既因自己的活动，也因与之相似的活动而感到愉悦，所有好人的活动都是同样的或相似的。

我们有理由相信，这样的友爱是稳定的，它把所有那些应该包含在朋友中的事物都包含在自身中。每一种友爱，都因善或快乐产生，且都包含了某种相似性。在这种完善的友爱中，前面提到的要素都从朋友自身体现出来，在这个层面上，朋友是相似的。其余的，即友爱形成的原因也都体现了出来——纯粹的善和纯粹的快乐——这些事物是最值得爱的。正是在这些人中，爱和友爱是最普遍的、最美好的。

不过，这样的友爱十分罕有，因为这样的人屈指可数。再者，这种友爱也需要时间以及共同生活所形成的习俗。俗话说，只有在一起吃够了咸盐，两个人才能相知相识；在此之前，只有互相表明自己是值得爱的和值得信任的之后，两个人才能接受彼此、互为朋友。那些很快就彼此表现友善的人想要交朋友，但是除非他们也是值得爱的且是相互了解的，否则他们就还不是朋友。因为，想要交朋友的想法可以很快产生，友爱本身却不能。

三种友爱的比较

这种友爱，不论从持久性还是其他特性——善和快乐——来讲，都是完善的；并且，双方从对方那儿获得的都是同样或类似的事物，即朋友之间就应该真正给予对方的事物。快乐的友爱和这种友爱相似，因为好人也令彼此快乐。基于效用的友爱也是如此，因为好人对彼此有用。但是，在寻求快乐和有用的人之中，只有当双方从对方获得同样的事物，比如快乐，且在同样的事物上获得同样的事物，比如从两个聪明的人身上，这个时候，友爱才能存在。但是，爱人者和被爱者的情形并非如此，他们并不是因同样的事物而快乐。毋宁说，爱人者因关注被爱者而快乐，被爱者则因爱人者关注而快乐。有时，当青春不再，美貌凋零，友爱也随之褪色——对爱人者而言，被爱者的美貌不再；对被爱者而言，爱人者的关注不再。然而，若因共同生活形成同样的品质，且喜欢这种品质，那么，他们就仍是朋友。但是，如果爱人者所欲换得的不是快乐而是有用，那么，他们是更低级的朋友，且他们的友爱不能长久。在有用的朋友中，一旦对方不再有用，其友爱便不复存在，因为他们不是彼此的朋友，而是对彼此有好处的朋友。

在快乐的友爱和基于效用的友爱中，甚至坏人也可能彼此成为朋友，好人也可能和坏人成为朋友，既不好也不坏的人同样可能和任何一种人成为朋友。显然，只有好人才能因他们自身之所是而成为朋友。坏人不会喜欢彼此，除非这给他们增添了某种利益。甚者，只有好人的友爱是不被离间的，因为当自己考验了许久的人被说闲话时，相信任何人的诋毁都很难；在这些情形中，人们会说“我信任他”“他绝不会做不公正的事”，诸如此类说法相应于真正的友爱。其他类型的友爱则不能免于此类破坏。

既然人们把有用的朋友——如城邦的例子，城邦缔结联盟都是出于好处，和快乐的朋友——如小孩的例子，两者都称为朋友，我们就必须说这些人也都属于朋友。我们就不得不说友爱的形式不止一种，好人的友爱，是首要的和严格意义上的友爱，其余的友爱仅在类比的意义上是友爱。那些人被称为朋友，是因为那些友爱中包含着某种类比的善。对喜欢快乐的人而言，令人愉悦的事物就是善。但是这几种友爱常常并不相容，出于有用和出于快乐做朋友并不一样，因为偶然的事物并不总是结合起来。

鉴于友爱被分为以上几种，坏人会因为一些令他们快乐的和对他们有效用的事物而选择和别人做朋友，正是在这个层面上，他们是相似的；反之，好人则会因他们自身之所是做朋友，因为他们是好人。所以，后者是纯粹的朋友，前者则是偶然的、在与后者类比的意义上是朋友。

作为品质和作为活动的友爱

正如在美德中有些人是因其具有的品质，其他人则是因其在活动中运用这种品质而被称为好人一样，在友爱中也是如此。一起生活、喜欢彼此和相互提供善事物的人是在做朋友，沉睡的人和彼此分离的人则不是在做朋友，而是由朋友之间的活动形成了朋友的品质。分离不消解一般而言的友爱，却阻碍其活动。但如果分离得过久，则甚至会令友爱也被忘却，古语有云："长久不接触，朋友自然远。确实如此。"。

但是，老年人和古怪的人似乎都很难彼此友爱，他们身上令人愉悦的事物微乎其微，而且，没有人能够终日和使他不快、不讨人喜欢的人相伴：人最强烈的本性就是趋乐避苦。那些相互赞许却不一起生活的人更像是怀有善意的人，而不是朋友。因为没有什么比一起生活更是友爱的特征。那些希望得到益处、甚至享得福祉的人也希望和朋友一起消磨时光，他们是最不愿意独处的人。然而，如果彼此都不讨人喜欢、没有相同的情趣，他们就无法一起共度时光，伙伴之间的友爱是需要这些的。

正如已反复强调过的，好人之间的友爱才是真正的友爱。因为，绝对意义上的善的和令人愉悦的事物看来是值得爱的和值得选择的，对单个人而言的善的和令人愉悦的事物则只对那个人而言是值得爱的和值得选择的。一个好人对另一个好人来说在这两个层面上都是值得爱的和值得选择的。

友爱之情类似于一种情感，友爱则更像一种品质：对无生命物也存在友爱的情感，而人们回报爱则是出于选择，选择则是出于一个人的品质。人们也因所爱之人自身之故欲求对他而言的善，这不是出于情感，而是基于一种品质。并且，爱着朋友时，人们爱对朋友自身而言的善，因为好人一旦成为自己的朋友，就会变成对自己而言的一种善。每个人，既爱对他自身而言的善，也会通过满足其朋友的欲求和希望朋友得到快乐，以回报对方。古人说：“友爱即平等。”这些事物则属于有美德的人之间的友爱。

不同种类友爱之间的进一步比较

友爱很少在古怪、尖酸的人和老年人之中产生，因为他们比其他人乖戾[①]，且不乐于社交。性情温和、乐于交际最是友爱的标志且最能产生友爱。所以，年轻人会很快成为朋友，老年人却不会，因为他们与人交往难以得到乐趣，与此类似，古

① 也就是好争吵，什么都反对，与什么都赞同的“谄媚”相对，详见本书第六讲第五部分“其他美德即羞耻”部分中关于“友善”部分的选段。

怪的人也不会。但是，这样的人彼此也会怀有善意，因为他们彼此希望对方好，且能满足彼此的需要。但他们仍不是真正的朋友，因为他们不会一起消磨时光并以此为乐，这些正是友爱的标志。

一个人不可能是很多人的朋友，至少在完善的友爱的意义上如此，正如一个人不可能同时和很多人相爱一样。因为这样的爱是一种过度，这种爱在本性上只能在与一个人的关系中产生。一个人也很难同时被很多人爱，此外，很多人要都是好人又谈何容易。同样，一个人必须非常了解另一个人，习惯与之一起生活，这都是很难的。但是，在有用的和令人愉悦的事情上，一个人却可以同时被很多人爱，因为有用的和令人愉悦的人很多，而且他们提供的好处在短时间内可以获得。

这两种友爱中，快乐的友爱更像是真正的友爱，只要同样的事物来自双方，并且他们彼此喜欢、志趣相投；年轻人的友爱就是这样，他们更为慷慨而不斤斤计较。基于效用的友爱则更属于商人。尽管享得福祉的人不需要有用的人，他们却需要令人愉悦的人。即使他们可能要承受短暂的痛苦，他们也希望和特定的人共同生活，但没有人可以忍受长久的痛苦。即便是自身为善的生活，如果对他们而言是痛苦的，也是无法长久忍受的，所以他们才寻求令人愉悦的朋友。也许他们也应寻求好人，并且是对他们自身而言就好的人，这样一来，属于朋友的好也就会属于他们了。

有权势的人则会交两类朋友：一类是对他们有效用的朋友，另一类是令他们快乐的朋友，同一个人往往不会两者兼是。有权势的人寻求的既不是令人愉悦又有美德的朋友，也不是于高贵事物方面对其有效用的朋友。毋宁说，他们寻求机智的人以提供快乐，聪明的人来遵其命令，这些品质很少见于同一个人。人们说，好人同时是令人愉悦的和有效用的，这种人却不会与权势优于他的人做朋友，除非在美德上他优于有权势的人。倘若不是如此，好人与有权势的人就不是平等的，因为他们之间没有达到一定比例的平等。然而，有权势的人很少成为这种有美德之人的朋友。

所以，上面提到的友爱都包含着平等。友爱的双方或者彼此欲求一致，或者以物换物，例如，以快乐换好处。前面已经表明，后面这种友爱是一种更低程度的友爱并且更为短暂。由于与有美德的友爱既相似又不相似，它们似乎既是又不是友爱：由于与美德的友爱相似，它们又显得是友爱，一方面，它们包含快乐或有用，而这两者也都属于美德的友爱。另一方面，它们和美德的友爱并不相似，美德的友爱不受离间且十分稳定，而这些友爱则变化迅速且很多方面与前者不同，所以它们又显得不是友爱。

不平等的友爱

另一种形式的友爱是基于一方优越地位的友爱，例如，父亲对儿子，以及一般而言，年老者对年轻者，丈夫对妻子，统治者对被统治者的友爱。这些友爱也各不相同：父亲对儿子的不同于统治者对被统治者的，甚至父亲对儿子的也不同于儿子对父亲的，丈夫对妻子的亦不同于妻子对丈夫的。因为，在每种情形中包含的美德和活动都不同，他们互爱的原因也不同。因而，友爱的情感和友爱的情感也就不同。

所以，每一方既不能从另一方得到，也不应向另一方寻求同样的事物。然而，无论何时，只要子女将所欠回报给造就他们的父母，父母弥补对子女的亏欠，这种友爱就会是稳定的、平等的。在所有基于一方优越地位的友爱中，友爱的情感也必成比例。例如，较好的人应该被爱多于爱人，较有效用的人也是如此，其他种种亦可类推。当友爱的情感与美德一致时，便以某种方式产生了公平，这种公平自然会被认为是属于友爱的。

但是公正中的公平并不同于友爱中的公平。在公正中，公平首先依据配得，其次依据某种数量。然而，在友爱中，依据某种数量的公平是首要的，依据配得则是次要的。一旦朋友间在美德、恶、财富或其他方面差距巨大，显然，他们不仅不再是朋友，甚至会觉得他们自己不配做别人的朋友。在诸神的情形中，这一点尤为明显，因为他们最大限度地在所有善事物上优于人类。这在诸王的情形中也同样明显，因为地位低于君主的人不认为他们配做君主的朋友。一无所是的人也不会觉得自己配和最好的、最智慧的人做朋友。

然而，在这些情形中，还能维持友爱的这种差距没有确切界限。尽管很多事物可能会被夺走，友爱依然存在；但是当某人与另一人之间到了人与神分离的那种程度，友爱便不复存在。这里产生了一个疑问：人们是否从来不为他们的朋友欲求最大的善，例如希望朋友成为神。如果这样的话他们将不再是自己的朋友，他们也将不再是对自己而言的善，因为朋友是善。如果一个人因朋友自身之故而为他欲求善的事物，那个朋友就需要保持是他之所是的那类人。这个人在他的朋友仍然为人时希望朋友得到最大的善，或许并非所有最大的善，因为每个人最希望自己得到这些善。

友爱中的爱与被爱

但是，多数人出于对名声的爱，似乎更希望被爱而非爱人。他们是乐于被奉承的。阿谀奉承的朋友是一个地位更低、或至少假装地位更低且表现得爱他人多于被爱的人。此外，被爱似乎接近于被冠以荣誉，后者正是多数人所欲求的。但他们选择荣誉并非因其自身，仅是出于偶然。多数人乐于被有权势的人冠以荣誉，随之产生种种期望。他们认为自己可以从后者那里得到自己需要的东西，因而爱荣誉并将它作为他们受欢迎的一种标志。

那些希望从体面的人和熟人那里得到荣誉的人，则是想要肯定他们对自己的看法。他们喜欢荣誉，是因为那些说他们好的人的判断使他们笃信自己就是好的。他们喜欢被爱则是因被爱自身之故。因此，被爱似乎比被冠以荣誉更好，且友爱乃是因其自身之故而值得选择的。但是，友爱似乎更在于爱人而非被爱。其显证就是甘心爱子女的母亲。有些母亲把自己的孩子送给别人抚养，尽管她们仅因知道自己的孩子是谁而爱着他们，但倘若爱与被爱不可兼得，她们也不期望能被孩子回报爱。其实，对母亲而言，看到自己的孩子过得好似乎就足够了；就算孩子因不知道自己的母亲是谁，无法回报给她属于一个母亲的恰如其分的爱，她依然爱着自己的孩子。

既然友爱更在于爱人而非被爱，且爱自己朋友的人备受称赞，爱人被看作是朋友的一种美德。所以，那些依据配得产生的友爱是稳定的。正是在这个层面上，即使不平等之人也可能成为朋友，因为他们可以通过双方给予的爱的不同而变得平等。平等和相似性构成友爱的情感，尤其是美德上相像的人之间的相似性：他们自身就是稳定的，在彼此的关系中也保持自己所是的样子，且他们既不需要卑贱的事物也不提供此类帮助；甚至，他们完全杜绝了这种事情，好人既不允许自己犯错，也不允许自己的朋友犯错。相反，坏人则没有稳定性，他们甚至不能与自己保持相似；当然，短时间内他们可以成为朋友，在此期间，他们以彼此的邪恶为乐。然则，有效用的朋友和快乐的朋友，只要他们给彼此提供快乐和好处，就能是更持久的朋友。

基于效用的友爱似乎尤其能从相反者之中产生，如穷人与富人、无知者与有知者的友爱：若一个人欲求他恰好需要之物，就会以别物来换取。爱人者与被爱者、美丽者与丑陋者的友爱亦属此类。爱人者有时看来的确可笑，因为他们觉得自己值得如自己爱他人般为人所爱。如果他们同样值得爱，被爱则合情合理，但是如果他们不是那么值得爱，那就可笑至极了。

然而，相反者欲求对方也许并非出于对方自身之故，而是出于偶然。毋宁说，其中包含的是对中间状态的欲求，这就是善。例如，对干而言，善不是变成湿的，而是达到中间状态，热和其他情形亦可类推。

友爱、公正与共同体

友爱与公正属于同样的题材，并存在于一些同样的人之间。首先，在每一种共同体中，都有某种公正，也有某种友爱。至少是，同船的旅伴、同伍的士兵，以及其他属于某种共同体的成员，都以朋友相称。他们在何种范围内共同活动，就在何种范围内存在着友爱，这也是公正所存在的范围。其次，“朋友的事物不分彼此”这个俗语也说得对，因为友爱就存在于共同中。在兄弟与伙伴之间一切都是共同的。在和其他人的关系中，则只有某些特定的事物或多或少是共同的。在一些友爱共同体中也是存在差异的，因为友爱也有深有浅。

公正之事也是有差异的。父母对子女的关系不同于兄弟之间的关系；伙伴之间的关系与城邦公民之间的关系也不相同；其他友爱类型之间的关系与此相似。在每种关系中的不公正之事也是不同的，而且朋友关系越亲近，对彼此做同样坏事之不公正程度就越严重。例如，抢一个伙伴的钱比抢一个公民的钱更可恶；拒绝帮助一个兄弟比拒绝帮助一个陌生人更可憎；殴打自己的父亲比殴打他人更恐怖。同样，公正之事的程度也是随着友爱程度的提升而提升的，因为，公正与友爱适用于同样的人，也扩展到相同的范围。

然而，所有共同体都是政治共同体的组成部分。人们结合到一起是为了某种利益，即为了获得有益于生活的某种事物。人们认为，政治共同体的创立与被保留也是为了利益。立法者也是基于此而声称：共同利益便是公正之物。其他共同体以部分利益、偏私为目的。例如，水手们一起航海是为了赚钱或诸如此类的目的；战士们聚合起来打仗是为了劫夺钱财、取胜和攻城略地。部落和社区的人员联合在一起也有自己的利益所在。

不过有些共同体似乎是出于娱乐，例如为了献祭和社交而举行的宗教团体活动或晚餐俱乐部活动。但这些共同体都从属于政治共同体。政治共同体所关心的不是当前的利益，而是生活的整体利益。人们奉献祭品举行祭典，既是祭祀神明，也是为自己过一个消遣的节日。古代的祭祀和聚会往往作为丰收节在谷物收获之后举行。只有在这个季节里，人们才有最多的空闲。所有这些共同体都是政治共同体的一个部分，友爱的类型也随着这些共同体的不同而不同。

政体、家庭与友爱

国家存在着三种政体，有同样数目的三种变体，作为它们的蜕变形式。这三种政体，首先是君主制，其次是贵族制，第三种是基于资产的，似乎当称资产制，但多数人习惯于把它称作共和制。这些政体中，最好的是君主制，最坏的是资产制。

僭主制是君主制的变体。它们都是一人统治，但是有很大不同。僭主为自己谋利益，君主则为其属民谋利益。一个君王在所有善物上不仅无所短缺，而且充沛无忧。如果这样一个人别无所求，他就不会去为自己，而是为属民谋好处。那些不能如此优越的君主，只能是通过某种抽签选出的君主。僭主制则与此相反。僭主追求为自己的善，这种蜕变形式是最坏的。因为，最好的反面就是最坏的。

君主制蜕变就成为僭主制。僭主制是一种坏的一人统治，一位坏君主就蜕变为僭主。贵族制蜕变就成为寡头制。这种蜕变是由于统治者们的恶，他们不按照配得的标准分配城邦的善，使得全部或大部分好事物归于自己；他们又使得同一些人长期把持公职，而这些人只贪图钱财。这样就形成少数人的统治，这些人又都是败坏的而非公道的。资产制蜕变就成为民主制。这两种政体有共同之处。资产制的理想也是多数人统治，一切有资产的人都是平等的。民主制在所有蜕变形式中是坏处最少的，因为它作为一种政体变形得最少。这些是蜕变的最常见的形式，因为这些是改变最小、最容易达到的变体。

在家庭中也可以看到与政体相似的形式。父子关系具有君主制的形式，父亲都关心儿子，荷马也把宙斯称为父亲。君主制意味着家长式统治。但是在波斯，家长式统治是僭主制式的，因为波斯人对待儿子如同对待奴隶。主人和奴隶的关系也是僭主制式的，这种关系是为着主人的利益而设定的。在主奴关系上僭主制似乎是对的，但是像波斯人那样对待儿子就错了。因为对于不同对象应当采用不同的形式统治。

丈夫同妻子的关系似乎是贵族制式的。丈夫的作用是要按配得的尺度分派事项，适合于妇女做的事情，就交给妇女们去做。如若丈夫主宰一切就成了寡头制。那不是按配得的尺度来分派，也不是将某些事情交给适合的那个人去做。有时候，妻子来统治，是因为她是继承人。这种统治显然不是基于美德，而是基于财富和权力，就如在寡头制中一样。

兄弟间的关系类似于资产制。他们是平等的，只是在年龄上有差异。可是，如果年龄相差过大，彼此的友爱就难以保持其为兄弟式的。民主制大多发生在没有主人的家庭中，因为在这种家庭中每个人都是平等的，或者统治者非常软弱，每个人都各行其是。

政体、友爱与公正

友爱展现在各种政体中，正如公正展现在其中一样。君主对其属民的友爱是优越者的仁惠。如果他是好人并施惠于民，就像牧人关心其羊群那样，那么他就是在护理民众的善。所以荷马会称阿伽门农为“民众的牧者”。父亲对子女的友爱也是这样。其区别在于，父亲的恩惠更大，出于他是子女存在的原因，这是最大的恩惠；而且，他还抚育子女。我们的先祖也都对我们有这种恩惠。父亲对子女，祖先对后代，君主对属民自然地享有统治权。这种友爱中包含着一方的优越，这就是父母受到尊敬的原因。因此，在这些关系中，公正在双方是不同的，它与配得成比例。友爱也是如此。

丈夫同妻子的友爱相当于贵族制。它相应于美德，品质较好的多得善物，每个人各得其所。这也正是公正的情形。兄弟间的友爱与伙伴的友爱相似，他们彼此平等，且年龄相近，所以兄弟与伙伴通常有同样的情感与品质。这种友爱类似于资产制。在资产制下，公民们希望平等和公道，他们轮流统治，权力共享。他们的友爱也是如此。

在那些变体中，少有友爱，也少有公正。在最坏的变体中，友爱就最少。在僭主制中，只有很少的友爱，或是不存在友爱。在统治者与被统治者毫无共同之处的地方，就没有友爱，也没有公正。这就像工匠同工具、灵魂同躯体的关系。即使后者由于被使用而使前者受益，可对于这些无灵魂之物也不存在什么友爱和公正。对于一匹马或一头牛，或者作为奴隶的奴隶也是如此。在这两者之间没有任何共同之处。奴隶是有灵魂的工具，工具是无灵魂的奴隶，对作为奴隶的奴隶不可能有友爱，然而对作为人的奴隶则可能有友爱。看来一个人同每个能够参与法律与契约过程的人的关系中都有某种公正。只要奴隶是个人，对其就会有友爱，甚至在僭主制下，友爱与公正也在非常小的范围内存在，在民主制下，友爱与公正最多。因为，在平等的公民中有很多共同之处。

亲缘的友爱

如已讲过的，每种友爱都包含在某种共同体中。然而，我们可以把亲缘的友爱与伙伴的友爱区分开来。同邦人、同部落人、同船人以及类似的友爱更像是某种共同体中的友爱，它们仿佛在遵守某种契约。主人与客人的友爱也可以归于这一类。

亲缘的友爱也有多种，但都是从父母同子女的友爱派生的。父母爱子女，是把他们当作自身的一部分。子女爱父母，是因为父母是他们存在的来源。不过父母更知道孩子是己之所出，孩子则对这点所知较浅。相比之下，生产者更把被生产者看作是属于自己的。被生产者则较少把生产者看作属于自己的。因为，总是产品属于其制作者，正如牙齿、头发等等属于它们的所有者，而制作者则不属于其产品，至少在程度上小得多。父母对子女的爱在时间上也更长久。父母从孩子一出生就爱他们。孩子则只有经过一段时期到懂事之后才爱父母。由此便可以明白，母亲何以比父亲对子女有更强烈的爱。

父母爱孩子，就像是爱他们自己，因为孩子是出于父母的，他们是与自身分离了的另一个自己。孩子爱父母，则是把他们当作自身的来源。兄弟间互爱，则是由于有共同的生命来源。这种共同的生命来源造成了他们的共同点。人们说，兄弟间血脉相通、本是同根生等等。兄弟实际上是相互分离了的同一个存在，兄弟的友爱也由于共同的抚育和年龄相近而增长。要是两人一般大，有共同的品质便是伙伴，所以兄弟的友爱与伙伴的友爱相似。叔伯兄弟以及其他亲属的感情都是从兄弟感情派生，因为他们出于同一祖先。这种感情的强弱，也总是与同始祖相距之远近相应。

子女对父母的友爱类似人对于神的爱，是一种对于善与优越的爱，因为父母所给予的恩惠是最大的。他们不仅生养、哺育了子女，而且还给予子女以教化。和非亲缘的友爱相比，父母与子女的友爱还具有更多的快乐与用处，因为父母与子女的生活有更多的共同之处。兄弟的友爱与伙伴的友爱也有许多共同之处。如果他们是公道的，共同之处就尤其多，并且在总体上彼此相像，因为兄弟之间更彼此相近。他们从一出生就相互喜欢，如果再出于同源，一起由父母抚养、教育长大，他们自身就更为相似。而且，兄弟的友爱也更为持久、牢固。在其他亲属间的友爱中，友善的程度也都同关系的远近成比例。

丈夫同妻子的友爱似乎是出于本性的。与城邦相比，人天生更需要配偶。家庭先于城邦且更为必需，而且繁衍后代是动物的普遍特性。其他动物的异性共同体只是为了繁衍后代，人的此种共同体则不止为生育，也为提供满足生活的需要。因而，就有男女分工，男人与女人在活动上有明显的不同。他们相互帮助，把自己的独特作用投入到共同的生活中。这种友爱似乎既有用又有快乐。如果他们是公道的人，这种友爱还是属于美德的。男人与女人各有其美德，美德也可以是相互吸引的原因。孩子也是维系的纽带，没有孩子这种共同体就容易解体。因为孩子是双方共同的善，共同的事物把人结合到一起。

丈夫与妻子——以及一般地说朋友与朋友当如何相处，似乎与他们当如何公正地生活是同一个问题。对朋友的公正，与对陌生人、伙伴和同学的公正都是不同的。

关于“平等的友爱”及相关的问题

存在着——如开始就说过的——三种友爱，每种之中有些朋友双方是平等的，有些则包含一方的优越地位。不仅两个同样好的人可以做朋友，一个比较好的人和一个比较坏的人也可以做朋友。基于快乐的朋友的情形也与此相似；基于效用的朋友方面也是如此，他们提供的好处可能是相等的，也可能是不相等的。那些平等的朋友就必须在爱或其他相关的事情上平等。包含一方优越地位的朋友就必须按照优越的程度以成比例的回报使这种关系平等化。

抱怨和指责仅仅存在于或主要存在于基于效用的友爱中，这是有根据的。因为有美德的朋友都希望对方好，这正是属于真正的美德和真正的友爱的。由于都想努力做到这一点，在他们之间就不会有抱怨和争吵。没有人会对爱他、希望他好的人不满。如果他有美惠的品质，他还会回报那种善。如果优越的一方做到了把好处给对方，他也不会抱怨那位朋友，因为他们每个人都欲求善。在基于快乐的朋友中也不会有抱怨。如果他们以朋友的陪伴为快乐，他们就同时得到了自己想要的事物。一个人要抱怨对方没有给他快乐也荒唐可笑，如果他不想去和对方一起是可以不去的。但是，在效用的朋友中间则会产生抱怨。他们相互做朋友是为了获利，他们彼此总想多得，总觉得自己得的不够多，给予的一方则不可能对方想要多少就给多少。

有两种公正，不成文的公正和法律的公正。相应地，基于效用的友爱也或者是伦理的，或者是法律的。抱怨之所以会发生，主要是因为双方在终结友爱时没有按照开始交友时的约定去做。法律基础上的基于效用的友爱有明确的文书规定。它包括两种形式：当下付款的商业交易和规定比较自由些的付款时间的交易；后者又附带着一些关于延迟付款的补偿条款。在后面这种延迟付款的交易中，付款的责任是清楚的，但延迟付款的做法又包含了一些友爱。因此，有些地方不把这种交易纳入法律的范围，认为一个人既然基于信任而进行这样一种交易，他就应当自己承担其后果。

伦理的友爱则不是基于明白的文书的。人们仿佛是像朋友那样的相互送礼。但他们最终还是期求同样的或更多一些的回报，就好像那不是馈赠而是一笔贷款。如果一个人想以与开始交友时不同的方式来终结友爱，对方就会抱怨他。这原因在于，所有的或大多数的人，尽管都欲求高贵之物，选择的却是自己得到好处。做事不求回报是高尚的，但得到回报却是好事情。

如果有能力对所接受的事物给予等值回报，并且意愿地如此做。若一个人违背意愿这样做，我们便很难与他交朋友。如果要和这样的人交了朋友，我们必须承认自己从一开始就犯了一个错误：接受了一个不应接受的好处，因为它不是来自一个朋友，他给予我们好处不是因我们自身之故。我们应当终结这样的交往，就好像我们是按明白的文书接受他的好处的。而且，我们会同意尽力偿还，如若没有能力，对方也就不会指望偿还了。所以，只要有可能，我们就应当偿还。

但我们更应当从一开始就考虑，是从什么人那里得到好处、以什么条款接受，以便决定对此是接受还是拒绝。关于这好处应当由受惠者来估价并依此来偿还，还是由施惠者来估价，还会引出争论。受惠者会说，他所接受的对施惠者来说是微不足道的，而且他从别人那里同样可以得到。他尽量贬低他所得到的事物。施惠者则会说，他所给予的是最好的，是从别的地方得不到的，是在他自己处于危险中并同样需要它的情况下给出的。如果友爱是基于用处的，自然应当以对受惠者而言的好处作为尺度。因为是他需要那好处，施惠者提供给他是为得到同等的回报，所以帮助的大小正好就是受惠者得到的好处的大小。受惠者应当按他得到的好处的大小，或更多一点来偿还，多一点会更好些。

在基于美德的友爱中不会产生抱怨，但是衡量好处大小的尺度似乎是施惠者的选择，因为选择是美德与品质中主导的事物。

关于“不平等的友爱”及其相关问题

在包含一方优越地位的友爱中也存在争吵，每一方都要求得到更多一点，而一旦某一方得到了，友爱也就解体了。较好的人认为他应当得到的更多些，因为好人应当多得。提供的好处较大的人也认为他应当得到更多些。他说，没用的人就不应当拿同样多的一份。如果从友爱所得到的不符合朋友的行为所配得的，友爱就成了公益服务，而不再是友爱。他们还认为，就像在商业共同体中投资多就得到的多一样，在友爱中也应是如此。需求者和地位较低的人则持相反的看法。他们认为，所谓好朋友就在于帮人所需。如果对方一毛不拔，与这些有美德、有地位的人交朋友还有什么用？

这双方所提出的应得要求看来都是对的。他们应当从友爱中得到的更多些，但不是在同一种事物上。地位优越的人应当得到的是荣誉，有需要的人应当得到的是收益。荣誉是对美德与善举的奖赏，收益则用来帮助需要的人。

在政体中也能得出同样的结论。对共同事业无所贡献的人不应当得到荣誉。共同之物只能给予对共同事业有贡献的人，荣誉就是共同之物的一部分。一个人不能从共同之物中既得钱财又得荣誉。谁也不会满足于在所有事情上都只得到较少的一份。对在钱财上受损的施惠之人就要给他们以荣誉，那些受惠的人就得了钱财。这种按配得分配的安排，如所说过的，既重建了平等，又保全了友爱。如果在美德或钱财上有善举，我们就力所能及地回报他以荣誉。这也应当是不平等的朋友之间交往的方式。在钱财上、美德上得到好处的人要尽其所能地以能够支配的事物——荣誉来作为回报。友爱所寻求的是尽力回报，而不是酬其配得。酬其配得有时候是不可能的。例如，用荣誉就不足以回报神与父母的配得。人们甚至无法给出神和父母所配得的荣誉，一个尽力回报的人被看作是公道的人。

因而，儿子永远不可以不认父亲，尽管父亲可以不认儿子。欠债者应当还债，而儿子不论怎么做也还不完父亲给他的恩惠。儿子永远是个负债者。但是债权人可以免除负债者的债务，父亲可以不认儿子。同时，除非儿子太坏，否则谁也不会不要儿子。除了这种自然的友爱之外，作为人任何一个做父亲的都不会拒绝对儿子的帮助。但是，一个儿子如果很坏，却可能不去帮助父亲，或不尽心地帮助父亲。多数人都想得到所希望得到的事物并逃避没有好处的事情。关于这些问题就先谈到这里。

关于“不同预期的友爱”及其相关问题

正如我们前面谈到的，在那些极为不同的人之间的友爱中，比例使各方平等并使这种友爱维持下去，但在恋人关系的友爱中，有时一方会抱怨自己付出了那么多的爱却得不到对方对等的爱，尽管可能是因为抱怨者自身并没什么可爱之处。被爱的一方则常常抱怨，爱慕者当初的美好承诺在现在看来不过是一张空头支票。导致这样的情形是因为爱慕者为了得到爱情本身的快乐，被爱的一方则抱着功利的想法，而他们恰恰又给不了对方想要的。如果友爱基于此，当他们得不到自己当初想要的事物时，这种友爱也走到了尽头；他们爱的不是彼此本身而是对方所具有的事物，这些事物并不是持久不变的；这也是为什么这种友爱是短暂的。正如我们前面讲过的，基于品质的友爱由于是出于自身之故，因而就是持久的。

当友爱双方各自得到的并非自己想要的事物时，他们之间便会产生争吵，因为得到并非我们想要的跟一无所获没什么区别。再来看这样一个故事，一个人对琴师许诺，弹得越好就给他的报酬越多，但第二天早上，当琴师要求他履行承诺时，那人却说已经用快乐回报了快乐。在这个例子中，如果双方都得到了各自想要的，没什么不妥；但是如果一方想要的是某种享受而非其他的益处，而且他的这种欲求也得到了满足，可是另一方却没有，那么就不能说他很好地履行了承诺；每个人都想要得到他想要的，他才愿意自己投桃，对方报李。

但由谁来确定所施予之物的价值呢？由最初的施予者还是接受者？正像传言中普罗泰戈拉所做的那样，施予者应当把这个决定权留给接受者；每当他教授什么知识时，他便要求学习者对已教授的知识进行估价，然后按照这个价格收费。但在这个问题上，有些人赞成所谓的“先讲好报酬”做法。由于承诺根本不切实际，那些事先收了报酬的人并没有按他们说的那样兑现，自然会成为被抱怨的对象，因为他们没完全履行他们的约定。智者不得不这样做可能是因为没有人愿意为他们知道的事物付钱。

那么，那些收了钱却没办事的人，理应受到抱怨。但如果彼此之间并没有约定，那些因对方本身之故而给予的人不会引起如我们所说的不满，因为这就是友爱美德的本质特性；而且回报应当根据施予者所包含的抉择进行，因为抉择恰恰是一个朋友和美德的标志。对于和我们一起分享智慧的人的回报也是如此。他们的价值无法用金钱衡量，也没有一项荣誉能与之相称。不过就如同对神和父母一样，人们尽可能给予他们自己所能够给予的也就够了。

如果给予不属于这种情况，那么理想的回报就是双方都认为接受之物与回报之物价值相当。但如果做不到这一点，那么由接受方确定价值不仅必要，而且公正；因为如果接受方认为以等量的方式回报了他所得到的好处或快乐，那他就进行了等值的回报。

在买卖中我们也注意到类似的事情，并且一些地方的法律禁止随意讨价还价，其背后的假定是，如果我们相信某人，那么我们就应当按照约定达成时候的规定来中止约定。这条法律的前提是，由接受者确定回报比授予者确定更为公正。对于大部分的事物，拥有者和想得到的人对它们的估价是不一致的；每一方都认为自己所拥有的或提供的事物价值很高；然而回报应由接受的一方确定。毫无疑问，他应该在得到他想要的事物之前而非之后进行估价。

关于“不同回报责任之冲突”的问题

进一步谈的问题是，是否应该在所有的事情上都听凭父亲做主并且服从他的决定，还是在生病的时候必须信任医生，在打仗时选择精于战术的将军；同样，一个人应该优先向朋友还是一个好人提供帮助，是应当优先报答恩人还是帮助一个同伴，如果两者无法兼得的话。对这些问题做出确切界定并非易事，它包含各种不同的情况——对高贵之物与必要之物也要同时考虑其轻重缓急。

但是显而易见，我们不应该把所有事物都回报同一个人；大多数情况下必须先回报恩人而不是施惠于同伴，就像我们必须先偿还债款而不是借给同伴一样。但事情也许不总是如此，例如如果一个人已经先从土匪的手中赎回了自己，作为回报他是应该把他的恩人赎回，还是先赎回他的父亲？看来他甚至都应当先赎回他父亲而不是他自己。

正如我们说过的，常言道“欠债还钱”，但如果帮助一个人是极为高尚或极为紧要的，那么我们应该优先帮助这个人而非还债。有时甚至投桃报李也并不公平，例如，一个人向一个好人提供帮助，他知道那个人是好人，而那个好人却要回报他明知道是坏的人。因此，有时不一定要借钱给曾借给你钱的人；一个人借钱给一个好人，在出借的时候就认定是能收回的，而借钱给一个坏人却没收回的可能。如果情形真是如此，那么坏人要求借钱给他就是不公平的；如果他不是坏人，但人们认为他是，不借钱给他也没什么奇怪的。正如我们经常指出的，关于情感和实践的讨论只能基于其题材本身所具有的限定性。

显然，我们不应该对每一个人回报相同的事物，也不应该把所有事物都回报给自己的父亲，正如我们不需要为宙斯奉献自己的一切；但既然我们应该以不同的事物来报答我们的父母、兄弟、同伴和恩人，我们就应该以恰如其分的事物来报答他们。事实上，人们就是这样做的。他们的婚礼邀请他们的亲戚，因为作为家族成员的共同部分，他们的行为属于这个家族；出于同样的原因，他们也认为在葬礼上，亲戚尤其应当被邀请参加。他们认为尤其应当优先赡养父母，因为欠父母的养育之恩，赡养给予自己生命的人比养活自己更高尚；他们应当让父母像诸神一样享有荣誉，尽管不是每一种荣誉；因此，不应该给予父亲和母亲同样的荣誉，也不是要给他们以哲学家或将军的那种荣誉，而是相应于一位父亲或一位母亲的荣誉。

同样，对于所有的长者，也应该给予他们的年龄所相应的荣誉，即通过起立、让座等方式；而对同伴和兄弟则应坦诚相对，共享所有。对于亲戚、同族、同城邦者和所有其他人都应该给予其应有，根据其亲疏远近及美德多少而区别对待。当然，比较属于同一类的人容易，比较不同类的人则有些困难。但我们不应知难而退，而要尽力而为。

关于“终止友爱”的问题

另一个问题是，当另一方不再是以前的样子时，友爱是否应该终止。也许我们会说，一段基于效用或快乐的友爱，当我们的朋友不再有这些品质，终止友爱没什么奇怪的。正是由于这些特性，朋友才成为朋友；当这些特性消失后，友爱也就自然无法维持。但一方可能会抱怨，如果当他爱着我们的效用或快乐，他却假装是爱我们自身的品质。正如我们一开始说，朋友之间的分歧大都产生于朋友不再是他们当初所认为的那个样子。当一个人自己搞错了，即他以为对方爱着他的品质，而对方却并非如此，那么这只能责备他自己；而当他是被对方的伪装所蒙骗时，他的抱怨则是正当的；这甚至比那些骗钱的人更应受到谴责，这关乎的是更高尚之物。

然而，人们一开始接纳一个人是因为他是一个好人，可他若是变坏了或是被认为变坏了，还应该继续爱他吗？当然不可能再爱了，因为只有善的事情才是值得爱的。恶的事情既不值得爱也不应该被爱，因为人们既不会成为一个坏事物的热爱者，也不会把自己变得像一个坏人。我们说过，物以类聚。那么，友爱要即刻终止了吗？还是并非在所有的情况下，只有当一个朋友恶得无可救药时才结束他们的友爱？如果他们能够被改造，人们更应该在品质上而非在财物上提供援助，这样做更可取、更符合友爱的特性。不过，一个人在这种情况下即使结束了友爱似乎也没什么奇怪的，因为对方已不是开始和他交朋友时的那种人了，所以当他的朋友变了，他又对此无能为力，就与之疏远好了。

但是如果一个人的朋友保持不变，而他变得更好，远远超过了朋友的美德，他应该继续和他的朋友做朋友吗？他当然不会了。当差距较大时这种不可能更是而易见，例如童年的友爱便是如此，如果某人的朋友思想还停留在儿童的水平，而他已经足够优秀，这时他们便不能再悲欢与共，那他们怎么又可能继续做朋友呢？既然不能悲欢与共，他们就不再是朋友，因为他们不再能生活在一起。

那么，对这样一个人，是否应当把他当作未曾做过朋友那样对待呢？我们一定记得和他曾经的亲密无间，而且我们觉得更应该关照朋友而不是陌生人，对那些我们曾经的朋友，如果不是出于极端的恶而分手，我们应该念在昔日的友情的分上给予适当照顾。

友爱与自爱

如何同他人友善地相处，以及我们确定友爱的那些界限，似乎也出现在一个人与其自身的关系中。我们定义朋友是这样一个人：为朋友自身之故而希望他善或显得善，或为朋友自身之故而希望他存在着、活着；就像母亲对孩子那样，以及吵过架的朋友所做的那样。有人把朋友定义为生活在一起的人，具有相同的志向，或可以悲欢与共的人，这尤其存在于母亲身上。友爱由其中的某些特征界定。

然而，这些特征存在于公道之人以及所有其他自认为是公道的人同自身的关系之中，正如已经说过的，美德和有美德之人在每种场合都是作为尺度的存在。公道之人与自己是统一的，他整个灵魂都欲求同样的事物。因此，他欲求善，欲求对他显得善的事物，并身体力行，这正是一个好人的所作所为；他出于事情自身之故而那样做，他那样做是出于其理智部分，这也是每个人成其所是的事物。

他希望自己活着并保全自己，特别是对使自己具有实践智慧的部分而言。因为对好人来说生存本身就是善，每个人都希望自己善。没有人会选取成为另外一类存在，尽管那类存在者会拥有一切善，就像现在诸神拥有的善那样，他只想保持他所是的那类存在，而每个人看来所是的或首先所是的是其思想部分。而且这样的人希望和自己相处，因为这会令他快乐。之所以快乐，是因为对过去所作所为的回忆令他愉悦，而对将来的期望又是如此美好。他的思想中又充斥着沉思之物。他首先与自己悲欢与共，因为他总是同时对相同之事——而非不同的时候对不同之事——或悲或欢，就可以说他是无怨无悔的。因此，好人同自身的关系具有这些特征，他同朋友的关系就像他同他自身的关系一样，他希望朋友是另一个自我，友爱也就具有这种特征，具有这种特征的人也就是朋友。

至于一个人能否和他自身做朋友这个问题我们先搁置一下。不过看来一个人要和自己做朋友就必须自身具有两个或多个部分，而极致的友爱就像一个人对自身的爱。大多数人的友爱似乎都有上面列举出的特征，即便那些坏人的友爱看来也是如此。当然，只有那些坏人赞赏自己，并认为自己是公道的时候，他们或许才会分享这些特征。可以确定的是，那些十足的坏人与不虔敬者既不具有、也不会显得具有这些特征。这些特征甚至在坏人那里都极其少见，他们欲求的是一种事物，希望的结果却是另一种——正如不能自制的人所做的那样，他们选取令人愉快而有害的事，而不是他们自认为好的事物，另一些人，出于懦弱、懒惰而逃避做他们认为是对自己好的事情。那些作恶多端、痛不欲生的人甚至是在践踏生命、自毁前程。坏人总和别人厮混在一起，回避与自身独处，因为他们独处时，就会想起自己做过的种种坏事，并会想做其他类似的坏事，但当他们与别人在一起时便会忘记这些。他们自身没有什么值得爱的地方，对自己也并不友爱。因而，这样的人不能和他自身悲欢与共。他们的灵魂是分裂的，灵魂的一部分因为邪恶对某种自制的行为感到痛苦，另一部分则为此感到高兴，一个把他拉向这边，一个把他拉向那边，仿佛要把他撕碎。如果一个人不能同时感到痛苦和快乐，那么他总是在感到快乐之后马上又为这种快感而痛苦，并希望自己刚才未曾因这些事物而快乐，坏人总是与悔恨为伍。

坏人似乎不能友好地对待自己，因为他自身中没有值得爱的地方。如果这样是最大的不幸，我们应该竭尽全力去恶向善，只有这样才能对自己友好并成为其他人的朋友。

友爱与善意

善意与友爱类似，但还不是友爱；一个人可能都对不认识的人怀有善意，且不需让对方知道，但这并不是友爱。这在前面已经讲过了。善意也不是爱，因为它不涉及欲望或偏好，而爱总是伴随着这两者。爱是在亲密无间的生活中形成的，善意则可能是一瞬间产生的，比如对在比赛中的某个选手的善意，并能和他感同身受，可我们并不会伸出援手，因为当我们说我们突然感到对他的善意，表明这种感情尚停留在表面。

善意看来是友爱的发端，就像视觉快感是情爱的发端一样。一个人只有先被其爱慕对象的外表所吸引他才会开始去爱，然而只倾慕一个人的外表并不是爱她，只有她不在身边时想念她并且希望她出现才算是爱一个人。如果人们没有感觉到彼此的善意，不可能成为朋友，但心存善意并不意味着就是朋友。他们只是希望对方好，而不打算采取什么实际行动，也不愿意为此增添任何麻烦，这只是善意而非友爱。

就引申意义上的友爱来说，善意是一种尚未发展的、潜在的友爱，可当善意持续了一段时间且彼此达到亲密的时候，它就变成友爱——这种友爱既不是基于效用的友爱，也不是快乐的友爱，这两种情况都无法产生善意。一个人得到某种帮助，并出于善意而对施于自身的善举予以回报，他这么做，只是基于公正；一个人希望某人好，是因为他希望借此获利，他的善意似乎不是朝向那个人而是朝向他自己的；正如一个这样的人并不是真正的朋友，即他关爱你是因为你有利可图。总之，善意是出于美德和公道。

友爱与和睦

和睦似乎也是一种友爱。它不仅仅是共享一种信念，即使人们互不相识也会做到这一点。我们也不能说那些在任何一种事情上观点一致的人是和睦的，例如，人们对天体有着一致的观点，然而这种一致并非和睦。但我们说一个城邦是和睦的，人们对他们的利益有着共同的认识，并做出同样的选择，然后去执行他们共同的决定。

和睦关乎行动问题，进而言之，是在重大的问题上齐心协力。例如，一个城邦的公民一致认为要通过选举任命官员，或他们认为应该与斯巴达结盟，或当毕达哥斯愿意统治时就让他统治等。但像在《福尼克斯》那样，每个人都想自己成为统治者时，就会引起内部争端。每个人只是惦记着同样的事情还不算和睦，只有当他们以同样的方式惦记着同样的事情时才是和睦，例如，大众与公道之人都惦记着让最好的人来统治，只有如此，他们的目标才会是众志成城。

和睦似乎是一种政治上的友爱，事实上，人们也通常也这样称呼。和睦关乎我们的共同利益并对我们各自的生活产生影响。这样的和睦只存在于公道的人之间，他们不仅同自己统一，也彼此和睦团结，可以说，他们是同甘共苦的，这些人的愿望也是恒定的，不像海峡之水流变无常。他们希望做公正和有益之事，这是他们共同的追求。但坏人不能保持和睦，除了在很小的程度上，正如他们的友爱那样。在好处上，他们获得比他们付出的更多，在劳动和公共服务上他们想分担更少的份额，并且他们贪求更多的利益时却批评、阻止邻人那样做。如果人们不看护共同善，那很快就会被摧毁。结果是，他们就陷入内部争端，自己不愿做公正的事却强迫别人去做。

友爱中的施惠者与受惠者

施惠者被认为更加友爱受惠者，而不是受惠者更加友爱施惠者，这种说法好像有悖常理，但这对大多数人是成立的。因为受惠者是债务人，施惠者是债权人；在贷款时，债务人希望他们的债权人不再存在，而实际上债权人更关心其债务人的存在。所以施惠者希望他们的受惠者存在并在日后获得他们的回报，而受惠者并不关心回报的事情。

埃皮卡莫斯[①]或许会说，大多数人这样认为是因为他们站在了坏人的立场，这更符合人性。因为大多数人对所受恩惠是健忘的，他们更渴望受惠而非施惠，但那样做更多是本性使然。虽然用借贷来类比并不恰当，债权人对他的债务人并无友爱之情，他只是希望安全地收回自己的钱而已，而那些出于友爱提供帮助的人从来不想从受惠者身上得到什么益处。

这种情形会表现在一名工匠身上，每个工匠都爱自己的作品而不是被他们的作品爱——如果作品有生命的话。诗人尤其是这样，他们过分地爱自己的诗歌，甚至把它们当作自己的孩子那样宠爱。施惠者的情形与之类似，就像受惠者是其作品一样。施惠者爱受惠者胜于工匠爱其作品。这是因为人的存在本身对所有人而言都是值得选取的和值得爱的，而我们正是通过生活与实践活动而存在。在其活动中，对某物的制作也就是其作品，因而他对自己作品的爱也就是他对自己存在的爱。这合乎事物的自然本性，因为一个人有什么潜能，就要通过他的活

---

① 公元前六世纪至公元前五世纪的西西里诗人、戏剧家，擅长创作喜剧。

动产品体现出来。

施惠者的活动对他而言是美好的，因此受惠者作为对象会令他们感到愉悦。这对受惠者而言算不上什么美好，只是有利罢了，以此便少了快乐和可爱之处。令人快乐之物就是当下的活动、对未来的希望以及对过去的回忆。最令人愉悦、最值得爱的是实践活动。作品由于生产者的生产而被保留，因而美好也会被保留，而受惠者得到的好处却难以被保留。对美好事情的回忆是令人愉悦的，而对有用之物的回忆却很少快乐，不过期待的情形似乎与此相反。

此外，爱是主动的，被爱则是被动的；而爱与友爱属性也更会表现在主动的施惠一方。所有的人更珍惜他们通过辛勤劳动所得到的事物。例如，自己赚钱的人比继承遗产的人更珍惜自己的钱；受恩惠似乎不涉及劳动，而要施惠则要付出辛劳。这也是为什么母亲比父亲更爱他们的孩子，因为生育需要承受巨大的痛苦。这一点，同样也适用于施惠者。

关于自爱的问题与两种自爱

有一个困惑的问题是：人应该最爱自己还是他人。最爱自己的人会被当作自爱者而招来抨击和批评，这是令人羞耻的事情。实际上，坏人永远只是为了自己，并且他越坏就越为自己考虑。人们指责这种人除了关心自己的利益之外，其他什么事情都不管不顾。相反，公道之人的行动是出于高贵，他越是高贵，就越会不顾自己的利益而为朋友着想。

不过，事实与这些说法并不相符，尽管这些说法也并非没有道理。人们说我们应该最爱最好的朋友，出于其朋友自身之故而希望朋友好的人也最够朋友，即便对方对此并不了解。不过这些正是个人和他自身关系所体现出的那些特征，朋友方面的其他特征也是如此，因为我们说过友爱的特征是从一个人对自己的关系延伸到对他人的关系中。

所有的谚语也验证了这一点，例如“志同道合”“朋友之间不分彼此”“友爱即相等”“远亲不如近友”等。这些都体现了个人和他自己的关系，因为每个人首先是他自己最好的朋友，一个人应该首先最爱他自己。于是在我们应该遵循哪一种观点的问题上迷惑不解便不足为奇，因为这两种观点都有可信度。或许我们必须探讨这些论述，辨别它们在什么范围内以及在哪些方面是真实的。不过，如果我们从每个方面来看一下是怎么理解自爱的，或许问题就变得清晰。

那些把自爱看成贬义的人是把自爱理解为在钱财、荣誉以及身体性快乐等方面事物要求过多的人。这些事物是大多数人最想得到的和最渴望追求的，它们被认为是最好的事物，这些事物也是被你争我夺的对象。那些过分追求这些事物的人是为了满足他们的欲求以及一般而言的欲望与灵魂的非理性部分，这是多数人的特征。由于多数人是这种自爱者，因此这种含义也就流行起来，不过这是一种坏的自爱。这种类型的自爱被责备也就是理所应当的。

显然，如果一个人为自己攫取上述事物，多数人会习惯地称之为自爱者。如果一些人通过做公正之事或节制，或是通过做其他体现美德的活动而获得上述事物，那么他就为自己赢得了高贵，那么也就没谁会称他为自爱者或因此而责备他。

这类人看来更应是自爱者。无论如何，他给予了自己最高贵和最好的事物，并且满足自己的主宰部分，任何事情都听从于它。正如一个城邦或者由部分复合而成的整体首先在于其主宰部分一样，对一个人而言其实也是如此。因此，一个人如果首先喜爱和满足其主宰部分那才是自爱。

同样，我们称一个人自制或不自制，是基于其理智是否作为主宰，这意味着那个主宰的部分才是人自身。在那些伴随着理性的行为看来，首先是由人们自己出自意愿做出的。显然，每个人其自身都首先是这种理性部分，而公道的人也最喜欢这部分。

因此，他是个自爱者，但是又不同于那种受责备的自爱者。他不同于这种人是因为他依照理性而非依照欲望而生活，他渴求高贵而非唯利是图。

人们通常欢迎和赞赏那些渴望高尚行为的人。当每个人都争先恐后地想达到高贵并身体力行时，那么正当之事就会为了共同之善而完成，而每个人在个体上都会得到最大的善，因为这正是美德的特性。因而，好人一定是个自爱者，他高贵的行为既能促进自己也有益于他人。坏人则并不爱自己，因为他遵循着自己坏的欲望，结果既伤害自己也祸害身边的人。

坏人实际的行为与他应该的行为是冲突的，而公道的人所做的就是他应做的，因为每种理智都选取对它自身而言是最好的，故而公道之人遵从其理智。

此外，正如在公道之人那里所看到的，他会为其朋友与祖国而鞠躬尽瘁，甚至会在需要的时候抛头颅洒热血。他会牺牲金钱、荣誉以及一般意义上奋斗而来的好事物，为的是使他自己获得高贵。他将选择短暂而强烈的快乐胜过长久而微弱的快乐；选择一年的高贵生活胜过多年的碌碌为无；选择一件重大而高贵的活动胜过许多微不足道的行为。这或许在为他人而死的人中间就会发生，因而他就为自己选择了某些重大而高贵之物。如果他的朋友需要钱，他也会慷慨赠予；如此，朋友得到金钱，而他自己收获高贵，他还是把较多的善给予了自己。

他也以同样的方式对待荣誉和官职。他也可以把这些让给朋友，如果这样做对他而言是高尚的和值得称赞的话。因而，他被认为是公道的人也就不足为怪了，因为在所有这些事物中，他只选取高贵之物。他也会把一些事情让给朋友去做，如果这些事情由他的朋友负责去做比他自己去做更好的话。

在所有值得赞扬之物中，公道的人显然都把更多的高贵留给了自己。正如刚才谈到的，如果以这种方式而言，我们就应当成为一个自爱者；而以多数人那种自爱的方式而言，我们则不应当成为一个自爱者。

为何幸福之人需要朋友

幸福的人是否需要朋友，这个问题是充满争议的。因为据说被赐福而自足的人不需要朋友，因为他们已经拥有所有的善；因为他们就是自足的，不需要再增加任何事物。朋友就是另一个自己，朋友提供了自己所不能提供的事物。所以，常言道，“若有神佑，谁还需要朋友？”

这似乎有点荒谬，一个幸福的人万善皆有，却没有给予他朋友，因为拥有朋友被认为是最大的外在善。对于朋友最合适的是给予而不是接受，好人和美德的标志在于成为一个施惠者，并且如果对朋友施善比对陌生人施善更为高贵，因而公道之人就需要有人接受他的善施。所以，这便有了下述问题，即是否在好运中比在厄运中更需要朋友，在厄运中我们需要别人的帮助，而在好运中我们需要有人接受我们的施善。

设想受到赐福的人是孤独也是荒谬的。没有人选择只拥有万善而孤独终老。人是政治性的，天生便趋向和他人一起生活。这也属于一个幸福之人，他拥有自然之善，显然，他与朋友及公道之人共度光阴相比，和陌路人及随机的一些人共同生活更好，所以幸福的人需要朋友。

那么第一种说法——幸福的人不需要朋友，究竟在说什么呢？这种说法又在哪个方面是真实的？他们说的应当是幸福的人不需要基于效用的朋友。这是因为幸福之人已经拥有所有的善，他便不再需要有效用的朋友。同样，他也不需要或很少需要基于快乐的朋友，他的生命已经充满内在快乐，因而不再需要外在快乐。他不再需要这两种类型的朋友，被认为根本不再需要任何朋友。

可这种结论或许并不正确。我们开始就说幸福是一种实践活动，一种活动显然是被实践而存在的，而非像所有物那样被我们占有。如果幸福就存在于生活和实践活动中，并且实践本身就是善的和令人快乐的，如我们开头所说的那样：如果一个人自身拥有某件事物，那么这件事情本身是令人愉悦的；如果我们能更好地为身边的人着想而非为我们自己着想，能更好地考虑他们的行为而非考虑我们自己的行为，那么他就会因为考虑到作为他朋友的有美德的人的实践，而感到快乐，这两者都天然地令人快乐。幸福之人就需要这类朋友，使得有这些朋友去考虑他自身的行为是否公道，以及考虑他作为好人的朋友的行为是否恰当。

人们也认为幸福的人一定生活得愉悦。孤独的人生活艰难，只由他自己持续地活动并非易事，而和他人一道以及在与他人的关系中活动才会容易一些。幸福之人的活动也会更具有持续性，这种活动自身就是令人愉悦的，这种情况应当属于幸福之人。对于有德之人而言，如果他是有德的，那么体现美德的活动中就必定会有愉悦，这便与那些出于坏的活动区分开来，就像乐师享受优美的曲调，而坏的曲调使他痛苦。正如赛奥格尼斯所言，好人一起生活使其美德便相得益彰。

如果从人的本性出发来考察这个问题，对于一个有德之人而言，一个有德的朋友在本性上更值得选择，因为本性上是好的事物被认为自身对有德之人就是好的和愉悦的。

人们把动物生命界定为具有感知能力，对于人的存在的界定则是感知再加上理智，而每种能力都需回溯到其活动，活动才具有主导地位。因此，生活在其主导意义上就是感知和思想。

生活出于自身是善的和令人愉悦的事物之中：它是有限定的，而这种限定正是善的本性的一部分。本性上善的事物对于公道的人也是善的，这就是生活对于每个人来说都应当是令人愉悦的原因。我们一定不希望过腐朽与败坏的生活，也不想过充满痛苦的生活，因为这种生活是无限定的，正如其属性是无限定的一样。接下来的讨论会表明无限定痛苦的真相。

生命本身就是好的和令人愉悦的，这无论如何能够从每个人都欲求它这个事实上得出，而公道与幸福之人的生命则是更值得欲求的，因为他们的生命是最值得选择和最幸福的。

如果一个人看就感知到他在看，听就感知到他在听，散步就感知到他在散步，其他情形与此相似，那么就有某种事物在感知我们的活动。其结果是，如果我们在感知某物，我们也会感知到我们在感知；如果我们在思考，我们也会感知到我们在思考。感知我们在感知与思考就是感知我们的存在。我们认为，存在就是在进行感知和思考。

进而言之，感知我们的生活本身就是令人感到快乐之事。因为生活天生就是一件好事，而感知呈现在我们之中的好事物就是令人愉悦的。生活又是值得选择的，特别是对于那些好人，存在对于他而言是好的和愉悦的，他们会同时感知到自身中的好并感到愉悦。

有德之人以何种方式来对待自己，也就以何种方式来对待朋友，因为朋友在某个程度上就是另一个自己。因此，正如一个人的存在对于他自己来说是值得选择的，那么朋友的存在对于他来说也是同样或相似地值得被选择的。我们同意一个人的存在是值得选择的是因为他感知到他自己是善的，而这种感知自身就是愉悦的。因而，他一定会感知他和朋友一起的存在，当他们生活在一起共享交谈与思想的共同体时便会如此，这就是人类共同生活的情形，而不是像牲畜一样关在一起圈养。

如果一个幸福之人的存在是值得选择的，那么这是天生的好与愉快，而如果其朋友的存在也与他的存在相似，那么其朋友的存在也是值得选择的。对他而言，值得选择的事物他应当拥有，否则他在这方面就是欠缺的、不自足的。因而，他要想幸福，就必定需要有德之友。

关于朋友需要“限量”的问题

我们应当拥有尽可能多的朋友吗？还是就像在考虑有关主宾之谊时所言：“不要太多也不能没有？”这种既不能没有朋友也不要太多朋友，对于朋友关系是好建议吗？

对于基于效用的朋友这个建议刚好合适，因为回报很多人是件劳累的事情，事实上短暂的生命会为此疲于奔命。确实，拥有超过足够数量的朋友对一个人的生活来说是多余的，并且这会成为高贵生活的障碍。因此，我们不需要这么多。从快乐的角度看，有一些朋友就够了，就像食物需要少许调料就够了一样。

不过，对于有德之人而言，是应该拥有尽可能多的朋友，还是在数量上要适度，就像一个城邦应该有适当的人口一样。一个城邦不可能由十个人构成，但是如果人数达到数十万也不再是个城邦。不过恰当的数量并非单一的数字，而是在一定限度内的任何数目。所以，我们也应该有某种限度来界定朋友的数量。或许，这个数量的上限就是你能和多少人一起生活，我们一起生活是友爱的首要特征。

显然你不能和太多人一起生活，也不能把自己奉献给所有这些人。进一步讲，彼此之间也要成为朋友，如果他们每天都要生活在一起，这对于人数众多的人群来说是件难事。这对于朋友间的悲欢与共也很困难，因为当你分享一个朋友的喜悦时，另外一个朋友此时却正处在悲痛之中。

那么，或许善就不是寻求尽可能多的朋友，而是和足够的朋友一起生活。一个人确实不可能成为太多人的亲密朋友。就像一个人不可能同时与多人发生爱情一样，爱情是友爱的极端情况，它只指向一个人。所以，一个人只能与一些人产生亲密的友爱。

这也可由人们事实所证。在许多人共处的群体里，很少发现伙伴式的友爱，反倒是两个人之间的友爱一直被传颂。而那些交许多朋友的人，即与每位熟人看上去都像朋友的人，其实没有一个是朋友，他们只是同邦人，这些人也被称为“奉迎之人”。当然，对于每个人都拥有同邦人的友爱是可能的，他依然可以是真正公道之人，而非奉迎之人。不过，出于美德和朋友自身之故我们不可能拥有很多朋友，可如果找到几个这样的朋友我们就会心满意足了。

“运气”与朋友的关系

我们是在好运中还是厄运中更加需要朋友？事实上，我们两者都需要，在厄运中我们需要朋友的帮助，在好运中我们希望和朋友一起生活并对其施善，因为我们希望行善。当然，在厄运中我们更加需要朋友，这里需要的是有效用的朋友。不过，在好运中的友爱是更高贵的，因而我们也会结交公道的朋友，我们对他们施惠、与他们共处是更值得选择的。

朋友的在场也是一件让人高兴的事情，不管是在厄运中还是在好运中，当和我们的朋友分享自己的痛苦时，自己的痛苦就会减轻。事实上，这也是有人感到困惑的地方，他们是否真的帮助我们分担了一部分痛苦，抑或是，朋友的在场本身就是令人快乐的，我们一想到他们会分享我们的遭遇便会减轻痛苦。我们其实不需要讨论他们究竟是以什么方式减轻我们痛苦的，无论如何，他们确实会减轻我们的痛苦。

然而，朋友的在场看来是某种混合的情形。见到朋友本身就是高兴之事，特别是在我们遭受危难的时候，朋友可以给予我们帮助，从而减轻我们的痛苦。如果朋友够机智，和他见面与交谈就会使我们得到安慰，因为他熟悉其朋友的品质，并且知道如何才会给朋友带来愉悦或痛苦。

尽管如此，看到朋友因我们自身的厄运而痛苦对我们来说也是一件令人痛苦的事情，每个人都会尽量避免给朋友带来痛苦。这也是为何有男子气的人尽量避免其朋友分享他的痛苦。除非他对痛苦有免疫力，否则他就不能忍受朋友因他的痛苦而痛苦，并且他也根本不允许其他人来分担他的哀痛，因为他自己也不会处于哀痛。但是，女人和女性化的男人喜欢人们和他们一起哀痛，他们把分担他们痛苦的人看成是朋友。不过，在任何事情上我们都应当模仿更好的人。

相比之下，在好运中，朋友的在场会使得我们愉悦地度过一天，并且也会注意到他们因我们自身的善而感到愉悦。因而，我们非常渴望邀请我们的朋友来分享我们的好运，这对于行善来说是高贵的。我们在邀请朋友们分享我们的厄运方面一定会犹豫不决，一个人应当尽可能少地和朋友分享坏的事情。常言道："我自己承受不幸足矣！"我们应该在少给朋友添麻烦而带来最大益处时邀请朋友。

相反，当朋友处于不幸时，我们应不请自到。作为朋友就要乐于施善，特别是当朋友有需要而又没有提出要求的时候，对双方而言，这样做都会更加高尚和愉悦。在好运中，也应该来和朋友分享，这种情况下也是需要朋友的，但是这种情况下应该慢慢地获益，急切想获利并不高贵。当然也要避免推却好处而大煞风景，这种事情也时有发生。

所以，朋友的在场在任何时候都是值得选择的。

关于共同生活与友爱

对于相爱者而言，能够看到对方是令他们最为高兴和愉悦的事情。对于他们而言，看到自己爱的人比其他事情都重要，看到自己所爱之人的感觉是爱之所以产生和之所以存在的原因。那么，对友爱的朋友来说，共同生活是不是比其他事情都重要且最值得追求的呢？答案显然是肯定的，因为友爱是存在于某一种共同体之中，而我们如何对待朋友就如同我们如何对待自己一样。所以，我们自己的存在感是值得追求的，那么，我们朋友的存在感也是值得我们去给予的。这种朋友存在的感知来源于我们与朋友的共同生活，之后自然而然就会去追求共同生活，这也就不足为怪了。

无论一个人把什么当作是自己的存在或是使得自己的存在值得追求的事物，他都希望与朋友一起分享这些事物。有些朋友在一起喝酒，有些在一起玩骰子，还有些在一起锻炼，一起出去打猎，或者一起从事研究活动。每种人都在其最喜爱的事情上与朋友一起共度生活的时光。他们希望和朋友们共同生活，他们都会尽可能地在朋友之间最有共同追求的共享活动中去实现共同的生活。

坏人的友爱是坏事情。因为他们不够稳定，并且一起共享坏事，他们在彼此的交流中就变得更败坏。公道之人的友爱是正直的，这种公道与正直也会随着他们的交往而增加，他们通过共同活动和相互纠正，让彼此变得更好，他们都会把对方身上值得赞扬的事物当作自己的榜样，这就是俗话里常说的“近朱者赤，近墨者黑”。

参 考 文 献

[1]色诺芬. 希腊史[M]. 徐松岩，译. 上海：上海三联书店，2013.

[2]亚里士多德. 尼各马可伦理学（注释导读本）[M]. 邓安庆，译. 北京：人民出版社，2010.

[3]亚里士多德. 形而上学[M]. 李真，译. 上海：上海人民出版社，2005.

[4]亚里士多德. 尼各马可伦理学[M]. 廖申白，译. 北京：商务印书馆，2003.

[5]亚里士多德. 亚里士多德全集[M]. 苗力田，主编. 北京：中国人民大学出版社，1994.

[6]亚里士多德. 灵魂论及其他[M]. 吴寿彭，译. 北京：商务印书馆，1999.

[7]亚里士多德. 形而上学[M]. 吴寿彭，译. 北京：商务印书馆，1995.

[8]Aristotle. Nicomachean Ethics[M]. C.D.C.Reev. Indianapolis，IN：Hackett Publishing，2014.

[9]Aristotle. DeAnima[M]. Christopher Shields. Oxford：

Oxford University Press，2016.

[10]Aristotle. The Nicomachean Ethics[M]. David Ross. Oxford：Oxford University Press，2009.

[11]Aristotle. Complete Works[M]. Jonathan Barnes. Princeton，NJ：Princeton University Press，1991.

[12]Aristotle. Aristotle's Nicomachean Ethics[M]. Robert C. Bartlett，Susan D. Collins. Chicago The University of Chicago Press，2011.

[13]Aristotle. Nicomachean Ethics[M]. Roger Crisp. Cambridge：Cambridge University Press，2004.

后记

道德作为一种现代生活形态中的应然性概念，尤其是在当下以西方文明形态为主要样式的社会生活当中，其呈现出极强的现代性问题——不论是东方还是西方，我们谈论道德时都不再像古代哲人们那样，谈论的是我们应当过一种怎样的生活，应当成为一个怎样的人，应当具备怎样的品质去追寻自己的理想生活。相反，道德成了一种律令或者必然性的规范，成了束缚着人之思想、行为的枷锁，“对”和“错”成为“道德”的代言词，“德”与“善”似乎被收在了生活的灰色地带。

无可厚非，这种现象是由于现代人的精神文明植根于西方的文明，而在西方思想里，犹太基督宗教思想中的观念遗留影响深远——“罪恶”“羞耻”这些围绕着规则、对错的道德观念成为我们道德生活的核心，道德成为一种依赖于某种强制性权威而确保人们“按照规则”生活的律令体系。因而，生活中的道德变成了一个“像法一样的”准绳。在相信上帝的人那里，生活中的道德便来自于上帝，上帝的存在便是至高无上的权威。

然而，自启蒙时代以来，哲人的思想已经把“上帝”从道德立法者的座椅上拖了下来，存在于人自身当中的“理性能力”在众人疾呼“上帝已死”的现代社会成为生活中新的道德权威。这种权威在“德先生”“赛先生”席卷中国的二十世纪之后，成为现代人思想的共识。生活中的道德应该以什么为准绳？法律管制之外的领域我们该如何去实践？到底要怎么样过好自己的生活？到底要如何成为一个好人？

按照理性行事，保持自我的独立思考，审慎地面对生活、面对自己，人性中的理性光辉成为上述一系列道德追问的标准答案。这让我们重读亚里士多德的伦理学变得格外有意义和有分量。正是他在两千多年前就指出：人的理性能力作为人的功能，也只有基于或合乎理性的行为，才可能是值得称赞的、道德的行为。

道德作为人伦关系的纽带不能再以“自我与上帝之间的结盟”作为保证，要保持道德在人类实践生活中的有效性和规范性，就必须在其规范性来源方面寻找新的基础。简单来说，就是要寻找上帝以外的权威以保证道德的规范性，为道德理由作为最佳理由提供依据。无论是高呼“超人道德”的尼采，还是把道德作为意识形态而予以批判的马克思，实质上都是在努力摆脱西方千百年来以上帝作为立法者的道德思维模式，而从新的价值基础与现实的人伦关系出发，为道德规范性寻找真正的依据，他们都以“生活”的本真为基础，强调道德的“实践性”，拒绝把来自彼岸世界的法规尊为“道德”。尼采和马克思都强调要从历史传统的真相中审视道德。

因此，挣脱西方神学与资本主义理念的枷锁，尝试回到古希腊哲学家亚里士多德的精神世界当中的美德和善的概念对中国人而言应该更为熟悉和更对味儿。

中国儒家传统作为“礼”“义”文明的发端之处，虽然经历了二十世纪数次大思想活动的历练，但对当代国人思想之影响仍是根深蒂固的。一方面，作为共同生活根基“熟人社会”

已经受到了现代生产模式及社会发展的重塑，邻里之间相见不一定相识，个人在社会生活、家庭生活当中日趋原子化、独立化，这是我们不得不接受的现实境况；另一方面，根深蒂固的家族观念、和谐的社会环境及传统节日浓厚的文化氛围又始终把我们维系在中国式“半熟人社会”的人情世故当中，再怎么原子化、个体化，生活进程都无法完全跳出“孝悌”的规训，再怎样冷漠、自利的人都发自内心地承认“重情重义”是好人的标准。因为中国人骨子里始终有相应的“美德观”，它几乎成为所有中国人的思想底色。修身、齐家、治国、平天下的传统价值秩序也让我们对“善”不仅有一个总体的一般的观念，还能够结合我们每个人生阶段的目标。

因而，当我们理解了亚里士多德的美德与善时，我们或多或少在心中都会有所共鸣。若幸运，我们甚至会在一尝理性思辨的滋味后，让长久以来心中的困惑与惆怅得到消解和释放。我想，如果我们认同生活中的道德依赖的是我们人之为人的人性，那么我们也会接受美好的生活便是让我们从容沉思地生活。

本书的目的在于为读者们提供一个快速了解亚里士多德伦理学的概览，在此目的下，文段选编和翻译主要以“通识”为基本指向，故此，译文中有许多有别于现有亚里士多德译本的、较为生活化和通俗化的表达，也有部分应另外注释的内容作为补充被直接融入译文。这样做虽然在一定程度上增强了本选编译文的可读性，但因译注者能力有限，也不可避免地增加了误解亚里士多德或误导读者的风险。纰漏错误之处，还请读者见谅。

按照国际惯例，学术界对亚里士多德著作的引用一般以伊曼努尔·贝克（Immanuel Bekker）所编校《亚里士多德全集》之页码为标准页码，为了让有兴趣进一步理解和钻研亚里士多德伦理思想的读者找到更精准和更专业的文本，特此呈上各选段的标准页码：

第一讲 第一推动者与灵魂	一、第一推动者	1071b3–1073b14， 1072b19–1073b14
	二、灵魂及其官能	424b22–434a20
	三、灵魂与美德	1102a5–1103a13
第二讲 目的与善	一、伦理学研究的主题	1094a–1095a13
	二、善与功能论证	1095a14–1099b8
	三、幸福生活	1099b9–1102a4
第三讲 美德与完善	一、关于两种美德	1103a14–1104b3、 、1138b17–1139a16
	二、何为完善——以快乐为例	1172a20–1176a29
	三、何为幸福——沉思与实践	1176a30–1181b25
第四讲 美德伦理的核心	一、美德与适度	1104b4–1109b29
	二、美德与智慧	1139a17–1141b22
	三、实践智慧	1141b23–1145a13
第五讲 行动与责任	一、关于意愿	1109b30–1115a5
	二、关于自制	1145a14–1152a35
	三、关于快乐	1152b1–1155a2
第六讲 具体的美德	一、作为美德的勇敢	1115a6–1117b23
	二、作为美德的节制	1117b24–1119b19
	三、与金钱有关的美德	1119b20–1123a33
	四、与荣誉有关的美德	1123a34–1125b26
	五、其他美德与羞耻	1125b27–1129a1
第七讲 公正与友爱	一、作为美德之首的公正	1129a2–1138b16
	二、被论述最多的友爱	1155a3–1172a18